工厂三精管理系列

工厂生产设备
精细化、精益化、精进化 管理手册

程富斌◎编著

电子工业出版社
Publishing House of Electronics Industry
北京·BEIJING

内容简介

本书致力于阐述工厂生产设备精细化、精益化、精进化的管理之道。通过办法、制度、方案、流程、细则、计划等多种形式，为工厂生产设备的"三精管理"提供全面、翔实、清晰的解决措施，满足现代工厂自动化、信息化的需求，助力工厂发展。

本书详细介绍了工厂设备需求、采购、安装、调试、设备档案、凭证、定额、标识，设备动力、能耗、仪器、仪表，设备运行、监控、点检、校验，设备清洁、维护、保养、润滑，设备检修、维修、大修、备品备件，设备改造、升级、更新、生命周期，设备折旧、处置、报废、固定资产，设备投资、租赁、保险、成本费用，设备安全、环保、故障、事故，物联网设备、检测设备、特种设备、自制设备等多方面的内容，形成了一套切实可行的工厂生产设备"三精管理"体系。本书内容可以帮助读者有效提升工厂生产设备管理水平。

本书适合工厂生产设备管理人员、设备维护工程师、生产管理人员，以及培训师、咨询师使用。

未经许可，不得以任何方式复制或抄袭本书之部分或全部内容。
版权所有，侵权必究。

图书在版编目（**CIP**）数据

工厂生产设备精细化、精益化、精进化管理手册 /
程富斌编著. -- 北京：电子工业出版社，2025.3.
(工厂三精管理系列). -- ISBN 978-7-121-49498-7
Ⅰ. F406.4-62
中国国家版本馆CIP数据核字第20251LR692号

责任编辑：刘伊菲
印　　刷：三河市鑫金马印装有限公司
装　　订：三河市鑫金马印装有限公司
出版发行：电子工业出版社
　　　　　北京市海淀区万寿路173信箱　邮编：100036
开　　本：787×1092　1/16　印张：20.5　字数：364千字
版　　次：2025年3月第1版
印　　次：2025年3月第1次印刷
定　　价：69.00元

凡所购买电子工业出版社图书有缺损问题，请向购买书店调换。若书店售缺，请与本社发行部联系，联系及邮购电话：（010）88254888，88258888。
质量投诉请发邮件至zlts@phei.com.cn，盗版侵权举报请发邮件至dbqq@phei.com.cn。
本书咨询联系方式：（010）57565890，meidipub@phei.com.cn。

前言

《工厂生产设备精细化、精益化、精进化管理手册》旨在为工厂管理者、设备维护工程师及致力于提升工厂设备管理水平的专业人士提供一套规范化的管理指南。

1. 精细化设备管理

探讨如何通过精细化管理提高设备管理的精确度和可执行性，包括设备维护、故障预防、性能监控等方面的管理。

精细化管理注重生产设备的每个细节，从设备的选购、安装到日常维护，都追求极致的精准和完善。

2. 精益化设备管理

介绍精益生产的理念和方法，并将精益思想应用于设备管理，提高设备的生产效率和产能，以实现成本的降低和效益的提升。

3. 精进化设备管理

介绍精进化管理的理念和实践，以及如何通过持续改进和创新，不断提升设备管理的水平和企业的竞争力。

本书从设备需求、采购、安装、调试，设备档案、凭证、定额、标识，设备动力、能耗、仪器、仪表，设备运行、监控、点检、校验，设备清洁、维护、保养、润滑，设备检修、维修、大修、备品备件，设备改造、升级、更新、生命周期，设备折旧、处置、报废、固定资产，设备投资、租赁、保险、成本费用，设备安全、环保、故障、事故，物联网设备、检测设备、特种设备、自制设备等方面，设计了26个管理制度、29个控制办法、10个管控方案、8个执行计划、4个实施细则、6个管理流程、7

个管理规定、3个管理规程，制定了一系列的规范化管理措施，全面解析了工厂生产设备管理的方方面面。

除本书外，《工厂成本费用精细化、精益化、精进化管理手册》《工厂生产计划精细化、精益化、精进化管理手册》《工厂生产现场精细化、精益化、精进化管理手册》《工厂质量管控精细化、精益化、精进化管理手册》等共同组成了精细化、精益化、精进化管理的"工厂三精管理系列"丛书。

本系列丛书在编写的过程中得到了6家生产制造企业（工厂）相关人员的支持。他们把一线的经验、做法和管理方式、方法融入书中，增强了本系列丛书的实用性、实务性。在此，我们一并表示感谢！

本书不足之处，敬请广大读者指正！

目 录

01 第1章 工厂设备的"三精"管理之道

1.1 生产设备"三精"管理的目标 002
    1.1.1 设备管理"精细化":提质增效 002
    1.1.2 设备管理"精益化":降本增利 003
    1.1.3 设备管理"精进化":持续改进 004
    1.1.4 工厂设备"三精管理"落地实施方案 004

1.2 工厂设备管理管什么 006
    1.2.1 设备需求、采购、安装、调试管理 007
    1.2.2 设备档案、凭证、定额、标识管理 007
    1.2.3 设备动力、能耗、仪器、仪表管理 008
    1.2.4 设备运行、监控、点检、校验管理 008
    1.2.5 设备清洁、维护、保养、润滑管理 009
    1.2.6 设备检修、维修、大修、备品备件管理 009
    1.2.7 设备改造、升级、更新、生命周期管理 010
    1.2.8 设备折旧、处置、报废、固定资产管理 011
    1.2.9 设备投资、租赁、保险、成本费用管理 011
    1.2.10 设备安全、环保、故障、事故管理 012
    1.2.11 物联网设备、检测设备、特种设备、自制设备管理 012

第 2 章
设备需求、采购、安装、调试管理精细化

- 2.1 设备采购需求管理　　016
  - 2.1.1 设备规划设计与选型管理办法　　016
  - 2.1.2 设备采购需求提报与论证制度　　019
- 2.2 设备采购与验收管理　　021
  - 2.2.1 设备采购实施计划　　021
  - 2.2.2 设备采购招标管理办法　　023
  - 2.2.3 设备验收实施细则　　027
- 2.3 设备安装与调试管理　　030
  - 2.3.1 设备安装管理办法　　030
  - 2.3.2 设备调试与试运行管理办法　　033
- 2.4 设备安装与竣工验收精细化实施指南　　037
  - 2.4.1 设备安装质量精细化管理方案　　037
  - 2.4.2 设备安装工程竣工验收精细化管理办法　　039

第 3 章
设备档案、凭证、定额、标识管理精细化

- 3.1 设备档案管理　　044
  - 3.1.1 设备档案建立与管理流程　　044
  - 3.1.2 设备档案管理细则　　046
- 3.2 设备凭证管理　　049
  - 3.2.1 设备凭证管理流程　　049
  - 3.2.2 设备凭证管理制度　　051
- 3.3 设备定额管理　　054
  - 3.3.1 设备定额编制办法　　054
  - 3.3.2 设备安装、维修、检修、保养定额管理办法　　057
- 3.4 设备标识管理　　060
  - 3.4.1 设备编号与标识标牌管理规定　　060
  - 3.4.2 设备状态标识管理细则　　062

3.5	设备档案与定额管理精细化实施指南	065
	3.5.1 特种设备安全技术档案管理细则	065
	3.5.2 机械设备台班定额精细化管理制度	068

第 4 章
设备动力、能耗、仪器、仪表管理精细化

4.1	设备动力管理	074
	4.1.1 设备动力部职能与职能分解	074
	4.1.2 设备动力管理制度	076
4.2	设备能耗管理	079
	4.2.1 设备能耗定额管理制度	079
	4.2.2 设备能耗管控方案	082
4.3	设备仪器、仪表管理	084
	4.3.1 设备仪器管理制度	084
	4.3.2 设备仪表管理制度	088
4.4	设备能耗精细化实施指南	092
	4.4.1 节能降耗管控工作实施方案	092
	4.4.2 车间辅助设备能耗管控方案	094

第 5 章
设备运行、监控、点检、校验管理精细化

5.1	设备运行管理	098
	5.1.1 设备试运行管理办法	098
	5.1.2 设备运行管理制度	100
5.2	设备监控管理	103
	5.2.1 设备运行状态监控管理办法	103
	5.2.2 设备监控异常管理办法	106
5.3	设备点检管理	109
	5.3.1 设备点检管理制度	109

	5.3.2　设备点检人员管理制度	113
5.4	设备校验管理	117
	5.4.1　设备校验管理制度	117
	5.4.2　设备校验工作流程指导书	119
5.5	设备运行精细化实施指南	122
	5.5.1　设备试运行工作方案	122
	5.5.2　设备运行故障排除管理办法	125

第6章　设备清洁、维护、保养、润滑管理精益化

6.1	设备清洁管理	130
	6.1.1　设备清洁计划	130
	6.1.2　设备清洁管理规程	132
6.2	设备维护、保养管理	134
	6.2.1　设备维护、保养计划	134
	6.2.2　设备保养流程与工作标准	136
6.3	设备润滑管理	138
	6.3.1　设备润滑工作计划	138
	6.3.2　设备润滑定额管理规范	140
	6.3.3　设备润滑装置与材料管理制度	144
6.4	设备维护、保养管理精益化实施指南	146
	6.4.1　设备维护保养费用预算制度	146
	6.4.2　设备维护保养费用节约方案	150

第7章　设备检修、维修、大修、备品备件管理精益化

7.1	设备检修管理	154
	7.1.1　设备检修计划	154
	7.1.2　设备检修管理规定	158

7.2	设备维修管理	162
	7.2.1 设备维修计划	162
	7.2.2 设备维修定额管理规定	164
7.3	设备大修管理	168
	7.3.1 设备大修计划	168
	7.3.2 设备大修费用管理办法	171
7.4	设备备品备件管理	174
	7.4.1 设备备品备件采购管理制度	174
	7.4.2 设备备品备件仓储管理制度	178
	7.4.3 设备备品备件定额管理规定	181
7.5	设备检修、维修、大修精益化实施指南	185
	7.5.1 设备检修安全操作规程	185
	7.5.2 设备外部维修、检修、大修管理办法	189

第 8 章
设备改造、升级、更新、生命周期管理精进化

8.1	设备改造、升级管理	194
	8.1.1 设备改造、升级管理方案	194
	8.1.2 设备改造、升级管理预算制度	197
8.2	设备更新管理	200
	8.2.1 设备更新管理办法	200
	8.2.2 设备更新决策流程	203
8.3	设备生命周期管理	205
	8.3.1 设备全生命周期管理制度	205
	8.3.2 设备全生命周期管理流程	208
8.4	设备更新、改造精进化管理实施指南	210
	8.4.1 设备更新、改造申请书	210
	8.4.2 设备更新、改造工作推进方案	212

第 9 章
设备折旧、处置、报废、固定资产管理精益化

9.1	设备折旧、处置管理	218
	9.1.1　设备折旧管理办法	218
	9.1.2　闲置设备处置方案	220
9.2	设备报废管理	224
	9.2.1　设备报废管理规定	224
	9.2.2　设备报废审批流程	227
9.3	设备固定资产管理	229
	9.3.1　设备固定资产管理制度	229
	9.3.2　设备固定资产台账管理制度	232
9.4	设备处置、报废精益化管理实施指南	235
	9.4.1　设备处置费用管理办法	235
	9.4.2　报废设备再利用管理办法	238

第 10 章
设备投资、租赁、保险、成本费用管理精益化

10.1	设备投资管理	242
	10.1.1　设备投资计划	242
	10.1.2　设备投资预算编制管理办法	244
10.2	设备租赁管理	247
	10.2.1　设备租赁管理办法	247
	10.2.2　设备融资租赁申报办法	250
10.3	设备保险管理	253
	10.3.1　特种设备保险管理制度	253
	10.3.2　机械设备保险管理制度	256
10.4	设备成本费用精益化实施指南	259
	10.4.1　设备成本年度预算管理办法	259
	10.4.2　设备成本费用控制管理办法	262

第 11 章
设备安全、环保、故障、事故管理精进化

11.1	设备安全管理	268
11.1.1	设备安全监控管理制度	268
11.1.2	大型设备、特种设备安全管理制度	271
11.2	设备环保管理	275
11.2.1	设备运行与维修环境保护管理办法	275
11.2.2	精密设备工作环境管理办法	277
11.3	设备故障、事故精进化管理	280
11.3.1	设备故障管理办法	280
11.3.2	设备事故应急预案	285

第 12 章
物联网设备、检测设备、特种设备、自制设备管理精细化

12.1	物联网设备管理	290
12.1.1	物联网设备远程监控管理办法	290
12.1.2	物联网设备数据安全管理办法	292
12.2	检测设备管理	295
12.2.1	工厂检测设备管理制度	295
12.2.2	自动化检测设备管理规定	297
12.3	特种设备管理	300
12.3.1	特种设备使用管理规定	300
12.3.2	特种设备采购、运输、安装管理制度	302
12.4	自制设备管理	306
12.4.1	自制设备成本管理办法	306
12.4.2	自制设备生产制造管理办法	308
12.5	特种设备管理精细化管理实施指南	310
12.5.1	特种设备安全管理制度	310
12.5.2	特种设备操作规程	313

——— 第1章 ———

工厂设备的"三精"管理之道

1.1　生产设备"三精"管理的目标

1.1.1　设备管理"精细化"：提质增效

以提质增效为目标的设备精细化管理，至少包括以下6个方面的工作。

1.设备维护与保养

精细化管理要求建立完善的设备维护和保养体系，包括定期检查、清洁、润滑和更换易损件等工作。

通过及时地维护和保养设备，可以延长设备的使用寿命，减少故障率，确保生产过程的稳定性和可靠性。

2.故障预防与排除

精细化管理强调采取预防性的故障管理策略，通过分析设备运行数据和历史故障信息，及时发现潜在问题并采取措施加以解决，以减少突发故障对生产造成的影响。

3.生产计划与设备调度

精细化管理要求将设备的使用与生产计划相结合，合理安排设备的启动和停机时间，最大限度地提高设备的利用率和生产效率。

通过精准的设备调度，可以有效避免生产过程中的设备闲置和生产拥堵问题。

4.能源管理

设备的精细化管理也包括对能源的有效利用和管理。

通过优化设备的能源消耗和使用方式，采用节能技术和进行设备升级，可以降低能源成本，减少对环境的影响。

5.技术改进与创新

精细化管理鼓励对生产设备进行技术改进和创新，以提高设备的性能和生产能力。这就要求不断引入新的生产技术、改进设备设计方案，不断提高生产设备的自动化程度。

6.安全管理

设备的精细化管理也要求重视安全管理工作，确保设备运行过程中的安全性和稳定性。这包括制定安全操作规程、进行员工培训、定期检查设备安全状况等措施。

通过综合考虑以上6个方面，实施设备的精细化管理可以有效提高生产效率、生产质量和安全性，降低生产成本和风险，提升工厂的竞争力和可持续发展能力。

1.1.2 设备管理"精益化"：降本增利

以降本增利为目标的设备精益化管理，至少包括以下6个方面的工作。

1. 设备维护成本费用控制

确保设备处于良好的工作状态是精益化管理的基础。这包括定期的预防性维护、及时的修复性维护，并控制预防成本和修复成本，以减少设备停机时间和故障率，保障生产的连续性和稳定性。

2. 设备利用率优化

通过提高设备的利用率，实现生产资源的最大化利用。这包括合理安排生产计划、减少设备闲置时间、提高设备的运转效率等措施。

3. 设备故障预防

采取措施预防设备故障的发生，如定期检查设备状态、增加设备润滑次数、更换易损件等，以降低生产中断的风险。

4. 设备灵活性提升

提高设备的灵活性和适应能力，以应对订单变化和生产需求的波动。这可能涉及设备的改造升级、多功能化设计等方面的工作。

5. 设备性能监控

运用先进的监控技术和设备连接技术，实时监测设备的运行状态和性能参数，及时发现问题并采取措施加以解决。

6. 设备能源节约

通过优化设备运行参数、改善设备布局、采用节能设备等手段，降低能源消耗，降低生产成本，减少环境污染。

通过以上6个方面的工作，逐步建立设备精益化管理体系，为工厂提供持续增值和竞争优势。

1.1.3 设备管理"精进化":持续改进

以持续改进为目标的设备精进化管理,至少包括以下6个方面的工作。

1. 故障预防与维护优化

通过预防性维护、定期检查和设备改造升级等手段,预防设备故障的发生,最大限度地减少生产中断和损失。

2. 生产计划与排程优化

基于市场需求和资源情况,优化生产计划与排程,合理安排生产任务,最大化地利用设备和人力资源,提高生产效率。

3. 自动化与智能化应用

推广应用先进的自动化设备和智能化技术,如物联网、人工智能、大数据等,提高设备的智能化程度和生产效率。

4. 质量管理与持续改进

强调产品质量,采用先进的质量管理方法和工具,如6σ、SPC等,不断提高产品质量,降低不良品率。

5. 供应链协同与优化

加强与供应商和客户的沟通与合作,优化供应链管理机制,实现生产资源的共享与协同,降低生产成本,提高交付效率。

6. 建立持续改进的文化

建立并强调持续改进的企业文化,鼓励员工参与改进活动,并提供相应的培训和奖励机制,以促进团队合作和培养创新精神。

通过以上6个方面的工作,持续改进和优化设备管理与运营,以提高生产效率、降低生产成本、提高产品质量和提升工厂的竞争力。

1.1.4 工厂设备"三精管理"落地实施方案

通过工厂设备"三精管理"落地实施方案,可进一步推动工厂设备的三精管理,达成预定的管理目标,提高设备稳定运行能力和生产效率,提升工厂市场竞争力,从而实现工厂的经济效益和社会效益持续稳定增长。

工厂设备"三精管理"落地实施方案

一、确定目标

确定"三精管理"的落地目标和期望效果,根据实际生产情况、设备状态等具体情况,制定具体的"三精管理"目标和关键绩效指标。

二、方案设计路径

(一)安全管理方案

1.对设备进行多角度的安全评估,建立设备安全风险分级管理制度。

2.建立设备维护和保养制度,定期对设备实施检修和清洗换油等保养措施。

3.实施员工安全培训计划,增强员工安全意识并提升员工技能水平。

4.制定应急预案和标准化操作规程,确保员工遇到突发事件时能迅速反应和处理。

(二)环保管理方案

1.落实各项环保法规,从源头上控制污染物排放。

2.建立环保台账,记录污染物排放情况,进行排放检测和评估。

3.对废水、废气等污染物进行处理,确保污染物排放达到国家标准。

4.推广低污染、高效节能的生产方法和工艺,降低能耗,减少污染物排放。

(三)故障管理方案

1.建立设备台账,记录设备信息和故障情况。

2.定期巡检设备,发现隐患及时处理。

3.定期对设备进行维护和保养,延长设备使用寿命,维持设备稳定性。

4.加强对新技术、新材料、新工艺的应用,提升设备性能。

三、方案实施步骤

1.前期准备阶段。包括对设备精细化管理的分析和定位、标准化管理操作程序的制定和测试及改进建议收集等。

2.试行阶段。对方案试点的情况进行预期效果评估,使其在大规模推广的过程中可以顺利运行,发挥应有的管理作用。

3.全面推行阶段。在方案试点的基础上进行全面推行,并进行后续调整和提升,使整个管理系统趋于完善。

四、方案实施保障措施

1.制定详细的安全、环保和故障管理方案,并建立相应的操作规程和流程。

2.针对实施"三精管理"的落地人员，制订培训计划，进行系统的培训和指导，并定期进行考核评估，以确保他们能理解并熟练掌握相关管理方法和工具。

3.定期对设备进行检测和评估，并根据实际情况对方案进行调整和改进。

4.建立预警和改进机制，对执行情况进行评估和总结，及时发现和解决在"三精管理"过程中遇到的问题，形成持续改进的机制。

5.对于需要更新、替换或升级的设备，应该加大投入力度，提高设备质量，满足生产管理需求。

6.通过信息管理系统和智能化技术手段，实现对设备的远程监控、自动维护和故障快速排除，实现管理效率的提高。

五、实施成果预测

1.设备管理效率显著提高，生产效率有望提高5%~10%。

2.设备故障率降低，设备操作人员的操作技能得到提高。

3.降低设备运行成本，设备的使用寿命和综合效益得到提高。

4.设备使用周期变长，运行效率更高，工厂的经济效益提高。

5.工作人员的设备管理意识得到增强。

六、评价和反馈管理

通过工厂设备"三精管理"落地实施方案，可进一步推动工厂设备的"三精管理"，达成精细化管理的目标，实现设备稳定运行，提高设备生产效率，提升工厂市场竞争力，实现工厂经济效益和社会效益的持续稳定增长。

七、总结

工厂设备"三精管理"实施方案要求从方案设计、员工培训、设备维护、数据分析和持续改进等方面进行全面考虑，以提升工厂设备管理水平和提高工厂生产管理效率，优化生产流程，促进工厂的协调发展。

1.2 工厂设备管理管什么

工厂设备管理应注重工作细节的把控，对于设备管理过程中出现的问题应及时处理并对管理流程加以改进，以确保每个环节都能够顺利推进，达成全面、细致的设备管理。

1.2.1 设备需求、采购、安装、调试管理

设备需求、采购、安装、调试管理内容如表1-1所示。

表1-1 设备需求、采购、安装、调试管理内容

管理内容	具体实施
需求管理	1.充分了解生产流程和生产要求,进而确定设备类型、数量、性能参数等各项数据,结合实际情况确定设备需求,并进行设备需求规划和设计 2.评估设备成本与预算情况,进行投资效益分析,为采购提供有力的数据支撑
采购管理	1.在采购过程中,应该注重供应商的信誉度和质量保证能力,避免因设备质量问题导致的生产故障和损失 2.采用多元化的采购策略,以获取性能更好的设备,同时达到物有所值的目标
安装管理	1.在设备安装过程中,应该严格按照安装标准操作,并注意安装误差 2.对设备安装位置进行测量,确认材料及设备进出口位置,制定现场安装方案 3.对于大型复杂的设备,应该制订详细的安装计划,落实监管职责,确保安装质量
调试管理	1.在设备调试过程中,应该注重设备参数的合理配置,设备调试过程中应做好记录和数据分析,确保调试效率和效果 2.完成测试后对设备进行数据分析,确定设备正常运转情况

1.2.2 设备档案、凭证、定额、标识管理

设备档案、凭证、定额、标识管理内容如表1-2所示。

表1-2 设备档案、凭证、定额、标识管理内容

管理内容	具体实施
档案管理	建立完善的设备档案管理制度,针对每台设备建立技术档案,包括设备的基本信息、技术参数,以及购置、验收、维修、保养、盘点、调拨、折旧、报废等全过程管理的档案文件,确保设备档案内容完整、准确、实用
凭证管理	对工艺图纸、调试报告、使用手册、保修单、质量检验报告、生产数据报表等证书和资料进行管理和整理,以便设备使用和维护的规范操作

续表

管理内容	具体实施
定额管理	1.建立设备定额管理制度，明确设备的技术性能参数、能耗指标、维护保养周期等信息，为设备的维护保养、节能改造提供参考依据 2.对设备的各项费用、用量、能耗等进行定额管理，以使工厂的成本管理和设备运行规范化
标识管理	1.明确设备标识条码、标签、标牌、位置、形式，使设备标识简明易懂，以便快速定位和识别设备 2.所有的设备都必须有标识，并具有可追溯性

1.2.3　设备动力、能耗、仪器、仪表管理

设备动力、能耗、仪器、仪表管理内容如表1-3所示。

表1-3　设备动力、能耗、仪器、仪表管理内容

管理内容	具体实施
动力管理	对设备的动力消耗进行计量和分析，及时发现是否存在能源浪费问题及设备运行不足的情况；通过采用先进的能量回收、余热回收等技术，降低设备动力消耗，提高能源利用效率，改善节能减排情况
能耗管理	对设备能耗进行实时、准确的计量和追踪，得出能耗分析结果，及时发现和纠正能源浪费问题并制定有效的节能措施；采用先进的工艺和技术，对设备能耗进行优化管理，提高能耗的利用效率和整体运行水平
仪器管理	对仪器进行定期检测、维护和校准，确保设备的仪器能够正常工作，并保证测试结果的准确性
仪表管理	对仪表进行标准化管理，确保设备仪表的准确性和稳定性，并按规定进行设备仪表的校准、调试和检测工作，确保设备的精确操作和可靠性。同时，建立设备仪表的管理档案，记录每个设备仪表的使用情况、维护记录和服务情况，为设备故障排查和修复提供依据

1.2.4　设备运行、监控、点检、校验管理

设备运行、监控、点检、校验管理内容如表1-4所示。

表1-4 设备运行、监控、点检、校验管理内容

管理内容	具体实施
运行管理	定期记录、测量设备的运行参数,并将这些参数进行整理分析,以此判断设备的运行状况
监控管理	推行设备事前检测制度,变定期保养为实时监控,实施异常工况技术分析和设备故障超前诊断
点检管理	定期对设备进行点检,保证设备在运行中的全部参数均符合规定,发现问题及时处理,预防故障的发生;建立点检记录体系,分析点检数据,制定优化方案,增强设备运行稳定性
校验管理	加强设备校验工作,按规定及时对设备的外观、性能指标、工艺流程等实施校验,确保设备处于良好的运行状态

1.2.5 设备清洁、维护、保养、润滑管理

设备清洁、维护、保养、润滑管理内容如表1-5所示。

表1-5 设备清洁、维护、保养、润滑管理内容

管理内容	具体实施
清洁管理	定期清洗设备表面和内部,保持设备干净整洁,防止灰尘、油污和其他杂质对设备的腐蚀和堵塞
维护管理	建立设备维护档案,规范维护流程和标准,完善故障预防措施
保养管理	定期检查设备的磨损情况,进行必要的维修和更换。通过保养延长设备寿命,提高设备运行效率和稳定性
润滑管理	定期采用适当的润滑方式对设备进行润滑,保证设备各部件的摩擦面良好,降低摩擦系数、减少磨损、防止卡死、降低噪声、提高工作效率

1.2.6 设备检修、维修、大修、备品备件管理

设备检修、维修、大修、备品备件管理内容如表1-6所示。

表1-6 设备检修、维修、大修、备品备件管理内容

管理内容	具体实施
检修管理	精准检修，编制单台设备故障处理预案，以区域装置为单位，建立设备故障管理登记台账，包括检修设备的故障和质量问题、检修方案和方法、检修计划、检修执行工作、检修质量检验情况等
维修管理	组织人员及时、准确、有效地消除设备故障，对设备进行故障分析，了解故障原因和出现的频率，以便规避或预防同类故障的再次出现
大修管理	根据设备的状态和设备需要，制订大修计划，做好预算和协调工作，确保大修计划的顺利实施
备品备件管理	建立有效的备品备件管理制度，对备品备件采取分类储存、标识管理、清点盘点等管理措施，记录备品备件的使用情况，及时调整和更新备品备件库存，保证备品备件的数量充足且不会浪费资源

1.2.7 设备改造、升级、更新、生命周期管理

设备改造、升级、更新、生命周期管理内容如表1-7所示。

表1-7 设备改造、升级、更新、生命周期管理内容

管理内容	具体实施
改造管理	调整设备参数，优化工具选择，加强设备自动化和数控化程度，提高设备的生产效率、稳定性和精度，降低生产成本和能源消耗
升级管理	基于设备的使用情况和生产需求，根据工艺进展和市场状况对设备进行逐步升级和改进。包括但不限于软件、硬件或系统的升级，新技术、新材料等的应用，以提高设备的生产效率和性能，降低维护成本和缩短停机时间
更新管理	对于部分已达到使用寿命，需要更新换代的设备，进行科学计算和分析，制订合理的更新计划，确保新设备的性能、质量和安全标准符合要求
生命周期管理	通过数字孪生、数据共享、信息化协同等手段，实现设备在整个生命周期中的精准管理。具体包括通过数字孪生技术实现设备的虚拟化建模和故障仿真，提高计划性维修的准确性和效率；通过应用物联网技术实现设备的远程监控和智能维修，提高快速响应能力和远程操作效率；通过数据共享和信息化协同，实现工厂内部各职能部门之间的信息共享和协同作业，提高资源利用效率和信息安全性

1.2.8 设备折旧、处置、报废、固定资产管理

设备折旧、处置、报废、固定资产管理内容如表1-8所示。

表1-8 设备折旧、处置、报废、固定资产管理内容

管理内容	具体实施
折旧管理	确定设备的折旧期和折旧方法，严格按照国家标准计算设备折旧，确保折旧数额准确、合理、规范
处置管理	对已经老化、损坏或不再需要使用的设备选择合适的处置方式，包括出售、报废、捐赠等，确保处置方式合法合规。设备处置具体流程为制订处置计划和流程，确定处置方式和标准，制定评估标准和程序，及时处理不良设备
报废管理	确定合法、规范的设备报废程序，对报废设备按照标准进行清理、检验、评估和验证，并进行妥善的废物处置。及时记录报废设备情况，防止报废设备被非法转手，造成资产损失
固定资产管理	1.对设备的购置、租赁、改造、维修、保养等进行精细化管理 2.对设备进行全面和规范的盘点，保证数据的准确性和完整性 3.对设备的使用、操作、维护、保养、处置等进行有效的管理，提高资产利用效率，降低运营成本

1.2.9 设备投资、租赁、保险、成本费用管理

设备投资、租赁、保险、成本费用管理内容如表1-9所示。

表1-9 设备投资、租赁、保险、成本费用管理内容

管理内容	具体实施
投资管理	严格按照工厂的财务管理程序进行设备购买和投资计划编制，考虑设备的价值效益、预算控制和资金来源等方面因素
租赁管理	包括选定合适的设备租赁公司、监督设备的租赁程序、确认租赁期限、租赁费用核算和统计、与租赁公司签署租赁合同等。还应该做好设备的运输管理，保证设备的正常运转

续表

管理内容	具体实施
保险管理	包括对设备进行风险评估、选择合适的保险公司、签订保险合同、及时跟进理赔申请等。此外，还需要关注保险范围和保费问题，做好保险信息的记录，提高设备保险的效益
成本费用管理	建立科学的设备成本核算和费用报销制度，定期对设备使用成本进行统计分析，并结合设备维修、管理等方面的费用信息对设备成本进行深度分析；建立健全设备耗材和备件管理制度，合理开展设备采购和库存管理，保证设备使用的顺畅和稳定

1.2.10　设备安全、环保、故障、事故管理

设备安全、环保、故障、事故管理内容如表1-10所示。

表1-10　设备安全、环保、故障、事故管理内容

管理内容	具体实施
安全管理	建立健全各类安全台账，包括安全生产日志、安全检查记录、事故调查报告等。定期检查设备安全状况，建立安全预警机制，识别潜在风险；制定详细的安全操作规程和应急预案，培训员工掌握正确的操作方法，增强员工安全意识，提高员工自我保护能力；定期进行设备检查和维护，确保设备能够稳定、安全地运行
环保管理	定期监测并分析污染物排放情况，确保污染物排放达到国家标准；采用新技术、新材料、新工艺，开发低污染、高效节能的生产设备和产品，实现可持续发展
故障管理	定期对设备进行检修、保养和维护，延长设备的使用寿命，提高设备的稳定性；不断研究新技术、新材料、新工艺，完善设备改造升级计划，提升设备性能，提高生产效率
事故管理	建立事故应急预案，做到事故发生后第一时间上报；建立事故记录台账，记录事故情况及处理结果；对事故进行详细调查分析，找出问题，并制定相应的改进方案，预防事故再次发生

1.2.11　物联网设备、检测设备、特种设备、自制设备管理

物联网设备、检测设备、特种设备、自制设备管理内容如表1-11所示。

表1-11 物联网设备、检测设备、特种设备、自制设备管理内容

管理内容	具体实施
物联网设备管理	1.对物联网设备进行动态监测管理,通过实时数据采集和分析,对设备进行实时监测和调整,确保设备稳定运行 2.建立完整的设备管理体系,确保对设备的管理规范化和标准化。同时,提高设备智能化水平,实现自动化调整、自我修复等功能
检测设备管理	1.对检测设备进行规范化管理,建立标准化检测流程,提高检测的准确率和精度。同时,对设备进行定期维护,保证设备的正常工作 2.建立完整的数据分析体系,对检测数据进行比对和分析,实现检测结果的精准判断,及时发现问题并进行处理
特种设备管理	对特种设备进行规范化管理,建立标准化操作规程,提高设备的可靠性和安全性。同时,对设备进行定期巡检和保养,确保设备正常工作
自制设备管理	1.对自制设备进行全面的优化改进,使其可以适应实际生产需要和现场工作环境 2.对自制设备的所有操作步骤进行规范化管理,建立标准化流程,提高设备的可靠性和质量

第 2 章

设备需求、采购、安装、调试管理精细化

2.1 设备采购需求管理

2.1.1 设备规划设计与选型管理办法

本办法对于设备规划设计与选型工作具有以下重要作用：一是规定了设备规划设计和选型的标准和要求，保证了设备的合理性和先进性；二是对设备的设计和选型进行了规范和约束，保证了设备的可靠性和安全性。

设备规划设计与选型管理办法

第1章 总则

第1条 为了规范设备规划设计与选型工作，推动设备规划质量、进度和安全管理，根据国家及有关部门的法律法规和规章制度，结合本工厂的实际情况，特制定本办法。

第2条 本办法适用于设备规划设计和选型的工作管理。

第3条 开展设备规划设计与选型工作，应遵循下列基本要求。

1.应对各项工作进行全过程的监督和检查，确保各项工作的有效实施和质量达标。

2.有关人员应遵守职业道德规范和保密制度，严格保守工作秘密。

3.有关部门和人员应增强责任意识和安全意识，做好安全防范和应急处理工作。

第2章 设备规划设计原则、程序与方案

第4条 设备管理部人员开展设备规划设计工作，应遵循下列原则。

1.根据生产工艺的要求，设计符合工厂实际生产需要的设备布置、维护、保养等方案，以优化生产流程和提高生产效率。

2.进行科学合理的现场设计，优化使用空间结构，提高生产场地利用率。

3.以设备可靠性和安全保障要求为基础，考虑设备的质量和维护保养成本，选取具有较高性价比的设备。

第5条 设备管理部人员开展设备规划设计工作，应遵循以下工作流程。

第2章 设备需求、采购、安装、调试管理精细化

1.根据实际情况确定生产设备规划设计的目标和任务，以便有针对性地开展规划设计工作。

2.收集有关的市场调研、生产工艺、设备信息等资料，以便根据实际情况确定生产设备规划设计的具体内容。

3.根据收集的资料和实际情况，对新的生产设备规划设计内容进行分析和评估，以确保规划设计方案符合工厂的实际需求和市场需求。

4.制定规划设计方案并对方案进行评审，确保方案符合工厂实际需求，同时满足工厂实际设计能力。

5.在评估和评审完毕之后，对生产设备规划设计方案中制定的具体措施进行实施。

第6条　设备规划设计需制定完善的规划设计方案，并对方案的评审、确认、实施等过程进行管理，确保规划设计方案的合理性和有效性，方案应包括下列内容。

1.生产流程图。明确各设备的功能和所在位置，以及其在生产流程中的作用，为后续的设备布置提供依据。

2.设备布置方案。根据生产流程图，对设备进行布局与调整，确保其相互之间协调一致，互不干扰，优化设备布置，合理分配空间，提高场地利用率。

3.设备购置清单。根据生产流程图和设备布置方案细化设备的种类、规格、数量、品牌和质量等详细信息，以便采购和批量制造。

4.设备安全环保方案。根据生产流程图和设备布置方案，考虑设备在生产过程中可能涉及的安全和环保问题，制定应急措施和应对方案，确保设备安全稳定运行。

5.设备维护保养方案。根据设备购置清单和安全环保方案，制定设备的日常维护保养方案，以便对设备的维护保养进行详细记录。

6.设备选型依据。通过对设备品牌、性能等因素的考虑，以及设备选型过程中的决策依据，确保选型的正确性和合理性。

7.设备成本控制方案。为控制设备的采购、维护和保养成本，制定一套有效的成本控制方案，确保设备的采购和运行成本得到有效控制。

8.设备更新换代方案。根据设备使用寿命和市场需求变化，制定设备更新换代方案，以保证设备技术水平和工艺流程的跟进和更新。

9.设备规划设计验收评估方案。制定对设备规划设计方案的验收评估方案，对规

划设计方案的实施效果进行评估，以不断完善和改进设备规划和设计。

第3章　设备选型考虑因素

第7条　满足生产工艺过程的需要。设备所要满足的工艺要求是设备选型的首要原则，设备选型必须能够满足生产工艺过程的需要，保证生产效率和产品质量。

第8条　经济性。在满足生产工艺要求的同时，需要综合考虑设备的采购费用、运营成本、维护费用等因素，选取性价比高的设备。

第9条　安全性。生产设备必须符合国家标准，由专业人员安装和调试。设备选型时须严格遵守安全和环保标准，选取可以保证生产安全和满足环保要求的设备。

第10条　质量保证。设备选型需要考虑设备的品质和质量，关注设备制造商的声誉和信誉，确保设备的正常运转，关注设备寿命，并随时对设备进行维护、保养和检修，以确保设备的正常运行。

第11条　可维护性。设备选型不仅要考虑设备能否正常运转，还要考虑设备是否方便维护。维护设备的成本对于工厂来说很重要，设备选型应该考虑到其维护性的问题，以便快速维修和保养设备。

第12条　可扩展性。设备选型应考虑未来工厂的发展需求。即使目前的生产规模不大，也应该选择可扩展性强、可适应工厂未来生产规模扩张的设备。

第4章　设备选型工作程序

第13条　明确需求。应该首先明确自己的需求，包括使用目的、使用环境、使用周期、数量、质量等因素，以便在选择设备的时候有据可依。

第14条　了解市场信息。了解市场上同类型设备的品牌、型号、价格等信息，通过设备经销商、杂志、网站等途径收集相关信息，以便进一步做出选择。

第15条　制定选型标准。设备管理部应该针对选型过程中的各项指标制定相应的选型标准，包括设备的重量、功率、效率、寿命、可靠性、维修成本、操作难易度等。

第16条　筛选评估。设备管理部可以通过海选、试用、试制等多种方式来筛选符合自身需求的设备，然后根据选型标准分别对所选设备进行排名和比较，得出一个最佳设备选型方案。

第17条　现场考察。设备管理部可以通过现场考察，了解设备的实际使用情况，对设备的使用效果及设备的维护、保养等各方面做出全方位评估，确定其是否满足工厂的实际需求。

第18条　技术论证。设备管理部可以邀请专业人员，通过技术论证来判断设备是否满足工厂的实际需求，并分析选型方案的可行性，以便做出最终选择。

第5章　附则

第19条　本办法由设备管理部负责编制、解释与修订。

第20条　本办法自××××年××月××日起生效。

2.1.2　设备采购需求提报与论证制度

本制度对设备管理具有以下重要作用：一是规定了设备采购需求提报和论证的标准和要求，保证了采购需求的准确性和合理性；二是对采购工作进行了规范和约束，保证了采购工作的公正、公平、透明；三是对采购工作进行了优化和改进，降低了采购成本和风险。

设备采购需求提报与论证制度

第1章　总则

第1条　为了规范工厂设备的采购流程，提高工作效率和资金利用率，特制定本制度。

第2条　本制度适用于工厂内所有设备采购需求的提报、审批、论证等相关工作。

第3条　设备采购需求指工厂在正常运营过程中针对需要购买、更新或更换的各种生产设备所提出的采购需求。

第2章　设备采购需求提报程序

第4条　需求收集。设备管理部需要通过各种途径收集工厂需要哪些设备，还需要收集这些设备的数量、规格、型号、品牌、功能、技术指标、生产能力等信息。

第5条　需求分析。设备管理部要对需求进行全面的分析，确保采购的设备与工厂实际需求相符，同时需要充分考虑设备的长期使用效益。应根据不同工艺流程分析生产的产能、生产效率，以及产品质量等情况来确定需求。

第6条　填写"设备采购需求表"，详细说明设备名称、品牌、型号、数量、计划使用地点、预算金额等信息。

第7条 将"设备采购需求表"提交设备管理部经理审批,并征求其他相关部门的意见。

第8条 设备管理部经理审核并签字确认后,将"设备采购需求表"交给采购部。

第9条 采购部根据实际情况进行供应商调查、比价等工作,并根据工厂采购流程编制采购方案。

第3章 提报汇总与审核

第10条 提报汇总

1. 采购部应在规定时间内收集、整理、汇总各部门或项目组提交的设备采购需求提报信息。

2. 采购部根据工厂年度计划,制订全年采购计划,分批次组织采购工作,并按照计划次序,优先满足工厂业务和生产需要。

3. 采购部应向主管领导和相关部门及时报告采购计划及进展情况,并听取意见和建议,及时调整计划。

第11条 提报审核

1. 设备采购需求提报人员或项目组应负责每项采购需求的审核工作。

2. 设备采购需求提报人员或项目组应核实主管部门和领导的意见,并根据意见和建议对采购需求提报进行修改和完善。

3. 设备采购需求提报人员或项目组审核后,应报送工厂采购管理中心进行进一步审核。

第4章 设备采购需求论证标准与程序

第12条 设备采购需求论证标准

1. 设备采购应符合国家相关法律法规,鼓励使用优质、绿色、节能、环保的设备。

2. 设备采购应符合工厂经济效益、财务状况及长期发展战略。

3. 设备采购应能够提高工厂的生产效率、产品质量和市场竞争力,并满足生产运营的需求。

第13条 设备采购需求论证程序

1. 设备采购需求提出人应进行必要的市场调研和技术评估,在需求文档中明确列出所需设备的技术性能指标、数量及预算等信息。

2. 设备采购需求提出人应将设备采购需求文档提交给采购部,由其审核并组织论证。

3.采购部应根据公司的战略规划、经济效益、安全环保等因素对设备采购需求进行论证，并提出相应的意见和建议。

4.采购部审核通过后，须向工厂领导层报告设备采购方案。

第5章　附则

第14条　本制度由采购部负责编制、解释与修订。

第15条　本制度自××××年××月××日起生效。

2.2　设备采购与验收管理

2.2.1　设备采购实施计划

本计划对于工厂设备采购具有以下重要作用：一是能够合理安排采购时间，避免采购过程中出现"断档期"；二是规范了采购流程，使采购流程透明、公正、公开，避免了采购过程中的徇私舞弊等问题；三是控制了采购费用的支出，使得在可行的范围内预算最少。

设备采购实施计划

一、设备采购时间

根据生产需求和采购计划，设备采购时间为××××年××月至××××年××月。

二、设备采购方式

1.公开招标采购。对于价值较高或拟采购设备比较专业、厂商较少的设备，进行公开招标采购。

2.厂商比价采购。对于设备比较普通或采购金额较低的设备，进行厂商比价采购。

三、设备采购预算

设备采购预算为××万元，主要包括设备费用、安装费用、后期运维费用等。同时还需要预留一部分资金用于意外情况处理。

四、设备采购进度计划

（一）设备采购前期准备工作

时间：××××年××月至××××年××月。

1.确定设备需求和数量。

2.制定采购方案和预算。

3.确定招标方式，编制招标文件。

4.进行采购申请并报批。

（二）公开招标采购阶段

时间：××××年××月至××××年××月。

1.公告招标，确定投标截止时间。

2.发送招标文件，回复供应商咨询。

3.开标，评标。

4.中标供应商提供样品、技术方案等。

（三）合同签订、订货及制造监管阶段

时间：××××年××月至××××年××月。

1.确定供应商，订立合同。

2.审核供应商报批资质、设备状态。

3.关注生产、检验及装卸等环节，提出质量监管要求。

4.适时投入采购资金，保证采购市场的流动性。

（四）验收及质量监管阶段

时间：××××年××月至××××年××月。

1.对采购的设备进行验收和质量监管。

2.建立档案，对设备进行日常维护和管理。

五、设备采购注意事项

1.设备采购实施计划应根据实际情况，调整计划表的具体时间节点。

2.依据实际生产情况和采购需求，对设备采购计划进行优先级排序，优先采购必需的设备，保证生产顺利进行。

3.设备采购要与财务、计划、生产等部门协调好，以便所有工作有序进行。

4.采购过程需要把握好供应商的质量和服务，并选择能够长期提供服务和技术支持的供应商。

5.采购完成后，应及时进行验收，如有问题要及时与供应商协商解决。

2.2.2 设备采购招标管理办法

本办法对于工厂设备采购招标具有以下重要作用：一是规范了招标工作流程，保证招标工作的公正、公平、透明和合法；二是规定了招标工作的操作流程和执行标准，提高了招标工作的效率和质量；三是规定了设备采购的标准和要求，保障了设备采购的质量和安全。

设备采购招标管理办法

第1章 总则

第1条 目的

为了保证设备采购招标工作公平、公正、规范、透明，特制定本办法。

第2条 适用范围

本办法适用于设备采购招标管理工作，需采用招标采购方式的设备包括以下几种。

1.设备价值超过×××万元。

2.设备技术含量较高。

3.设备使用寿命较长。

4.设备对生产过程影响较大。

第2章 招标方式与招标机构的选择

第3条 工厂自主招标

工厂满足以下条件时，采用自主招标方式。

1.招标项目规模较小，招标工作相对简单。

2.拥有足够的人力、物力和技术能力，能够独立完成招标工作。

3.对招标项目的要求和标准比较明确，能够自主制定招标文件和评标标准。

第4条　招标机构招标

工厂满足以下条件时，采用招标机构招标方式。

1. 招标项目规模较大，招标工作较为复杂。

2. 人力、物力和技术能力不足，无法独立完成招标工作。

3. 需要借助招标机构的专业知识和经验，提高招标工作的质量和效率。

4. 需要确保招标工作的公正性和合法性，避免出现违规操作和不当行为。

第5条　招标机构的选择

1. 招标机构应具备相应的资质和经验，能够胜任招标项目的实施和管理工作。工厂可以通过查阅招标机构的资质证书、业绩资料等方式来评估其资质和经验。

2. 招标机构应具备先进的技术水平和优质的服务水平，确保其能为工厂提供高质量的服务。工厂可以通过查阅招标机构的技术方案、服务承诺等方式来评估其技术能力和服务水平。

3. 招标机构应具备良好的信誉和声誉，确保其能够遵守合同约定、履行承诺、保证质量和安全。工厂可以通过查阅招标机构的信用记录、客户评价、行业口碑等方式来评估其信誉和声誉。

4. 采购部可以通过比较不同招标机构的价格和成本来选择最具有竞争力的招标机构。

第3章　招标书的起草与审核

第6条　起草人的确定

起草人是招标书编制的核心人员，应具备较高的专业水平和丰富的经验。在选择起草人时，应考虑其专业背景、工作经验、语言表达能力等。

第7条　招标书的内容

1. 基础信息。包括开标方式、开标时间、开标地点，投标文件递交截止时间、递交方式、底价和上下浮动范围。

2. 商务指标。包括设备的数量、型号、规格、质量标准、交货期限、保修期限、售后服务等方面。在确定商务指标时，要充分考虑生产需要和经济效益。

3. 技术指标。包括设备的技术参数、性能指标、安全指标、环保指标等方面。在确定技术指标时，要充分考虑生产需要和技术要求。

4. 评标标准。要从技术方案的可行性和可靠性、设备的质量和性能、服务支持和售后、价格和成本、环保和安全五方面评定。

5.供应商资质要求及样例文件资料等。

第8条　标书审核部门与职责

成立招标管理小组对招标书进行审核，小组成员包括采购部、设备管理部、法务部及财务部人员。

1.采购部，负责审核招标书中的商务指标。

2.设备管理部，负责审核招标书中的技术指标。

3.法务部，负责审核招标书中的法律条款和合同条款，确保招标书的合法性和合规性。

4.财务部，负责审核招标书中的价格和费用等方面，确保招标书的经济合理性和可行性。

第9条　招标书定稿

根据审核意见对招标书进行最后的修改和完善，确保招标书的质量和效果，无异议后由总经办签字盖章，并交由采购部进行备案。

第4章　招标实施过程

第10条　招标准备阶段

1.确定招标项目、确定招标方式、确定招标条件、编制招标文件。

2.发布招标公告、回答投标人提出的问题。

第11条　招标实施阶段

1.开标阶段。在规定的时间和地点公开招标文件、宣读投标人的报价和技术方案、记录投标人的报价和技术方案等。

2.评标阶段。根据招标文件的内容和评标要求，组织评标委员会对投标文件进行评审，确保评标结果的公正、合理和准确。

3.定标阶段。根据招标文件的内容和要求，确定中标人，并签订合同，确保中标人资格和合同的合法性与有效性。

第12条　发布中标公告

根据招标文件的内容和公告要求，发布中标公告，确保公告的及时性和有效性。

第5章　关键问题防范和处理

第13条　信息泄露问题的防范与处理

1.加强信息保密措施，确保所有相关信息严格保密。除了必要的工厂内部人员和外部代表之外，不得向任何其他人泄露招标信息。如必须向其他人员披露信息，应该签署保密协议并获得特定的授权。

2.当发生信息泄露情况时，招标管理小组应立即对泄露信息的影响进行评估和处理，确保招标工作的公正性和合法性。同时收集证据，对信息泄露情况进行调查和核实，对泄露信息的人员进行严肃处理，依法追究其法律责任。

第14条　违规操作问题的防范与处理

1.加强监督审计工作，及时发现问题，及时纠正偏差，确保招标过程的合规性。监督审计包括对供应商资质、业绩、价格、交货期等关键信息的审核，以及对招标程序中的风险点进行审核和评估。

2.当发生违规操作情况时，招标管理小组应对违规操作行为进行调查、核实，对违规操作人员进行严肃处理，并让其承担相关法律责任。

第15条　行贿受贿问题的防范与处理

1.招标管理小组应加强对招标工作的监督和管理，对参与招标工作的人员进行廉政教育和培训，增强廉政意识；建立行贿受贿举报机制，鼓励公众参与监督和举报。

2.发现行贿受贿问题后，对于涉嫌行贿的供应商，应立即停止与其合作，并按照法律法规的要求进行举报和处理；对于受贿人员应进行严肃处理，依法追究其法律责任。

第6章　附则

第16条　编制单位

本办法由设备管理部负责编制、解释与修订。

第17条　生效日期

本办法自××××年××月××日起生效。

2.2.3　设备验收实施细则

本细则对于工厂设备验收具有以下重要作用：一是能够明确设备验收的内容、标准、方法、流程等，规范设备验收工作，提高验收工作的准确性和规范性；二是能够及时发现和解决设备存在的问题，确保设备的质量和安全性；三是能够确保设备保持正常运行状态，满足生产需要，提高设备的使用效率和经济效益。

设备验收实施细则

第1章　总则

第1条　为了规范设备验收工作，保证设备质量，提高设备使用效率，根据国家有关规定，结合本工厂实际，特制定本细则。

第2条　本细则适用于工厂内所有设备的验收工作，包括通过购买、租赁、捐赠等渠道获取的设备。

第3条　设备验收应以科学、公正、严谨的态度进行，认真执行验收标准和要求，确保验收结果真实可靠。

第4条　设备验收应尽早进行，及时发现问题并解决问题，以确保设备能够正常投入使用。

第2章　验收内容

第5条　设备的基本信息。

1.设备的品种、型号、数量、规格、参数是否与合同要求一致。

2.设备文件是否完整，设备的标识、铭牌、说明书等是否齐全、清晰。

第6条　设备的外观合格情况。

1.设备的外观是否完好、无损伤、无锈蚀、无变形。

2.设备的外观是否符合制造商的技术标准。

第7条　设备的配件及其合格情况。

设备的配件是否完整，是否符合制造商的技术标准，能够与主体设备配合正常使用。

第8条　设备的性能。

1.设备的性能是否符合规定的技术参数及其误差范围。

2.设备的性能是否符合技术要求、满足生产需要。

第9条　设备的安装质量和安全性。

1.设备的安装质量是否符合国家有关标准和规定，各项安全措施是否得到完善落实，无安全隐患和故障。

2.设备的安全保护装置是否状态完好，符合国家相关标准。

3.设备在运行过程中是否会对人员和财产造成危害。

第10条　设备的环保性。

设备的排放、噪声、振动等方面，是否符合国家相关标准，不对环境造成污染。

第3章　验收方法与程序

第11条　设备验收方法。

1.目视检查。通过观察设备外观、部件结构、连接方式、安装位置等方面，判断设备是否符合要求。

2.测量检查。使用测量工具，如卡尺、游标卡尺、量规等，对设备的尺寸、角度、厚度、硬度等方面进行测量，检查设备是否符合技术要求。

3.功能测试。对设备的各项性能进行测试，如电路是否正常、运行是否平稳、噪声是否超标等。

4.质量检验。对设备所采用的材料、配件等进行质量检验，以确保其符合要求。

5.环境检查。检查设备使用环境是否符合技术要求，如温度、湿度、气压、电源电压等。

6.其他测试。根据特定需求进行其他测试，如安全性测试、耐久性测试、可靠性测试等。

第12条　设备验收程序。

1.确定验收标准和验收项目。在购买设备前应确定设备的验收项目和验收标准，以便在验收时能够全面、有针对性地进行检查。

2.选派验收人员。根据设备的类型和特点，选派具有相关专业知识和经验的验收人员参与验收工作。

3.安排验收时间和地点。选择适当的时间和地点进行验收，确保设备完好无损，运行环境符合技术要求。

4.实施验收工作。进行设备外观检查、设备结构组成检查、功能及性能测试、安全环保测试。

5.记录验收情况。详细记录检查结果，记录发现的问题及其处理方式，确认设备是否通过验收，并将记录报告给相关部门。

6.缺陷处理和确认。对于发现问题的设备，须及时通知设备供应商修理、更换部件或更换设备。经过修理、更换部件或直接更换后的设备需要重新测试，直至确认设备功能、性能达标，方能验收通过。

7.形成验收报告。根据验收情况形成验收报告，并进行存档备查。

第4章　验收意见与不合格处理

第13条　对设备或配件数量缺少、技术资料不齐全的情况，验收人员应做好验收记录；设备如有破损应对其进行拍照存档，并要求供应商签字确认，确定补充供货的时间。

第14条　设备的名称、型号与合同要求不符的，应予拒收，并要求供应商按合同约定提供符合要求的设备。若供应商无法提供合同约定的设备，应按合同要求赔偿工厂损失。

第15条　设备技术指标达不到要求的，应及时与供应商沟通，并要求供应商提供再次调试、测试的技术支持和协助。再次调试、测试后，技术指标仍达不到要求的，应予退货或提出其他措施进行解决，并及时报采购部处理。对于不影响使用并决定不退货的，要及时就补偿形式、金额及其他有变动的条款与供应商商定。

第5章　附则

第16条　本细则由设备管理部负责编制、解释与修订。

第17条　本细则自颁布之日起生效。

2.3 设备安装与调试管理

2.3.1 设备安装管理办法

本办法对于设备安装管理工作具有以下重要作用：一是规定了设备安装的各个环节和要求，保证了设备安装的质量和安全；二是规定了设备安装的进度、人员和责任分工等管理流程，提高了设备安装的效率；三是规定了设备安装的预算和报销等费用的管理措施，降低了设备安装的成本和风险。

设备安装管理办法

第1章　总则

第1条　为规范设备的安装管理，保障设备正常运行，提高设备利用率，特制定本办法。

第2条　本办法适用于设备安装时的管理工作。

第3条　设备安装应依据相关法律法规和标准，并按照安全、稳定、节能、环保的原则进行。

第2章　设备安装准备

第4条　设备安装前，设备管理部人员应对安装场地进行勘察评估，确保场地符合以下要求。

1.设备安装场地应平整、坚实、无明显倾斜和沉降，以保证设备的稳定性和安全性。

2.设备安装场地应具备良好的光照条件，以方便设备的操作和维护。

3.设备安装场地应具备足够的空间，以保证设备的安装和维护。

4.设备安装场地应具备良好的安全条件，以避免设备受到外界的干扰和损坏。

第5条　设备安装前，应准备安装材料与工具，并对其进行检查和保养，确保其可以持续使用。

第6条　设备安装前，应进行交底。交底人员为安装技术员与安全员，被交底人员为施工班组。交底主要分为技术交底和安全交底。

1.技术交底包括设备的安装位置和方向、设备的安装方法和步骤、设备的连接方式和管路布置、设备的电气接线和控制系统、设备的调试和测试方法、设备的维护和保养方法。

2.安全交底包括设备的安全操作规程和注意事项、设备的紧急停机和故障处理方法、设备的安全防护措施和个人防护用品、设备的安全警示标识和标志、设备的应急预案和逃生路线。

第3章 设备安装方案

第7条 设备安装方案的制定应遵循下列要求。

1.对于工厂可自行安装的设备，由设备安装主管制定设备安装方案，并报设备安装经理审核。

2.对于供应商提供安装服务的设备，设备安装主管需协助供应商制定设备安装方案。

3.对于供应商不提供安装服务且自己无法安装的设备，需聘请专业的安装公司进行安装。设备安装主管应与安装公司商讨确定设备安装方案。

4.某些重要设备的安装方案，设备安装经理应亲自参与制定。

第8条 设备安装方案内容包括设备安装的布局和位置、设备安装的支撑和固定方式、设备安装的管道和电缆布置、设备安装的接口和连接方式、设备安装的调试和试运行方案等。

第9条 设备安装经理负责审核设备安装方案，并报设备管理部经理审批，重点设备安装方案还需报主管副总审批，主要审核下列内容。

1.安装方案的技术性和可行性。

2.安装方案的合理性，即是否符合设备操作、维护和保养的要求。

3.安装方案的经济性，即其成本和效益是否符合规定。

4.安装方案的安全性和环保性，即审核操作人员是否安全，环境是否健康。

第4章 设备安装施工

第10条 设备安装前应成立设备安装小组，小组主要由设备管理部人员、设备使用部门相关人员及供应商方面的技术人员组成，设备安装小组由设备管理部主管负责统一管理。

1.设备管理部人员负责执行设备安装的具体操作，并监督设备安装进度，保证设备安装质量，负责现场安全管理，协调各方工作。

2.设备使用部门相关人员负责设备安装后的调试及试运行工作，并协助设备验收。

3.供应商方面的技术人员负责对设备安装进行技术指导。

第11条　现场实施

1.设备安装施工应按照安装方案进行，并加强对质量管理的监督和检查，确保施工质量符合国家和行业的技术规范和标准。

2.若需要更改技术安装要求，必须事先提出并报设备安装经理和设备管理部经理，经审批通过后，方可更改。任何人不得私自更改安装要求。

3.在设备安装期间，安装人员发现问题应及时解决；对于无法处理的问题，应及时报告上级领导处理。

4.安装现场使用的各种工具和设备要设专人管理，防止损坏和丢失。如果出现损毁和丢失现象，将视情节轻重按工厂相关规定对责任人和相关部门领导予以处罚。

第12条　设备安装施工现场应按照安全生产要求进行管理，需符合以下要求。

1.施工现场应设置安全警示标志，明确安全区域和禁止区域。

2.施工现场应设置安全防护设施，包括安全网、安全带等。

3.施工现场应设置消防设施，确保消防安全。

4.施工现场应设置通风设施，保证施工现场空气质量符合标准。

5.施工现场应设置临时用电设施，确保用电安全。

第5章　设备安装费用管理

第13条　在编制设备安装费用预算时，应结合具体的项目需求，确定所需要的设备类型、数量及技术要求等，并根据实际情况进行价格调查和比较，确定预算金额。

第14条　设备安装费用的使用应按照预算进行，确保使用的合理性和合法性。

1.在设备安装过程中，相关人员应按照预算进行费用支出，并将支出情况进行记录和核算，确保预算和实际支出的一致性。

2.在支出前应进行审批，由财务部审批通过，签字确认后方可支出。

第15条　支付款项应在规定报销日前申请报销，报销单据由设备管理部统一提交。

1.报销单据包括但不限于以下内容。

（1）发票、收据等原始单据。

（2）费用报销申请单。

（3）其他相关单据。

2.由财务部负责报销金额的核算与发放，并按照规定将报销单据进行归档，以备查验。

第6章　附则

第16条　本办法由设备管理部负责编制、解释与修订。

第17条　本办法自××××年××月××日起生效。

2.3.2　设备调试与试运行管理办法

本办法对于设备调试与试运行具有以下重要作用：一是明确了设备调试与试运行的程序和要求，保证了设备调试与试运行的质量和安全；二是可以促进设备的正常运行，避免设备在运行过程中出现质量问题和安全事故；三是帮助工厂避免在调试与试运行过程中出现关键错误。

设备调试与试运行管理办法

第1章　总则

第1条　为了规范设备调试与试运行管理，保证设备调试与试运行的质量和安全，特制定本办法。

第2条　本办法适用于生产设备调试与试运行的管理工作。

第3条　工厂采购或通过其他渠道获得的设备应遵循"先试后用"的原则，确保设备在试验期间达到设计要求并具备安全、稳定、可靠的运行能力后，方可投入正式生产使用。

第4条　设备调试与试运行涉及技术较多，需要各部门通力协作，加强沟通和配合，共同完成设备调试与试运行工作。

第2章　设备调试

第5条　设备调试前应制定详细的调试方案，通过审核批准后方可实施调试工作。

1.方案内容主要包括设备调试的基本思路、方法、步骤、指标和标准等。

2.调试方案应根据设备的性质、特点和用途制定相应的测试项目和测量方法，对所有技术参数进行监控和记录，确保设备在试运行期间稳定运行，达到设计要求。

3.调试方案应明确调试人员的职责和分工，保证各项工作有序进行，并做好安全措施和应急预案。

第6条　设备调试应根据调试方案制定相应的调试程序，确保每个调试项目和调试结果准确无误。

1.调试程序应包括设备前期检查、设备启动、单元调试、系统联调、综合调试等环节，对每个环节的操作和参数记录应做到实时监控和管理。

2.在调试过程中，如发现异常情况或安全隐患，调试人员应立即停止调试工作，并及时向上级汇报，协商解决办法。

第7条　设备调试应按照安全生产的要求进行，以确保设备调试的质量和安全。

1.设备调试应由专人负责，记录整个调试过程的详细数据，建立调试档案，以便于参考和核查。

2.调试过程应严格执行控制程序，确保所有资料和数据真实可靠，及时进行数据备份和储存。

3.调试过程中应注意保护现场环境和其他设备的安全，避免因调试工作而影响其他设备的运行。

4.对调试期间的操作记录、参数记录、测试数据等进行数字化管理，保证数据的准确性和完整性。

第8条　设备调试工作应注意以下事项。

1.调试前应严格检查设备，确保设备完好无损、符合技术要求。

2.调试过程中应注意操作安全，调试人员要严格执行各项安全操作规程和程序，以确保调试人员的人身安全。

3.设备调试时应做好对设备故障的分析和处理，及时解决设备运行中出现的问题，确保设备在正式投入使用前达到设计要求。

4.设备调试完成后，应组织专业人员对设备进行全面检查、测试和评估，确保设备运行稳定可靠。同时应制订相应的维护和保养计划，对设备进行日常维护和保养。

第3章　设备试运行

第9条　设备试运行方案。

1. 设备试运行前应制定试运行方案，明确试运行的目标、内容、方法和标准等。

2. 试运行方案应符合国家相关法律法规和标准要求，能够有效检验设备的各项性能和指标。

3. 试运行方案应经过技术评审和安全评估，报领导批准通过后方可执行。

第10条　设备试运行程序。

1. 设备试运行前应做好充分的准备工作，包括设备的安装和调试、设备的检查和清洁、试运行人员的责任分工、试运行时间和进度的计划安排、安全措施和应急预案的设计等。

2. 设备试运行应按照相关的测试方法和标准进行，测试方法和标准应根据设备的实际情况进行选择和确定，以确保测试的准确性和科学性。

3. 设备试运行过程中应及时记录和分析数据，以便能够及时发现问题并进行处理。数据记录应准确、完整、规范，数据分析应科学、合理。

4. 对于设备试运行过程中出现的各种问题，应及时处理和解决。处理问题时应按照问题的严重程度和影响范围进行分类，并采取相应的措施。

5. 设备试运行结束后，应进行后续工作和总结。后续工作包括设备的清理、维护和保养等；总结包括对设备试运行的效果和问题的分析等。

第11条　设备试运行操作规范。

1. 设备试运行人员应按照试运行方案中的要求进行操作，不得擅自变更试运行方案。

2. 在进行设备试运行操作之前，需要检查设备周围环境是否符合要求。比如，是否存在易燃易爆的物质，是否通风良好等。

3. 检查设备，确保设备各部件都安装正确。主要检查设备的电路、传动系统、液压系统等。

4. 设备试运行时需要采取一定的安全措施，如穿戴符合要求的防护服、安全帽、耳塞等。

5. 设备试运行人员应认真填写记录表格，及时反馈试运行情况，做好设备试运行文件的归档工作。

第4章　设备调试与试运行报告

第12条　设备调试完成后，应撰写详细的调试报告，报告中应包括设备调试情况、测试数据分析、存在的问题及解决办法等内容，以方便后续的设备维护和管理工作。

第13条　设备试运行报告应包括设备试运行的时间和进度计划、试运行的参与人员和责任分工、安全措施和应急预案、测试方法和标准、数据记录和分析结果、问题处理和解决办法、后续工作和总结等内容。

第14条　设备调试与试运行报告应经过相关部门的审核，确保报告的合理性和科学性。主要审核报告的内容、数据和结论，发现问题应及时提出并处理。

第15条　设备调试与试运行报告内容应真实可靠，报告编制人员应承担相应的责任。

第16条　设备调试与试运行报告应归档保存，并做好相关资料的保密工作，保证报告的安全性和完整性。

第5章　关键错误及避免

第17条　设备调试与试运行人员应熟悉设备的结构、性能和使用方法，避免影响设备调试与试运行的效果。为避免调试与试运行过程发生错误，应对相关人员进行培训和考核，确保人员熟悉设备。

第18条　设备调试与试运行过程中，安全事故会对人员和设备造成严重的伤害。为避免安全事故产生的影响，应加强现场管理和安全措施，制定应急预案，确保设备调试与试运行过程不发生安全事故。

第19条　在设备调试与试运行过程中，出现质量问题会影响设备的正常运行和使用寿命。为避免这种错误，应加强质量监督和控制，确保设备调试与试运行过程中不出现质量问题。

第6章　附则

第20条　本办法由设备管理部负责编制、解释与修订。

第21条　本办法自××××年××月××日起生效。

2.4　设备安装与竣工验收精细化实施指南

2.4.1　设备安装质量精细化管理方案

本方案对设备安装质量管理具有以下重要作用：一是可以确保设备安装过程中每个环节都得到严格控制和管理，从而提高设备安装质量；二是降低设备故障率，提高设备的可靠性和稳定性；三是满足生产、工艺和环保等方面的要求。

设备安装质量精细化管理方案

一、方案目的

1.严格按照相关标准和要求进行质量控制，保证安装过程规范、有序，确保设备安装质量符合要求。

2.加强现场管理和监督，及时发现和处理安装中存在的问题。

二、方案内容

（一）安装质量控制

1.明确质量标准。在设备安装前，制定相关的质量标准，包括设备自身的质量要求、接口的质量要求、机械传动的质量要求等，同时要与设备制造商或供应商进行沟通。

2.严格检查设备。在设备到达现场之前，由设备管理部人员进行设备的检查，检查设备的外观、内部结构、运动部件、电气系统等各个方面，确保设备没有质量问题。

3.安装前检查。在设备安装前，设备管理部人员应该对设备进行全面的检查，检查设备能否正常运行、设备接口是否符合质量标准、机械传动是否灵活、电气系统是否稳定等。

4.安装过程质量控制。在设备安装过程中，需要严格控制每个环节，包括扶正定位、设备焊接、设备固定等，确保每个环节均符合质量标准。

5.验收。在设备安装完毕后，应该进行全面的验收，检查设备的各项质量指标是否符合要求，包括外观、电气系统、机械传动情况等。

（二）安装监理

1. 监理人员的职责和范围如下。

（1）设备安装监理工程师。负责对设备安装过程进行技术监督和管理，主要是对安装质量、试运行过程、调试过程、安全保障措施、环境保护等方面的监督和管理。

（2）安全监理工程师。负责对设备安装过程中的安全保障措施进行监督和管理，确保设备安装过程安全、高效。

（3）质量监理工程师。负责对设备安装过程中的质量控制情况进行监督和管理，确保设备安装质量符合要求。

（4）环保监理工程师。负责对设备安装过程中的环境保护措施进行监督和管理，确保设备安装过程对环境的影响最小化。

2. 监理方法。通过现场监理、文件审核、数据分析等多种方式相结合的方法，保证监理工作全面、准确、规范。

3. 监理记录。监理人员需要对设备安装过程进行全面的记录，包括设备的细节、设备缺陷和质量问题等，以备后续处理。

4. 监理报告。监理人员需要及时提交监理报告，向设备需求部门汇报设备安装的进展情况，及时反馈设备安装的质量和进度。

三、方案实施

（一）安装控制

1. 安装计划。在设备安装前，需要制订详细的安装计划，包括安装的时间节点、工作量分配、人力资源配置等。

2. 工期进度管理。在设备安装过程中，需要对安装工期进行全面的管理和控制，确保施工进度符合计划。

3. 逐级细化工序。在设备安装过程中，需要逐级细化工序，确保每个环节的时间和物料控制得当，避免出现浪费的情况。

（二）检查、对照、核对

1. 安装质量检查。在设备安装过程中，需要进行全面的检验过程控制，包括设备的安装位置、设备的安装方式、设备的安装质量等。

2. 安装标准对照。在设备安装过程中，需要与相关的质量标准及安装图纸进行比对，确保施工过程中的质量要求符合标准。

3.故障点核对。在设备安装过程中，需要对出现的故障点进行核对，以避免类似问题再次出现。

（三）质量评估

设备安装时，主要对以下内容进行评估。

1.设备安装过程是否符合国家和地方相关法规、标准、规范的要求。

2.设备安装时是否按照设计图纸、技术要求、施工方案等文件进行施工、验收和交接工作。

3.设备机械部分的组装、定位、校准、调试、试运行等环节是否合理、完整、准确。

4.设备控制系统的配线、接线、调试、参数设置、检查等环节是否符合技术要求和标准规范。

5.设备附属设施的布置、安装，以及接口连接、管道连接、电气连接等操作环节是否合理、完整、准确。

6.设备的防护、安全、卫生、环保等方面是否满足相关标准和规范要求。

四、方案评估

对方案的实施效果进行评估，评估内容包括设备安装质量的符合程度、安装时间的控制情况、监理作用的发挥情况、安装成本的控制情况等，评估结果应及时反馈给相关人员，以便改进以后的工作方案。

2.4.2 设备安装工程竣工验收精细化管理办法

本办法对于设备安装竣工验收工作具有以下重要作用：一是可以加强工厂对设备安装质量、试运行过程、调试过程、安全保障措施、环境保护等方面的管理和监督，提高设备安装质量和验收水平；二是可以优化工作流程，提高工作效率，缩短验收周期，降低验收成本。

设备安装工程竣工验收精细化管理办法

第1章　总则

第1条　为了确保设备安装工程的质量和效果，保证竣工验收的准确性和可靠性，降低设备安装的成本和风险，特制定本办法。

第2条　本办法适用于各类设备安装工程的竣工验收管理工作。

第3条　设备安装工程竣工验收应按照国家相关法律法规和技术标准进行，确保设备安装工程的合法性和规范性。

第4条　设备安装工程竣工验收应由专业人员进行，验收人员应具备相关的资质和经验，以确保竣工验收工作的准确性和可靠性。

第2章　竣工验收准备

第5条　设备安装完成后，应进行竣工清理工作，竣工清理工作包括设备周围环境的清理、设备内部的清洗等。

第6条　设备安装完成后，要及时、有计划、有步骤地拆除施工现场的各种临时设施和暂设工程，拆除各种临时管线，将使用完毕的各种材料、工具进行回收、退库。

第7条　竣工验收资料包括设备安装方案、竣工清理记录、试运行记录、调试记录等。竣工验收资料应保存五年以上。

第8条　设备竣工验收前，相关人员应利用自检的方式，根据验收标准，组织相关部门人员参加，并做好记录。对于不符合要求的项目要及时修缮整改，报请上级复检，为正式验收做好充分的准备工作。

第3章　竣工验收

第9条　对设备的安装质量进行检查，包括设备的安装位置、固定方式、管道连接、电气接线等方面，确保设备安装符合相关标准。

第10条　对设备进行试运行，检验设备的运行状态和性能是否符合要求，包括设备的启动、运行、停止等方面。

第11条　对设备的安全保障措施进行检查，包括设备的安全防护装置、紧急停机装置、安全标志等方面，确保设备安全运行。

第12条　对设备的环境保护措施进行检查，包括设备的噪声、振动，以及废气、废水排放等方面，确保设备运行不对环境造成污染。

第4章　验收意见与验收报告

第13条　验收意见应作为设备安装工程竣工验收的重要依据，需要满足下列要求。

1.竣工验收完成后,应出具详细的验收意见,内容包括验收的结果、验收的标准、验收的时间、验收的人员、设备安装工程的优点和不足,以及改进意见和建议等。

2.验收意见应由专业人员出具,验收意见的内容应真实、准确、详细。

3.验收意见应及时反馈给设备安装相关人员,以便及时解决问题并改进工作方式。

第14条　安装工程竣工验收报告应由安装单位或者安装工程总承包单位编制,并经过相关部门审核和批准,同时需要满足下列要求。

1.编制安装工程竣工验收报告应遵循相关的国家标准和规范,报告内容应真实、准确、完整。

2.安装工程竣工验收报告应包括工程概况、工程质量、工程安全情况、工程进度、工程费用、工程变更情况、工程质量保证书、工程竣工验收意见等内容。

3.安装工程竣工验收报告应妥善保管,存档备查。

第5章　验收问题处理

第15条　对于验收过程中出现的以下问题,设备安装人员应采用对应的措施进行处理。

1.设备安装不规范,存在安全隐患。

对于设备安装不规范导致存在安全隐患的情况,需要立即停止使用设备并进行安全检查和修复,确保设备操作人员的安全。

2.设备性能不稳定,无法满足生产需要。

对于设备性能不稳定无法满足生产需要的情况,可以联系供应商或厂家维修或更换设备部件、调整设备参数以提高性能。

3.设备与原有生产线接口不兼容,无法开始生产。

对于设备与原有生产线接口不兼容导致无法生产的情况,可以对原有生产线进行改造或升级,或者修改设备接口以实现兼容。

4.设备操作界面复杂,需要培训操作人员。

对于设备操作界面复杂需要培训操作人员的情况,可以开展员工培训工作,使其实现技能提升,或者联系设备提供商要求其提供更加详细的使用手册和培训课程。

第6章 附则

第16条 本办法由设备管理部负责编制、解释与修订。

第17条 本办法自××××年××月××日起生效。

第 3 章

设备档案、凭证、定额、标识管理精细化

3.1 设备档案管理

3.1.1 设备档案建立与管理流程

本流程主要解决以下问题：一是设备信息追溯不明确；二是设备故障排查缓慢；三是设备保养不及时。

1. 设备档案建立与管理流程图

设备档案建立与管理流程如图3-1所示。

第3章 设备档案、凭证、定额、标识管理精细化

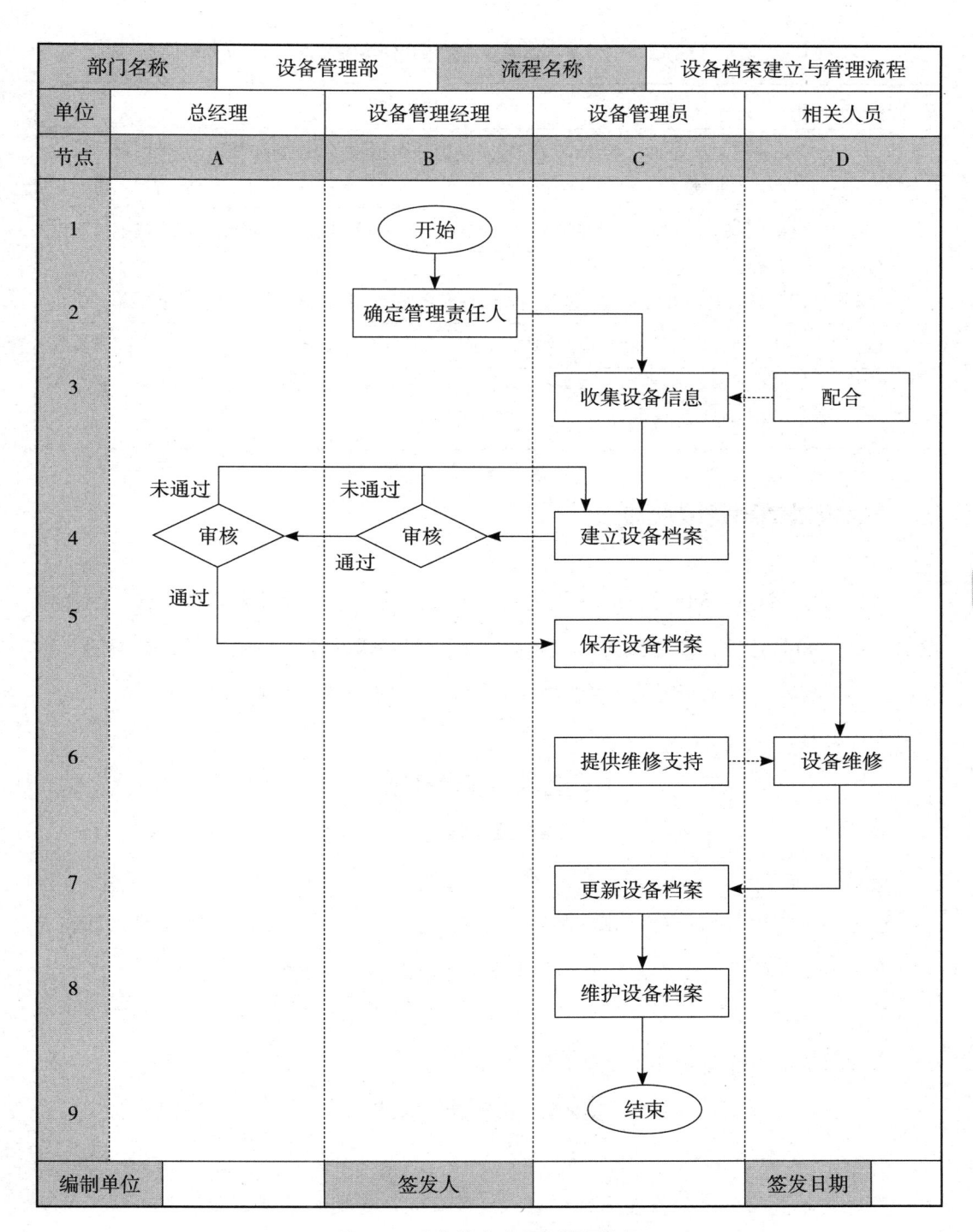

部门名称		设备管理部		流程名称		设备档案建立与管理流程	
单位	总经理		设备管理经理		设备管理员		相关人员
节点	A		B		C		D
1			开始				
2			确定管理责任人				
3					收集设备信息		配合
4		审核（未通过/通过）	审核（未通过/通过）		建立设备档案		
5					保存设备档案		
6					提供维修支持		设备维修
7					更新设备档案		
8					维护设备档案		
9					结束		
编制单位			签发人				签发日期

图3-1　设备档案建立与管理流程

2.设备档案建立与管理执行关键节点

设备档案建立与管理执行关键节点如表3-1所示。

表3-1 设备档案建立与管理执行关键节点

关键节点	细化执行
C3	设备管理员全面、详细地收集设备信息，包括设备名称、型号、生产厂家、供应商、日期等
C4	◆ 设备管理员根据收集到的设备信息，建立设备档案，形成纸质资料或上传到内部系统 ◆ 设备管理员需要做好设备档案信息安全保密工作，确保设备信息不被泄露
C6	设备档案作为设备管理的重要支撑，为设备维修、检修和大修提供数据支持和参考
C7	设备管理员要定期更新设备档案，包括设备状态、维修记录、检修记录等，确保档案的实时性和准确性

3.1.2 设备档案管理细则

本细则主要有以下作用：一是规定了设备档案的收集、整理和归档方式，确保档案的有序性和易查性；二是规定了设备档案的管理和借阅要求，确保设备档案的管理规范；三是规定了设备档案的销毁要求，确保档案的安全性和可持续性。

设备档案管理细则

第1章　总则

第1条　目的

设备档案管理细则是针对设备档案的收集、整理、归档、保管和利用等方面制定的一系列规定和操作流程，旨在确保设备档案的完整性、准确性和系统性。

第2条　适用范围

本细则适用于设备档案的管理工作。

第2章　设备建档管理

第3条　设备档案分类

根据实际情况对设备档案进行分类，以便日后的查询和管理，如按照用途可以分为生产设备档案、办公设备档案、辅助配备档案等。

第4条　设备档案建档

1.设备部是设备档案收集、整理和归档的管理部门。设备部应该设有专门的岗位和人员对设备档案进行管理。设备从采购到安装、调试的所有技术资料，都要移交给设备部档案管理人员进行建档。

2.设备到货后，设备使用部门应该事先通知设备档案管理人员，进行现场验收，并记录有关设备验收的信息。

3.工厂自行研制的设备，也要报请设备档案管理人员进行设备验收和建档。

4.外购设备档案的归档。

（1）外购设备在选购阶段要将设备的可行性方案论证报告、购买审批文件、购买合同和备忘录、附件等进行归档。

（2）外购设备在验收阶段要将设备的相关单证、使用手册、技术图册、运单、发票等进行归档。

（3）外购设备在安装调试阶段，要将相关的安装图纸、技术图纸、工艺规程、检查检验记录及调试期间的所有文件、报告、培训材料等进行归档。

（4）外购设备在运行及维护修理阶段，要将设备移交使用部门的相关资料、设备维护保养和安全技术操作规程、运行记录、保养情况、检查记录，以及设备大中小修记录等进行归档。

（5）外购设备在更新、改造阶段，要将设备的更新建议、改造方案、相关批复文件、改造图纸和技术文件、鉴定成果等进行建档。

5.自行研制的设备档案的建档。

（1）在方案论证和设计阶段需要归档的资料包括论证报告、批复文件、技术文件和相关计划等。

（2）在加工制造阶段需要归档的资料包括工艺规程、工艺图纸、加工说明和相关辅助材料等。

（3）在安装调试和验收阶段需要归档的资料包括设备安装调试工作方案和计划、安装图纸、工艺规程、相关单证、相关报告、相关文件、相关说明和操作规程等。

（4）在运行维护阶段需要归档的资料包括维护保养规程、安全操作规程、运行记录台账、保养记录、大中小修记录、事故分析记录等。

（5）在设备改造阶段需要归档的资料包括改造建议书、改造审批书、图纸技术文件、鉴定批复文件等。

第3章　设备档案的保管与借阅

第5条　设备档案的保管

1.设备档案实行分级保管制度。按照档案的保密程度，可以将档案分为A、B、C三个等级。A级保密程度最高，B级为中档，C级为普通。

2.A级设备档案事关工厂的核心设备和核心技术，施行专人专地管理，需要严格按照最高保密管理流程进行管理；B级设备档案的管理对象是工厂外购的、能体现工厂技术竞争力的设备；C级设备档案管理的对象为本工厂自制的设备。

第6条　设备档案的借阅

1.设备档案的级别不同，借阅的流程不同，能够借阅的天数也不同，参照工厂《设备档案借阅管理办法》执行。

2.对于A级设备档案的借阅，按照工厂《A级设备档案借阅、阅览及归还管理办法》执行，对于B级和C级设备档案的借阅，按照工厂《B&C级设备档案借阅、阅览及归还管理办法》执行。

第4章　设备电子档案的建档、保管与借阅

第7条　电子档案的建档

1.设备电子档案的建档需要在工厂专门的平台和系统上进行操作。

2.设备电子档案的建档，务必遵循电子档案建档的相关规范执行，文件按照统一的格式要求制作。

第8条　电子档案的保管

1.电子档案也要依据A、B、C三个等级进行分别管理。

2.电子档案还需按照一定的时间阶段，进行线上和线下分别备份。

第9条　电子档案的借阅

1.电子档案的借阅，采用专门的账号管理制度，对借阅人和阅读方式进行专门的管理，谨防电子档案被复制、外传和打印。

2.电子档案的归还，采用账号时间控制方式，到时自动归还。

3.对于A级电子档案的借阅，必须严格执行工厂的《A级设备电子档案借阅与阅读管理办法》执行，严禁无关人员接触电子档案。

第5章　设备档案的销毁

第10条　纸质档案的销毁

1.纸质档案销毁前要进行评估、确认。

2.纸质档案的销毁，可以采用焚烧、粉碎、化浆三种方式进行。

3.纸质档案的销毁，要按照工厂的相关管理规定执行。

4.纸质档案销毁后，应当出具销毁的档案明细和相关的证明。

第11条　电子档案的销毁

1.电子档案的销毁，包括所有位置、所有时间的备份档案的销毁。

2.电子档案的销毁，需要事先评估、确定，并进行备案。

3.电子档案销毁后，要出具相关的证明。

第6章　附则

第12条　编制单位

本细则由设备管理部负责编制、解释与修订。

第13条　生效日期

本细则自颁布之日起生效。

3.2　设备凭证管理

3.2.1　设备凭证管理流程

本流程主要有以下作用：一是有助于跟踪设备的位置、状态和使用情况，避免设备混淆或遗失；二是明确设备购置和验收的程序和要求，以便后续追溯和管理；三是与维护和保养流程结合，确保设备的维护记录与凭证相对应，以便后续追溯设备的维护历史。

设备凭证管理流程如图3-2所示。

部门名称		设备管理部		流程名称		设备凭证管理流程	
单位		总经理		设备管理经理		设备凭证管理员	相关人员
节点		A		B		C	D

流程步骤（节点1-10）：

1. 开始
2. 确定设备凭证管理权限（B）
3. 收集设备信息（C）
4. 建立设备凭证（C）→ 审核（B，未通过返回；通过继续）→ 审核（A，未通过返回；通过继续）
5. 提交凭证使用申请（D）
6. 审核（C，未通过返回；通过继续）→ 审核（B，未通过返回；通过继续）
7. 领取设备凭证（D）
8. 交还设备凭证（D）
9. 维护设备凭证（C）
10. 结束

编制单位		签发人		签发日期	

图3-2 设备凭证管理流程

3.2.2 设备凭证管理制度

本制度可解决以下问题：一是设备资产不明确，设备难以追踪；二是设备之间混淆或遗失；三是设备保修或索赔时依据不明。

设备凭证管理制度

第1章 总则

第1条 目的

为了规范工厂设备凭证的管理，提高工厂设备凭证的使用质量，保障工厂设备凭证的安全性，特制定本制度。

第2条 适用范围

本制度适用于工厂设备凭证的管理工作。

第2章 设备凭证收集管理

第3条 设备凭证的收集

1.建立设备凭证档案，收集设备基本信息、购置凭证、维修维护凭证、转移凭证、报废凭证等设备凭证相关内容。

2.设备凭证应由设备管理员进行收集，并建立专门的收集渠道，避免遗漏或重复收集。

第4条 设备凭证的分类

1.按照设备种类分类。将同一种类设备的凭证归类在一起。

2.按照时间顺序分类。将同一设备的凭证按照时间顺序排列，以便查找历史记录。

3.按照重要程度分类。将重要的凭证、证明文件单独存档，以便查找和管理。

第3章 设备凭证的储存、借用管理

第5条 设备凭证的储存

设备凭证应该由设备管理部建立凭证档案室统一管理。为了保证设备凭证的安全性和完整性，凭证档案室应该设置专人管理，限制其他人员进出，防止设备凭证遗失或毁损。

第6条　设备凭证的备份

为了防止设备凭证遗失或毁损，需要对设备凭证进行备份，备份文件应该定期更新和管理。

第7条　设备凭证的借用

1.借用人员借用设备凭证时应填写借用单，详细记录借用设备凭证的时间、地点、借用人员、归还时间等信息，未经授权不得私自借用或擅自外借设备凭证。

2.对设备凭证应进行定期的检查、清点，确保能够及时发现设备凭证的丢失、损毁等情况，并及时进行报告和处理。

第4章　设备凭证的使用与维护管理

第8条　设备凭证的使用

1.在使用设备凭证时，应仔细阅读使用说明和注意事项，确保设备凭证能够正常使用。

2.在设备凭证的使用过程中，应严格遵守规定，不得将设备凭证用于非法用途或者透露给未授权人员或单位使用。

3.设备凭证的使用应按照工厂的管理制度和流程进行。

4.设备凭证的使用应经过授权，授权人应按照工厂的管理制度和流程进行授权，并且要保证使用人员具备相应的技能和资质。

第9条　设备凭证的维护

1.在设备凭证的使用过程中，应注意对设备凭证的维护和保养，定期检查设备凭证的完整性和有效性，确保设备凭证能够正常使用。

2.对于因设备凭证使用不当造成的损失，应按照管理制度和流程进行赔偿或者追责。

第5章　设备凭证保密管理

第10条　划分保密等级

设备凭证的保密等级应当根据工厂的保密管理制度和国家相关法律法规进行划分。

第11条　确定保密范围

设备凭证的传输、储存、查询、审核等过程应当保证信息安全，包括传输加密、储存加密，以及查询、审核等操作的权限控制和日志记录。

第12条　明确保密手段

1.设备凭证信息储存应采用安全的储存设备和储存措施,包括备份管理、数据传输加密等技术手段。

2.设备凭证应按照工厂的保密制度进行管理,未经授权不得向外泄露。

第13条　监督凭证使用

1.要对工厂内部人员使用设备凭证的权限和范围进行管理和控制,并建立定期审计机制。

2.对设备凭证进行拍照、复制、扫描等,应经过授权,并且应有相应的记录和管理措施。

第14条　明确保密要求

1.设备凭证的管理人员应具备保密意识和责任心,严格遵守保密规定,不得将设备凭证透露给未授权人员或单位使用。

2.在设备凭证的使用过程中,应注意保护设备凭证,防止设备凭证丢失或者损坏。

第6章　设备凭证报废销毁管理

第15条　报废销毁的标准

1.若设备凭证到期,应立即予以报废销毁。若出现设备凭证内容有误、设备已损坏、设备已经更换等情况,应将其加入报废销毁清单中。

2.若设备凭证保存出现特殊情况,如因工厂承包外部项目需要留档备查等,则需要按照工厂相关制度执行。

第16条　报废销毁的要求

1.设备凭证应按照工厂规定和要求进行报废或者销毁。

2.对于敏感性和机密性较高的设备凭证,其报废销毁标准应更为严格和保密。

3.对于报废销毁工作的过程和结果应做好相应的记录和备案,确保报废销毁工作的合规性和真实性。

第17条　报废销毁程序

1.调查清点。了解已经过期或废弃的设备凭证情况。

2.评估授权。评估这些设备凭证是否存在保密等级,以及销毁这些设备凭证是否需要特定部门或领导的授权。

3.报废申请。对于需要授权或者保密等级较高的设备凭证，需要填写报废申请，并征得相关部门或领导的同意。

4.销毁凭证。如果设备凭证是纸质的，则需要使用纸切机将其切成小颗粒。如果设备凭证是电子的，则需要对其进行彻底的数据删除。

5.后续跟踪。销毁后需要记录销毁时间、方式和实施人员，并保留相关文件备查。

第7章　附则

第18条　编制单位

本制度由设备管理部负责编制、解释与修订。

第19条　生效日期

本制度自××××年××月××日起生效。

3.3 设备定额管理

3.3.1 设备定额编制办法

本办法可解决以下问题：一是设备资源配置不合理，导致设备过剩或不足；二是预算编制和控制不合理；三是设备配置和生产效率低下。

设备定额编制办法

第1章　总则

第1条　目的

为了规范工厂设备的定额编制工作，提高设备使用效率和生产效益，特制定本办法。

第2条　适用范围

本办法适用于工厂设备定额编制的管理工作。

第2章　设备定额编制组织

第3条　生产部

1.主要负责统计生产数据，分析生产能力和生产效率，协调生产进度和设备使用计划。

2.同时需要负责制定设备操作规程和标准，研究设备维修保养方案和技术改造方案，为设备定额编制提供技术支持。

第4条　设备管理部

主要负责设备使用管理和维修保养管理，为设备定额编制提供基础数据信息。

第5条　财务部

主要负责设备费用的核算和统计，为设备定额编制提供财务数据和成本数据。

第3章　设备定额编制管理

第6条　设备定额编制原则

设备定额编制应按照国家相关法律法规和政策要求进行，严格遵守公开透明原则，确保设备定额的合理性和公正性。

第7条　设备定额编制监督

1.设备管理部负责对设备定额的执行情况进行监督和管理，对存在问题的设备及时进行维修保养和更换，确保设备的正常运行，实现产能的提高。

2.设备定额编制的结果应及时向有关部门和人员公开，接受公众监督和评价，促进设备定额编制工作的规范化和专业化。

第8条　解决定额编制争议

对于设备定额编制中的争议和纠纷，应按照相关法律法规和政策要求进行处理，维护各方利益和公正原则。

第9条　定额计算考虑因素

1.设备定额的计算应考虑设备的性能、工作条件、运行方式和维修保养情况等因素，既要保证设备的稳定运行，又要保证设备的最大效益。

2.设备定额的计算可按照台时定额、机械台班费用定额和产量定额等进行编制，确保定额的准确性和可操作性。

第4章　台时定额编制

第10条　台时定额编制要求

1.台时定额应考虑设备的运行时间、停机时间、调试时间和故障时间等因素，确保定额的全面性和可靠性。

2.台时定额应按照设备的类型、规格、工作条件等因素进行分类编制，保证编制的台时定额具有可行性和指导性。

3.台时定额的编制应根据设备的实际使用情况结合生产计划进行编制，确保编制的台时定额的准确性和可操作性。

第11条　台时定额计算方法

台时定额＝生产时间×设备效率÷生产数量

生产时间指生产周期中设备的实际运行时间；设备效率指设备在运行中实现的生产数量与设备运行时间的比率。

第5章　机械台班费用定额编制

第12条　机械台班费用定额编制要求

1.机械台班费用定额的编制应按照设备的实际使用情况和维修保养情况，结合生产计划进行编制，确保机械台班费用定额的准确性和可操作性。

2.机械台班费用定额应按照设备的类型、规格、工作条件等因素进行分类编制，保证编制的机械台班费用定额具有可行性和指导性。

3.机械台班费用定额应根据设备的使用情况和费用情况，进行动态调整和管理，确保定额的及时性和有效性。

第13条　机械台班费用定额计算方法

机械台班费用定额＝（设备费用＋维修保养费用）÷台班产量

设备费用指购买和使用设备所需的费用。维修保养费用指维修和保养设备所需的费用。台班产量指单位时间内的产量。

第6章　产量定额编制

第14条　产量定额编制要求

1.编制产量定额需要考虑设备的生产能力、员工的技能、材料的质量等影响因素，根据这些影响因素制定出符合实际情况的产量定额。

2.产量定额的编制需要参考先进经验，了解同行业同类产品的生产定额，并根据实际情况进行适当调整。

3.产量定额的编制需要进行量化评估，以检验定额的有效性和可行性。量化评估可以通过制订生产计划和统计实际生产数据等方式进行，以反映产量定额的精准度和可靠性。

第15条　产量定额计算方法

产量定额=产品数量÷生产产品所消耗的劳动时间总量

生产产品所消耗的劳动时间总量包括生产时间、等待时间、辅助生产时间、准备与结束时间。

<h3 style="text-align:center">第7章　附则</h3>

第16条　编制单位

本办法由设备管理部负责编制、解释与修订。

第17条　生效日期

本办法自××××年××月××日起生效。

3.3.2　设备安装、维修、检修、保养定额管理办法

本办法主要有以下作用：一是通过定额建立统一的标准和规范，提高工作的准确性和可靠性；二是明确工作任务的要求、时间和工作量，使工作进程更加明确和有序，提高工作效率；三是准确估计所需的人力、材料和工具设备等资源，避免资源过度消耗或不足，实现资源的优化配置和合理控制。

<h3 style="text-align:center">设备安装、维修、检修、保养定额管理办法</h3>

<h4 style="text-align:center">第1章　总则</h4>

第1条　目的

为了规范设备安装、维修、检修、保养定额工作，加强设备管理，提高设备使用效率，特制定本办法。

第2条　适用范围

本办法适用于工厂设备安装、维修、检修、保养定额的管理工作。

第3条　名词解释

安装、维修、检修、保养定额是指设备安装、维修、检修、保养工作所需的人力、物力、时间和费用的标准。

第2章　设备安装定额管理

第4条　设备安装定额

1.设备安装定额是指设备安装的材料定额、人工定额、机械台班定额的统称。设备安装定额由设备管理部负责制定。

2.设备安装定额的标准，由设备管理部根据行业的情况，参照国家或者地方的通用安装定额标准、文件制定。

第5条　设备安装定额的制定

1.设备安装的材料定额。材料定额的材料量除了要考虑实际用量，还要考虑损耗用量。

2.设备安装的人工定额。设备安装的人工定额除了要考虑正常的人工工时，还要考虑等待时间、间断时间。

3.设备安装的机械台班定额。设备安装的机械台班定额是指设备安装所消耗的台班数，一般用机械的时间定额表示。

第3章　设备维修定额管理

第6条　设备维修定额

设备维修定额是指为完成设备修理所规定的各种费用、劳动时间等方面的标准。

第7条　设备维修定额的制定

1.维修费用定额。设备维修所花费的费用，具体包括材料费用、工时费用、人员工资等。它是根据维修系数和维修劳动量，并结合行业、工厂的具体情况而确定的。

维修费用定额=材料费用定额+工时费用定额+人员工资定额

2.劳动时间定额。劳动时间定额指的是维修所花费的时间，一般会按照不同的设备、不同的问题、不同的难度系数来制定。

劳动时间定额=正常维修时间定额×80%+难度系数时间定额×20%

第4章　设备检修定额管理

第8条　设备检修定额

设备检修定额的内容。设备检修定额包括设备检修工时定额、设备检修费用定额和设备检修资金定额。

第9条　设备检修定额的制定

1.设备检修工时定额，即完成设备检修所需的标准工时，通常以1个检修复杂系数为单位。

2.设备检修费用定额，即完成设备检修所需的费用，通常以材料费用加人工费用表示。

3.设备检修资金定额，即设备检修所需的资金数额，通常以特定金额或百分比形式表示。

第5章　设备保养定额管理

第10条　设备保养定额

设备保养定额主要包括保养材料定额和劳动时间定额。

第11条　设备保养定额的制定

1.设备保养材料定额的制定。一般按照设备保养所需要的材料费用制定，以设备保养所需购买的整个材料费用为基准。

设备保养材料定额=设备保养所需购买材料费用+其他费用

2.设备保养劳动时间定额的制定。需要按照不同的设备类型和保养要求，制定不同的设备劳动保养时间定额。一般按照工时来计算。

设备保养劳动时间定额=标准工时+等待时间+中断时间

第6章　附则

第12条　编制单位

本办法由设备管理部负责编制、解释与修订。

第13条　生效日期

本办法自××××年××月××日起生效。

3.4 设备标识管理

3.4.1 设备编号与标识标牌管理规定

本规定主要有以下作用：一是方便对设备进行追踪和管理，使设备管理更加高效和准确；二是跟踪设备的维护历史，确保设备能够按时进行维修和保养，提高设备的可靠性和寿命；三是提醒工作人员注意设备的特殊要求、安全风险等，有助于减少事故和损坏的发生。

设备编号与标识标牌管理规定

第1章　总则

第1条　目的

为了规范设备管理行为，加强设备管理信息化建设，提高设备管理效率和质量，特制定本规定。

第2条　适用范围

本规定适用于设备编号与标识标牌的管理工作。

第2章　设备编号管理

第3条　设备编号原则

1.唯一性。每台设备应有唯一的编号，不能重复。

2.顺序性。设备编号应按照设备采购或使用的顺序进行。

3.分类编号。设备应根据其类型、用途、品牌、规格等进行分类编号，以便进行管理和维护。

4.简便实用。设备编号应简单易记，方便使用和管理。

第4条　设备编号要求

1.设备编号应标识在设备明显处，以方便设备管理人员进行查看和核对。

2.设备编号信息应进行备份和保护，以防数据丢失或泄露。

3.定期对设备编号信息进行检查和维护，及时更新和完善设备信息。

第3章　设备编号实施流程

第5条　收集设备信息

收集设备相关信息，包括设备名称、型号、规格、厂家等。设备信息可以从购买合同、设备清单、技术规格书等文档中获取。

第6条　制定编号规则

根据工厂的需求和管理要求，制定设备编号的规则和格式。编号规则可以根据设备类型、用途、区域等进行划分。

第7条　分配设备编号

根据编号规则，对收集到的设备信息进行编号分配。可以采用手动分配或自动化系统分配的方式，将设备与相应的编号进行关联。

第8条　标识设备编号

对设备进行标识，将设备编号标记在设备本体或设备的标识牌上，以便在后续的管理和维护中进行识别和查找。

第9条　设备编号建档

将设备信息和对应的编号记录在设备管理系统或档案中。包括设备名称、型号、规格、编号、安装位置、购买日期等，以便后续的设备管理和跟踪。

第10条　更新调整编号

随着设备的更新和变动，需要对设备编号进行更新和调整。如发生设备更换、迁移、拆卸等情况，需要及时更新设备编号信息，以保持设备管理的连续性和准确性。

第4章　设备标识标牌管理

第11条　设备标识标牌分类

1.设备名称标牌。用于标识设备的名称和型号，应采用明确的文字和图案。

2.设备功能标牌。用于标识设备的功能和使用范围，应采用简洁明了的文字和图案。

3.设备安全标牌。用于标识设备的安全要求和警示信息，应采用醒目的颜色和文字。

4.设备参数标牌。用于标识设备的参数和性能指标，应采用精确的数据和图表。

5.设备维护标牌。用于标识设备的维护周期和维护内容，应采用易懂的文字和图案。

第12条　设备标识标牌执行要求

1.设备标识标牌应按照规定的标准和要求进行设计和制作。

2.设备标识标牌应经常检查和维护，及时更换损坏或失效的标牌。

第13条　设备标识标牌管理要求

1.设备标识标牌应当有专人进行管理，负责设备标识标牌的制作、安装、检查和维护等工作。

2.设备标识标牌的管理人员应经过专门培训，具备相关知识和技能。

第5章　设备标识标牌监督

第14条　建立监督制度

设备管理部要建立设备标识标牌的监督制度，定期对设备标识标牌进行检查和维护，发现问题及时处理。

第15条　设备标识标牌监督要求

1.设备标识标牌应在每次设备检修、保养和维护时进行检查，发现问题及时处理。

2.设备标识标牌的监督和检查应建立记录档案，记录检查的时间、结果、处理情况等信息。

第16条　建立奖惩制度

对设备标识标牌的监督建立奖惩制度，对执行良好的管理人员进行表扬与奖励，对违规行为进行处罚。

第6章　附则

第17条　编制单位

本规定由设备管理部负责编制、解释与修订。

第18条　生效日期

本规定自××××年××月××日起生效。

3.4.2　设备状态标识管理细则

本细则主要有以下作用：一是通过设备状态标识，了解设备的状态；二是快速定位和识别特定状态的设备，节省时间和精力，提高工作效率；三是能够识别出需要维修、保养或更换的设备，从而有针对性地制订计划和安排资源，提高设备的可靠性和可用性。

设备状态标识管理细则

第1章 总则

第1条 目的

为了确保设备在使用过程中的状态能够准确地被标识、检测、识别和记录，及时发现和处理设备的异常和故障情况，确保设备的正常运行，特制定本细则。

第2条 适用范围

本细则适用于设备状态标识的管理工作。

第2章 设备状态标识要求与分类

第3条 设备状态标识要求

1.设备状态标识应准确地反映设备的工作状态、异常状态或故障状态，并与设备技术文档保持一致。

2.设备状态标识应具备易于辨识、易于理解的特点，以便操作人员迅速获取设备状态信息。

第4条 设备状态标识分类

1.工作状态标识。用于标识设备的正常工作状态，通常包括运行、停止、待机等状态。

2.异常状态标识。用于标识设备出现的异常情况，如过载、过热、低电量等。

3.故障状态标识。用于标识设备发生功能故障、性能下降或完全失效的情况。

第3章 设备状态标识检测管理

第5条 设备状态检测方法

1.观察检测。通过操作人员的观察和经验判断，检测设备状态标识的工作状态、异常状态或故障状态，如观察指示灯的状态、听取设备运行声音等。

2.测试检测。使用特定的测试工具和设备，对设备进行功能测试、性能测试或故障诊断，以确定设备状态。

第6条 设备状态检测频率

1.定期检测。根据设备的使用情况和维护计划，制订定期的设备状态检测计划，以确保设备的状态得到及时监测和评估。

2.周期性检测。对于一些关键设备或易发生故障的设备，应进行周期性的状态标识检测，以更加密切地监测设备的运行情况。

3.异常检测。除了定期检测和周期性检测，还应设置异常检测机制，确保当设备出现异常情况时，能够及时发出警报并进行检修。

第7条　设备状态检测内容

1.检测设备状态标识的完整性，确保标识没有丢失、损坏或模糊不清。

2.检测设备状态标识的清晰度，确保标识的文字、符号和图标能够清晰可辨认。

3.检测设备状态标识的准确性，确保标识的含义与设备状态一致。

4.检测设备状态标识的位置是否合理。

第4章　异常标识管理

第8条　异常标识分类

确定设备状态异常的不同类型，并对其分类。建立一套标准化的标识种类和分类系统，以便操作人员能够迅速识别异常情况。

第9条　异常标识形式

选择合适的标识形式和颜色来表示不同类型的异常状态。使用明亮、醒目的颜色，如红色、黄色等，以提高标识的可见性和警示效果。

第10条　异常标识位置

将异常标识放置在设备易于观察和识别的位置上，如设备正面、控制面板或相关操作界面，避免标识被遮挡或被其他物体干扰，确保操作人员能够快速注意到异常标识。

第11条　异常标识更新

1.及时更新异常标识以反映设备状态的变化，在故障修复、维护完成或异常情况解除后及时更新。

2.定期检查和维护所有异常标识，对损坏的异常标识及时更新、维护，确保其完整性和准确性。

第12条　异常标识要求

1.标识要具有一定的清晰度和可读性，避免标识模糊、褪色或受损。

2.定期检查标识的清晰度，对标识进行定期清洗、更换或修复，以确保标识始终清晰可辨。

第5章　故障标识管理

第13条　故障标识要求

1.选择明亮醒目的颜色和清晰的图案，使故障标识在设备中易于被注意到。

2.考虑设备的使用环境和光线条件，选择合适的标识材料。

第14条　故障标识位置

1.将故障标识放置在与故障相关的部位或组件上，以便操作人员快速找到。

2.避免标识与其他信息或装置重叠，确保标识清晰可见。

第15条　故障标识维护

1.定期检查和维护故障标识的完整性和可读性。

2.及时更换损坏、模糊或褪色的故障标识，确保其始终保持良好状态。

第16条　故障标识记录

建立故障标识记录系统，进行定期的标识管理和审查，确保标识信息的准确性和及时性。

第6章　附则

第17条　编制单位

本细则由设备管理部负责编制、解释与修订。

第18条　生效日期

本细则自××××年××月××日起生效。

3.5　设备档案与定额管理精细化实施指南

3.5.1　特种设备安全技术档案管理细则

本细则主要有以下作用：一是确保特种设备符合相关安全标准和法规要求，提高特种设备的安全性能，减少事故风险；二是在特种设备发生问题或事故时能够准确追溯到设备的历史信息，找到潜在问题的原因；三是确保特种设备能够按照正确的维护标准进行操作，延长特种设备的使用寿命，降低故障风险。

特种设备安全技术档案管理细则

第1章　总则

第1条　目的

为了记录和管理特种设备的安全技术信息，确保特种设备的安全运行和合规性，特制定本细则。

第2条　适用范围

本细则适用于特种设备安全技术档案的管理工作。

第3条　名词解释

1.特种设备。由特定材料、工艺制造而成，用于生产、经营等领域，具有一定危险性的设备。

2.安全技术档案。指与特种设备相关的设计文件、试验记录、检验报告、操作规程、维护记录等安全技术信息的集合。

第2章　特种设备登记阶段安全技术档案管理

第4条　明确登记义务

工厂应建立健全特种设备安全技术档案登记制度，明确责任人员，一般由设备管理部进行登记管理，同时要确保特种设备安全技术档案的登记及时、准确、完整。

第5条　确定登记内容

1.特种设备的型号、生产厂家、制造日期、出厂编号等。

2.特种设备的设计文件、质量合格证书、安装及使用维护保养手册等相关技术资料和文件。

3.特种设备的安装和调试记录。

4.特种设备的检验报告和检验授权证书。

5.特种设备安全运行相关资料。

第3章　特种设备使用阶段安全技术档案管理

第6条　特种设备使用登记内容

1.特种设备的日常使用情况包括使用日期、使用时间、使用地点等。

2.特种设备的事故情况。

3.特种设备的维修、检修情况。

4.特种设备的安全运行情况。

5.特种设备的各种参数情况。

6.特种设备的能源消耗情况。

第7条 特种设备安全情况分析

1.进行特种设备安全运营季度安全情况分析。

2.进行特种设备技术参数季度分析。

第8条 特种设备使用情况分析

1.进行特种设备季度台班数分析。

2.进行特种设备产能分析。

3.进行特种特设备能耗情况分析。

第4章 特种设备检修阶段安全技术档案管理

第9条 特种设备检修阶段归档内容

1.特种设备检修计划。

2.特种设备检修方案。

3.特种设备检修安全管理措施。

4.特种设备检修问题报告。

第10条 记录特种设备检修过程

1.记录特种设备检修过程中的情况,包括检修操作、检修工具使用、检修维修记录等。

2.详细记录检修过程中的操作步骤、维修方法和维修结果,为后续的追溯和审查提供依据。

3.对特种设备检修中涉及高风险操作的情况进行记录。

4.留存操作人员的资质和证书,确保操作人员具备相应的技能和经验。

第11条 记录防护措施

1.记录特种设备检修过程中采取的安全防护措施,包括个人防护装备、工作区域标识、安全警示等。

2.确保检修过程中的工作环境安全,确保检修人员的身体健康和安全。

第12条 记录检修结果

1.记录特种设备检修的安全质量监督和验收情况，包括监督检查记录、验收报告等。

2.确保检修工作符合安全和质量要求，通过验收确认设备可以安全投入使用。

第5章 特种设备问题、故障处理阶段安全技术档案管理

第13条 归档特种设备问题、故障相关报告和解决方案

1.归档特种设备问题、故障的相关报告。

2.归档特种设备问题、故障相关的解决方案。

第14条 记录特种设备问题、故障诊断过程

1.记录特种设备问题、故障的诊断和分析过程，包括使用的诊断工具、方法等。

2.记录特种设备问题、故障的处理过程，包括采取的措施、修复的步骤和方法等。

3.记录特种设备问题、故障诊断过程中错误的解决方案，为后面问题、故障的解决提供参照。

第15条 记录问题、故障修复后的验收、运营情况

1.记录特种设备问题、故障修复后的验收情况，包括修复的效果和验收结果。

2.记录特种设备问题、故障修复后各种运行的参数，并定期进行分析。

第16条 记录定期分析情况

1.记录特种设备修复后的定期运行分析情况。

2.记录特种设备修复后的安全运行分析情况。

第6章 附则

第17条 编制单位

本细则由设备管理部负责编制、解释与修订。

第18条 生效日期

本细则自颁布之日起生效。

3.5.2 机械设备台班定额精细化管理制度

本制度主要有以下作用：一是有助于控制生产成本，避免资源的浪费和低效使用，提高生产效率和经济效益；二是合理安排机械设备的使用时间和生产任务，确保生产进度和交货期的准时性；三是能够确定所需机械设备的数量和规格，避免过剩或

不足的情况，提高资源利用率。

机械设备台班定额精细化管理制度

第1章　总则

第1条　目的

为了加强机械设备台班定额管理，提高机械设备利用率和工作效率，保障生产顺利进行，特制定本制度。

第2条　适用范围

本制度适用于机械设备台班定额的精细化管理工作。

第3条　名词解释

机械设备台班定额是指设备在一定时间内能够完成的工作量或产出量。

第4条　台班定额制定原则

1. 科学合理。根据设备的技术特性、工艺流程、生产需求等因素，进行机械设备台班定额，确保能够充分发挥设备的潜力，实现最佳工作状态。

2. 数据准确。台班定额的确定应基于准确的数据和真实的生产情况，并经过充分的调研和统计分析，确保数据的可靠性和准确性。

第2章　台班定额制定程序

第5条　收集数据

收集与机械设备相关的数据，包括设备的工作时间、产量、故障停机时间、维修时间等。数据的收集可以通过查询设备操作记录、生产统计报表、设备维修记录等方式进行。

第6条　分析数据

对收集到的数据进行分析和整理以了解机械设备的实际工作情况，包括机械设备的平均工作时间、平均故障停机时间、平均产量等。

第7条　技术评估

结合机械设备的技术参数、工艺要求和生产计划，进行技术评估。评估的目的是确定机械设备的工作能力、生产效率和可靠性等指标。

第8条　确定定额

根据数据分析和技术评估的结果，确定机械设备台班定额。定额应考虑机械设备的实际工作能力，合理安排机械设备的工作时间和产量。定额的确定可以借鉴行业标准、技术规范和经验数据等。

第9条　确认审批

制定的机械设备台班定额应经过相关部门的确认和审批。审批的过程可以包括技术专家的评审、管理层的批准和设备操作人员的意见反馈等环节。

第3章　台班定额执行管理

第10条　公示台班定额

1.公示内容。台班定额应进行公示，公示内容包括设备名称、定额指标、工作量要求等信息。

2.公示方式。台班定额的公示可以通过公告栏、内部系统、电子文档等方式进行，以确保相关人员能够及时了解台班定额。

第11条　执行台班定额

1.分配工作任务：根据台班定额和生产计划，台班负责人将工作任务合理分配给设备操作人员，确保机械设备能够按照定额要求进行工作。

2.监控和记录：台班负责人应对机械设备的运行情况进行监控和记录，包括机械设备的工作时间、停机时间、产出量等，以及时发现和处理异常情况。

3.台班定额的执行考核：定期对台班的执行情况进行考核，评估台班的工作效率和设备利用率，对达到或超过台班定额的台班予以表彰和奖励。

第12条　调整台班定额

1.采取设备技术改进、生产工艺优化等措施，对台班定额进行调整和更新，确保台班定额始终适应实际情况。

2.设备管理部应及时通知台班负责人和机械设备操作人员有关台班定额的调整和更新情况，并确保相关人员能够及时了解和适应新的台班定额要求。

第4章　台班定额处罚管理

第13条　纪律处罚

针对严重违反定额要求、造成严重后果或影响生产效率的行为，可采取纪律处罚措施，如警告、记过、记大过、降级等，以起到警示和惩戒作用。

第14条　经济处罚

对于因员工个人行为使定额要求未能完成的，可依照规定的扣款标准进行经济处罚，以使员工按时完成定额要求。

第15条　岗位调整

对于长期工作不达标、连续出现质量问题的员工，可进行岗位调整，将其调到适合其能力和素质的岗位，以保障工作的顺利进行。

第16条　培训教育

对于执行定额要求不达标或频繁出现错误的员工，可以对其进行相关培训和教育，提高其工作技能和专业素养，从而提升其执行定额要求的能力。

第5章　附则

第17条　编制单位

本制度由设备管理部负责编制、解释与修订。

第18条　生效时间

本制度自××××年××月××日起生效。

第4章

设备动力、能耗、仪器、仪表管理精细化

4.1 设备动力管理

4.1.1 设备动力部职能与职能分解

设备动力部具有以下职能：一是明确各个职能部门的任务和责任，提高工作效率和专业水平；二是促进部门之间的协作，提高项目质量；三是明确问题责任，能够及时追溯问题发生的原因，并采取相应的措施进行处理和改进。设备动力部职能分解如表4-1所示。

表4-1 设备动力部职能分解

一级职能	二级职能	三级职能
维修设备	故障诊断	◆ 根据设备故障现象，采用适当的工具和方法进行故障诊断 ◆ 根据故障诊断结果，确定故障原因，并制定相应的维修方案 ◆ 协调维修人员进行设备维修工作，确保按照标准程序进行维修 ◆ 测试维修后的设备，验证维修效果，确保设备的正常运行 ◆ 记录维修过程和结果，包括维修内容、维修耗时等信息，为后续管理提供参考
	预防性维护	◆ 制订设备的预防性维护计划并确定维护内容 ◆ 定期进行设备的检修、清洁、润滑等工作，防止设备发生故障 ◆ 检查设备的磨损和老化情况，及时更换磨损件和维修老化件 ◆ 对设备进行性能评估和监测，及时调整维护策略和周期
监管能源	能源消耗监测	◆ 监测设备的能源消耗情况，包括电力、水、燃气等 ◆ 分析能源消耗数据，识别能源消耗高峰和异常情况，寻找节能优化的机会 ◆ 提出节能改进措施，如进行设备能效改进、操作优化等
	能源调优	◆ 对设备的能源系统进行优化调整，提高能源利用效率 ◆ 优化设备的工艺参数和运行模式，降低能源消耗和成本 ◆ 定期进行能源数据分析并形成报告，为能源管理决策提供参考

续表

一级职能	二级职能	三级职能
保养设备	计划制订	◆ 制订设备的保养计划，明确保养周期，进行定期保养和临时保养 ◆ 根据设备的运行情况和制造商要求，确定保养项目和方法 ◆ 安排保养工作的时间和人员，确保按计划进行设备保养 ◆ 检查设备的润滑、清洁、紧固等工作，确保设备在良好的状态下运行 ◆ 记录保养工作的时间、人员、内容等信息，以备后续分析和参考
	故障预防	◆ 定期对设备进行检查和评估，识别潜在的故障隐患 ◆ 分析设备故障数据和维修记录，确定常见故障原因和预防措施 ◆ 提出设备改进和优化建议，减少故障次数，提高设备的可靠性 ◆ 与相关部门合作，推动故障预防措施的实施和效果评估
	设备检修	◆ 根据设备维修计划，进行设备的定期检修和大修 ◆ 确定检修范围和工作内容，协调维修人员和供应商的工作 ◆ 检查设备的磨损和老化情况，更换磨损件，维修老化件 ◆ 进行设备的测试和调整，确保检修后的设备符合规定要求 ◆ 记录检修过程和结果，包括检修内容、耗时、使用的材料等
排除故障	故障诊断	◆ 根据设备故障现象，确定可能的故障原因 ◆ 进行必要的测试和测量，验证故障产生的具体原因 ◆ 制定故障排除方案，确保按照规定程序进行故障排除 ◆ 协调相关部门和人员进行设备故障的紧急修复 ◆ 对故障排除过程进行记录和总结，提供改进建议和预防措施
监控安全	系统运行	◆ 监控设备的运行状态和参数，确保设备在安全的范围内运行 ◆ 设置报警和保护装置，及时发现并处理设备运行异常情况 ◆ 进行设备的安全检查和巡视，及时发现并消除安全隐患
	应急响应	◆ 建立应急响应预案，组织应急演练和培训 ◆ 对突发事件进行紧急处理，保障设备和人员的安全 ◆ 协调相关部门和人员，使设备迅速恢复正常运行状态
维护记录	计划编制	◆ 制订设备的定期维护计划 ◆ 安排和监督维护工作的执行情况，确保按时完成维护任务
	信息记录	◆ 记录设备的维护情况，包括维护时间、人员、内容等 ◆ 统计和分析维护信息，评估设备的维护效果和维护工作的质量 ◆ 根据维护记录和分析结果，提出设备改进和维护优化的建议

4.1.2 设备动力管理制度

本制度能够解决以下问题：一是能源浪费，能源利用率不高；二是高污染、高能耗；三是设备故障发生率高，存在安全隐患。

设备动力管理制度

第1章 总则

第1条 目的

为了规范设备动力管理行为，确保设备的正常运行，提高生产效率，提高能源利用率，降低能源消耗和污染排放，特制定本制度。

第2条 适用范围

本制度适用于工厂设备动力的管理工作。

第2章 水电能管理

第3条 合理利用水资源

1.设备动力部应制定水资源管理方案，合理利用水资源。

2.水资源应按需使用，避免浪费。

3.设备动力部应建立水表计量制度，监测和记录用水量。

4.设备动力部应定期维护和检查水管道、水泵等设备，确保水资源的正常供应。

5.加强培养员工节约用水意识，推广节水措施和技术。

第4条 循环利用水资源

1.设备动力部应建立水处理系统，对回收水、循环水进行处理，确保水质符合要求。

2.设备动力部应定期检查和维护水处理设备，确保水处理系统的正常运行。

3.设备动力部应推广循环利用技术，降低用水量。

4.设备动力部应建立废水排放管理制度，按照相关法律法规进行废水排放。

第5条 节约利用电能源

1.设备动力部应建立用电管理制度，合理利用电能。

2.设备动力部应加强电能计量管理，对用电量进行监测和记录。

3.设备动力部应建立电能监控系统，实时监测设备的用电情况。

4.设备动力部应优化设备运行方案,提高设备的能效。

第6条　安全管理电能源

1.设备动力部应建立电气安全管理制度,确保设备在使用过程中的安全。

2.设备动力部应定期进行电气设备巡检和维护,确保电气设备的安全可靠运行。

3.设备动力部应制定电气设备操作规程和操作手册,加强对员工的电气安全意识培训。

4.设备动力部应建立电气事故预防机制,加强对电气设备的安全监控和隐患排查。

第3章　风能与燃气管理

第7条　合理利用风能

1.设备动力部应充分利用风能资源,推广风能发电和风能利用技术。

2.设备动力部应对风能发电设备进行定期巡检和维护,确保设备的安全运行。

3.设备动力部应加强风能发电设备的监测和数据分析,提高发电效率。

第8条　节约利用风能

1.设备动力部应制定风能利用方案,对风能资源进行合理利用。

2.设备动力部应推广风能储存和风能转换技术,提高风能利用效率。

第9条　安全使用燃气

1.设备动力部应合理安排燃气供应,确保燃气的稳定供应和安全使用。

2.设备动力部应定期对燃气设备进行巡检和维护,确保燃气设备的安全运行。

3.设备动力部应建立燃气事故应急预案,增强员工的燃气使用安全意识,提高员工的应急能力。

第10条　节约利用燃气

1.设备动力部应建立燃气节约管理制度,合理利用燃气。

2.设备动力部应对燃气消耗进行监测和分析,提出燃气设备运行改进方案。

3.设备动力部应定期检查和维护燃气设备,确保燃气系统的高效运行。

第4章　冷热能管理

第11条　供应和分配冷热能

1.设备动力部应建立冷热能管理制度,确保冷热能的供应和分配满足生产需求。

2.设备动力部应制订冷热能供应计划,确保冷热能的稳定供应,并优化供应方式,提高能源利用效率。

3.设备动力部应合理安排冷热能的使用，避免浪费和过度消耗。

4.设备动力部应定期检查和维护冷热能设备，确保设备的安全运行和高效利用。

第12条　节约利用冷热能

1.设备动力部应制定冷热能节约管理方案，推广节能技术和措施。

2.设备动力部应建立冷热能计量和监测系统，实时监测能源消耗情况，并进行数据分析。

3.设备动力部应提供冷热能的节能改造方案，并进行技术支持，促进能源利用的优化和节约。

4.设备动力部应加强培养员工的冷热能节约意识，提倡合理使用冷热能资源。

第5章　监督与评估动力管理

第13条　监督与检查

1.设备动力部应定期对各动力设备进行监督和检查，发现问题及时整改。

2.设备动力部应建立设备动力管理档案，记录各种动力设备的管理情况和改进措施。

第14条　评估与持续改进

1.设备动力部应定期进行设备动力管理绩效评估，评估指标包括能源消耗量、能源利用率等。

2.设备动力部应根据评估结果，制定改进措施并实施，以提高设备动力管理水平和能源利用率。

3.设备动力部应组织设备动力管理经验交流和培训，推广先进的设备动力管理技术和方法。

第15条　法律责任

1.设备动力部应遵守国家和地方相关法律法规、标准和规范，承担相应的法律责任。

2.设备动力部应加强对设备动力管理相关法律法规的宣传和培训，增强员工的法律意识。

第6章　附则

第16条　编制单位

本制度由设备动力部负责编制、解释与修订。

第17条　生效时间

本制度自××××年××月××日起生效。

4.2　设备能耗管理

4.2.1　设备能耗定额管理制度

本制度具有以下作用：一是能够降低能源消耗量，提高能源利用效率；二是能够优化能源使用策略，降低能源成本支出；三是能够减少工厂对环境的负面影响，促进可持续发展。

设备能耗定额管理制度

第1章　总则

第1条　目的

为了合理控制和分配能源，提高设备的能源利用效率，减少能源浪费，特制定本制度。

第2条　适用范围

本制度适用于工厂设备能耗定额的管理工作。

第2章　目标设定

第3条　降低能源消耗

1.设定合理的能源消耗目标，使工厂在生产和运营过程中尽可能减少能源的消耗。

2.通过优化能源采购流程、调整设备运行时间等方式来实现成本的降低。

3.减少设备因燃料使用产生的碳排放量，减少煤炭、石油和天然气等化石燃料的使用比例，增加可再生能源的使用比例。

第4条　提高能源利用效率

1.推动设备的升级和改造，提高设备的能源利用效率，使同样的产出能够以更少的能源消耗完成。

2.通过使用高效设备、改进操作流程、优化设备使用方式等措施来减少能源消耗。

第5条　建立监测管理系统

建立设备能耗监测管理系统，实时监测设备的能耗情况，并进行数据分析，为决策者提供参考依据。

第6条　推广能源管理文化

通过设备能耗定额管理制度的实施，增强员工对能源管理的意识，使工厂形成节能减排的文化氛围，形成全员参与的节能减排合力。

第7条　加强资源节约管理

通过设备能耗监测、能源回收利用、废弃物减量和再利用等措施来实现资源的有效利用和节约。

第8条　智能化管理

设定目标以推动设备能耗管理的智能化和自动化，通过引进先进的监测设备和预测技术，利用自动化控制系统和智能设备管理平台，提高能源管理效率和精度。

第3章　能耗定额管理

第9条　电力能耗管理

1.进行电力能耗定额。根据设备的类型、规模和使用情况，进行相应的电力能耗定额，并将其作为衡量设备能源利用效率的指标。

2.设备能耗监测。通过安装电力监测设备，实时监测设备的电力消耗情况，并将数据录入能耗管理系统，进行分析和报告。

3.能耗分析与优化。对电力能耗数据进行分析，找出能耗较高的设备或能耗异常的情况，并采取相应的优化措施，如设备调整、设备维护等，降低电力能耗。

第10条　水资源能耗管理

1.进行水资源能耗定额。根据工厂的水资源消耗情况，进行合理的水资源能耗定额，并将其作为衡量设备水资源利用效率的指标。

2.设备水资源能耗监测。安装水耗监测设备，实时监测设备的水资源消耗情况，并将数据纳入能耗管理系统，进行分析和报告。

3.水资源利用优化。对水资源能耗数据进行分析，及时发现高耗水设备或异常耗水情况，并采取相应的优化措施，如设备改进、工艺优化、节水设备安装等，以减少水资源的消耗和浪费。

第11条　燃气能耗管理

1.进行燃气能耗定额。根据工厂的燃气消耗情况和需求，进行合理的燃气能耗定额，并将其作为衡量设备燃气能源利用效率的指标。

2.燃气能耗监测。安装燃气监测设备，实时监测设备的燃气消耗情况，并将数据纳入能耗管理系统，进行数据分析和报告。

3.能源利用优化。对燃气能耗数据进行分析，识别高耗气设备或异常能耗情况，并采取相应的优化措施，如设备调整、燃烧控制优化等，提高燃气能源的利用效率。

第12条　其他能耗管理

1.进行相应能耗定额。针对不同类型的能耗，进行相应的能耗定额，并将其纳入能耗管理体系。

2.监测与优化。安装相应的监测设备，实时监测各项能源的消耗情况，并对数据进行分析与优化，减少能耗浪费，提高能源利用效率。

第4章　执行、监督与考核管理

第13条　执行管理

1.制定严格的能耗定额管理制度，并将其纳入工厂的管理体系和流程中。

2.建立设备能耗数据采集与监测系统，实时监测设备的能源消耗情况。

3.设立责任人或能源管理团队，负责协调和执行能耗定额管理制度，并确保相关措施得到有效实施。

4.开展培训和宣传活动，提高员工对能耗定额管理制度的理解和执行力度。

第14条　监督管理

1.建立设备能耗数据分析与评估机制，定期对设备能耗情况进行分析和评估，及时发现异常情况并采取纠正措施。

2.进行设备能耗的抽查和检查，核实设备能耗数据的准确性和合规性。

3.设立监督机构或内部审核组织，对能耗定额管理制度的执行情况进行监督和评估。

第15条　考核管理

1.设定合理的能耗定额目标，并将其与工厂的绩效考核体系相结合。

2.确定考核指标和评估方法，对设备能耗的实际情况进行评估和比对，评估绩效和改进措施的有效性。

3.根据考核结果,对相关责任人或团队进行奖惩,以推动能耗定额管理制度的有效实施。

第5章　附则

第16条　编制单位

本制度由设备动力部负责编制、解释与修订。

第17条　生效日期

本制度自××××年××月××日起生效。

4.2.2　设备能耗管控方案

本方案是针对设备能耗问题制定的一系列措施,其目的是通过管控设备能耗,降低工厂的能源消耗和生产成本,提高生产效率和经济效益。

设备能耗管控方案

一、针对问题

(一)问题分析

1.设备设计不合理、设备维护不当、人员操作不规范。

2.能源消耗增加、生产效率降低、产品成本上升等。

(二)解决措施

1.开展能耗监测。对设备能耗情况进行全面的监测和分析,了解能耗问题的产生原因和具体表现。

2.制定能耗指标。根据能耗监测结果,确定具体的能耗管控指标,明确管控的目标和要求。

3.明确责任分工。明确能耗管控的责任人和工作内容,确保能耗管控工作的有效实施。

二、具体设计

(一)设计目标

1.降低设备能耗。通过制定管控措施,降低设备的能源消耗。

2.提高设备运行效率。通过对设备进行维护和管理,提高设备的运行效率和稳定性。

3.提高生产效率。通过管控设备能耗,提高生产效率和经济效益。

(二)设计内容

1.设备节能改造。对于能源消耗较高的设备,进行节能改造,改进生产工艺和设备结构等。

2.设备维护。加强对设备的维护,定期检查设备的运行状态,及时清理设备附着物,保证设备运行的稳定性。

3.规范设备操作流程。制定设备操作规范,控制操作流程,加强对设备操作人员的培训和管理,提高设备操作的规范性。

4.能耗监测与分析。对设备的能耗情况进行全面的监测和分析,及时发现能耗问题,制定对应的管控措施。

5.能耗管控措施。针对能耗问题,制定具体的管控措施,如节能措施、能源回收利用措施等,确保能耗的有效控制。

三、执行主体

(一)能源管理团队

1.设定能耗目标,制定具体的节能措施。

2.监督和协调各部门的能耗管控工作,确保方案的顺利执行。

3.定期评估能耗管控效果,并根据评估结果进行调整和改进。

(二)车间操作人员

1.协助能源管理团队进行能耗监测和数据采集,确保能耗数据的准确性。

2.按计划实施节能措施,按要求操作和维护设备。

3.反馈设备运行情况和存在的问题,及时解决异常情况。

四、方案执行

1.能耗监测和分析。对设备能耗情况进行全面的监测和分析,及时发现能耗问题,并制定对应的管控措施。

2.能耗管控指标的制定和监督。根据能耗监测结果,制定具体的能耗管控指标,并对指标的执行情况进行监督和管理。

3.管控措施的实施。根据管控指标,制定具体的管控措施,加强对设备操作规范的执行情况的监督，实行节能改造。

4.实施效果评估和调整。定期对管控措施的实施效果进行评估和调整，根据评估结果，及时调整管控措施，确保管控效果的持续和有效。

五、结果预测

1.能源成本降低。通过优化设备使用时间、改进设备的能效等措施，可以有效降低能源消耗，从而减少能源成本。

2.能源利用效率提高。通过监测和管理设备的能源消耗情况，能够提高设备能源效率，实现在相同产出情况下使用更少的能源。

3.环境影响减少。减少能源消耗将减少工厂对化石燃料等非可再生资源的需求，降低温室气体排放和其他环境污染物的释放。

4.设备运行稳定性提升。通过保持设备在良好的工作状态下运行，及时发现和修复设备故障，能够提高设备的运行稳定性和可靠性，减少生产中断频率，降低维修成本。

六、保障措施

1.设备维护保障。加强对设备的维护保障，定期检查设备的运行状态，及时清理设备附着物，保证设备运行的稳定性。

2.人员培训保障。加强对设备操作人员的培训和管理，提高设备操作的规范性。

3.信息技术支持。引入信息技术支持，建立设备能耗监测和管控平台，实现对设备能耗的实时监测和管控。

4.能源管理体系支持。加强能源管理体系建设，建立科学的能源管理制度和规范，提高能源管理水平。

4.3 设备仪器、仪表管理

4.3.1 设备仪器管理制度

本制度能够解决以下问题：一是设备管理不善导致的资产的浪费、滥用或未能充分利用；二是不正确或不安全地使用设备仪器可能带来的人身伤害、设备损坏或环境污染等；三是设备仪器的使用效率低。

设备仪器管理制度

第1章　总则

第1条　目的

为了确保工厂的设备仪器能够高效、安全、可靠地运行，最大限度地发挥其作用，特制定本制度。

第2条　适用范围

本制度适用于工厂设备仪器的管理工作，包括普通设备仪器和精密设备仪器。

第2章　设备仪器使用管理

第3条　明确使用规范与操作流程

1.制定设备仪器的使用规范，明确设备的用途、操作方法和安全要求等，确保设备仪器的正确使用。

2.确定设备仪器的操作流程，包括开机、操作步骤、关机等，确保设备的正常运行，避免操作失误。

第4条　加强使用授权与权限管理

1.设立设备仪器的使用授权管理制度，确保只有经过培训和授权的人员才能使用设备仪器，避免未经授权的人员擅自操作设备。

2.根据不同的岗位和职责，设置不同的权限级别，限制不同人员对设备仪器的操作权限，确保设备仪器的安全。

第5条　进行设备使用监控与记录

1.建立设备仪器使用监控机制，通过设备仪器的监测系统、传感器等，实时监控设备的工作状态、运行参数和异常情况，及时发现并处理设备问题。

2.建立设备仪器使用记录档案，记录设备的使用时间、使用人员、使用情况等，以便后续的追溯和分析，确保设备的合理使用和维护。

第6条　使用培训与技能提升

1.为设备操作人员提供必要的使用培训，包括设备的操作方法、安全注意事项、故障处理措施等，确保操作人员熟悉设备的使用和维护方法。

2.定期进行技能提升培训，更新操作人员的知识和技能，使其能够熟练操作设备仪器，并掌握新技术和操作方法。

第3章　设备仪器保养管理

第7条　制订保养计划

1.根据设备仪器的重要性和影响程度，对设备仪器进行分类和确定优先级，以便合理安排保养工作。

2.根据设备仪器的特性和使用情况，确定合理的保养周期和频率，确保设备仪器能够按时得到保养。

3.明确设备仪器的保养内容和标准，包括清洁、润滑、校准、调试等，确保保养工作的全面性和规范性。

第8条　执行保养任务

1.将保养任务分配给专业的保养人员或相关部门，确保保养人员具备相应的技能和知识。

2.准备好所需的保养用具，如润滑剂、清洁剂等，确保保养工作的顺利进行。按照工厂标准对设备仪器进行保养。

3.对每次保养进行记录，记录保养日期、保养内容、发现的问题和处理措施等，并及时反馈给相关部门或人员。

第9条　故障检修与维修

1.确定故障检修流程，包括故障报修、故障诊断、维修方案制定和维修执行等，确保故障能够及时得到处理。

2.制订维修计划，包括维修任务的安排、维修资源的准备和维修时间的控制等，以使设备停机时间最小化。

3.对每次维修进行记录，包括维修日期、维修内容、维修人员和维修耗时等，进行故障分析和统计，为设备仪器故障维修提供依据。

第10条　预防性维护与改进

1.根据设备仪器的特点和操作经验，制订预防性维护计划，按要求进行定期检查、更换易损件、设备升级等，以减少设备故障和提高设备性能。

2.通过分析保养和维修记录，总结设备仪器的常见故障和问题，采取改进措施，提高设备仪器的可靠性、稳定性和效率。

3.定期开展设备仪器维护知识培训，提高设备保养人员的技能水平和知识储备，使其能够熟练应对各类保养任务，进行各类故障处理。

第4章 设备仪器校准管理

第11条 校准标准与要求

1.针对每种设备仪器，确定适合的校准标准和规范，包括测量精度、偏差要求等，确保设备仪器的准确性和可靠性。

2.明确校准的目的和要求，确保设备仪器始终处于合适的校准状态。

第12条 校准频率与周期

1.根据设备仪器的特性和使用要求，确定合适的校准频率，如每年、每季度或每月进行校准，以保证设备的准确性和可靠性。

2.建立校准周期管理机制，通过设备仪器的使用情况、校准结果和相关法规要求等，动态调整校准的周期。

第13条 校准结果与调整

1.对校准结果进行评估，判断设备仪器是否满足校准要求和标准，如发现偏差超出规定范围，须进行调整和纠正。

2.根据校准结果，进行设备仪器的调整和纠正，包括参数调整、部件更换或维修等，确保设备仪器的准确性和可靠性。

第5章 精密仪器使用管理

第14条 精密仪器使用

1.确定精密仪器的使用范围和目的，明确各类精密仪器的适用场景和使用要求。

2.制定精密仪器的使用政策和准则，明确使用权限、使用流程、使用责任等，确保精密仪器的合理使用和安全运行。

第15条 精密仪器维护与保养

1.制订精密仪器的维护计划，进行定期维护、保养和清洁，以确保精密仪器的正常运行和长期稳定。

2.建立维护记录和维护档案，记录维护的内容、日期、人员等信息，使维护记录便于追溯和管理。

第16条 精密仪器校准与验证

1.确定精密仪器的校准标准和频率，确定校准程序，对精密仪器进行定期校准，以确保其测量准确性和可靠性。

2.进行精密仪器的验证，与已知标准进行比对，验证仪器的性能和结果的可信度。

第17条　精密仪器的安全与保护

1.制定精密仪器的安全操作规程，包括避免过载使用、防止撞击和振动、防止污染和腐蚀等，确保精密仪器的安全使用。

2.制定精密仪器的安全防护措施，包括防尘、防潮、防静电等，确保精密仪器的长期稳定运行，延长精密仪器的使用寿命。

第18条　精密仪器风险管理

1.评估和管理精密仪器使用过程中的各类风险，包括操作风险、安全风险、环境风险等，制定相应的控制措施和应急预案。

2.建立精密仪器事故和故障的处理机制，及时记录和报告与精密仪器相关的事故和故障，并采取纠正措施，以防止再次发生类似事件。

<h4 style="text-align:center">第6章　附则</h4>

第19条　编制单位

本制度由设备动力部负责编制、解释与修订。

第20条　生效日期

本制度自××××年××月××日起生效。

4.3.2　设备仪表管理制度

本制度具有以下作用：一是及时发现和处理设备仪表的故障，减少设备停机时间，提高设备的可靠性和稳定性；二是避免设备仪表的损耗和浪费，最大限度地提高设备仪表的利用率和经济效益；三是预防事故和人员伤害的发生，确保设备仪表的安全运行。

设备仪表管理制度

第1章 总则

第1条 目的

为了提高设备仪表的可靠性、准确性和安全性，保障生产运行的正常进行，特制定本制度。

第2条 适用范围

本制度适用于工厂内所有设备仪表的管理工作，包括但不限于测量仪表、控制仪表、分析仪表等。

第2章 设备仪表采购管理

第3条 确认采购需求

1. 根据工厂的生产需求和技术要求，明确需要采购的设备仪表种类、型号、规格及数量等。

2. 根据采购需求，制订详细的采购计划，包括预算、采购时间、交付期限等内容。

3. 对所需设备仪表的技术性能进行评估，确定具体的技术指标和要求。

第4条 选择评估供应商

1. 根据设备仪表的采购计划，寻找多个供应商并进行初步筛选，评估供应商的信誉度、产品质量、服务水平、交货期限等。

2. 对筛选出的供应商进行综合评估，考虑其生产能力、质量控制体系、售后服务等方面的能力和表现。

3. 选择符合要求的供应商进行商务谈判，明确合作细节，包括价格、交付条件、质保期限等，并签订正式的采购合同。

第5条 执行采购验收

1. 根据采购合同的约定，及时履行支付义务，并与供应商保持有效的沟通，确保按时交付所购设备仪表。

2. 在设备仪表交付后进行验收，检查设备仪表的规格、性能和质量等是否符合合同要求，并填写相应的验收报告。

3. 如发现设备仪表存在质量问题或不符合要求，及时与供应商联系，进行问题协商和解决，确保问题得到妥善处理。

第6条　存档采购记录

1.对每笔设备仪表的采购信息进行详细的记录，包括对采购申请、采购合同、付款凭证、验收报告等相关文件的记录。

2.建立设备仪表采购档案，按照仪表分类和时间顺序进行归档，确保采购相关信息的可追溯性和存档的完整性。

第3章　设备仪表检测管理

第7条　制订检测计划与标准

1.根据设备仪表的类型、规格和使用频率等，制订检测计划，明确检测的时间、周期和内容。

2.依据相关的国家标准、行业标准和工厂内部标准，确定设备仪表的检测方法、要求和指标，确保检测的准确性和一致性。

第8条　检测实施与记录

1.按照检测计划和标准进行设备仪表的检测工作，使用合适的检测设备、仪器和工具，按照正确的检测方法进行操作。

2.对每次的检测结果进行详细记录，包括检测日期、检测人员、检测数据、异常情况等，确保检测结果的可追溯性和完整性。

第9条　异常处理与维修

1.如检测到设备仪表存在异常情况，应立即停止使用，并按照相关程序进行处理，包括通知维修人员、标记异常设备仪表等。

2.对于出现故障或不合格的设备仪表，应及时通知设备维修人员进行修复或调整，确保设备仪表能够恢复到正常工作状态。

第4章　设备仪表安全管理

第10条　明确安全标准与规范

1.制定设备仪表安全使用的标准和规范，包括安全操作规程、安全检查标准、安全防护要求等，确保设备仪表的安全使用。

2.组织安全培训活动，向员工传授设备仪表安全操作知识和技能，增强其安全意识，提高其应急反应能力。

第11条　进行安全检查与维护

1.制订定期的设备仪表安全检查计划，对设备仪表进行定期检查，检查电气安全、机械安全、防护装置等。

2.发现设备仪表存在安全隐患或异常情况，应立即停止使用，并通知相关人员进行处理和维修，确保安全问题得到及时解决。

第12条　制定安全防护措施

1.根据设备仪表的特点和安全要求，设置必要的安全防护设施，如警示标识、护栏、防护罩等，以减少事故风险和伤害的发生。

2.设置清晰明确的安全警示标识和操作指导，告知设备操作人员设备仪表的安全使用方法、注意事项和紧急处理措施。

第5章　设备仪表维护管理

第13条　维护操作与记录

1.按照维护计划和策略进行设备仪表的维护工作，包括清洁、润滑、调整、紧固等常规维护操作，以及更换磨损部件、校准仪表等特定维护操作。

2.对每次维护的过程和结果进行详细记录，包括维护日期、维护人员、维护内容、更换部件等，确保维护记录的可追溯性和完整性。

第14条　故障排除与修复

1.及时发现设备仪表的故障情况，采取合适的故障诊断方法，确定故障原因和范围，为修复提供参考依据。

2.根据故障排查结果，采取相应的修复措施，包括更换故障部件、修复电路故障、调整机械传动等，确保设备仪表能够恢复到正常工作状态。

第6章　设备仪表报废管理

第15条　报废决策与评估

1.根据设备仪表的实际情况，制定报废决策的标准和程序，确定何时将设备仪表进行报废处理。

2.对待报废的设备仪表进行评估，考虑设备仪表的年限、技术状况、维修成本、性能衰退等因素，判断设备仪表是继续使用还是需要报废。

第16条　报废程序

1.制定报废申请制度。操作人员在设备仪表达到报废标准时，应提出报废申请，并提交相应的报废申请表和相关文件。

2.设立报废审批程序。由相关部门负责对报废申请进行审批，核准报废决策。

3.根据报废决策，将需要报废的设备仪表从正常使用中分离出来，并进行相应的处理，如清理、拆解、回收等。

第7章 附则

第17条 编制单位

本制度由设备动力部负责编制、解释与修订。

第18条 生效日期

本制度自××××年××月××日起生效。

4.4 设备能耗精细化实施指南

4.4.1 节能降耗管控工作实施方案

本方案具有以下作用：一是能够确定能源消耗的关键环节和问题，并提出相应的节能措施，降低能源消耗；二是能够对低能效设备进行优化和更新，提高能源利用效率；三是能够解决缺乏有效能源管理的问题，加强工厂能耗管理，降低能源浪费。

节能降耗管控工作实施方案

一、针对问题

1.高能耗。工厂的能源消耗较高，导致能源成本增加、资源浪费及环境污染。

2.低能效。存在一些能效较低的设备，能源利用率低下，需要进行优化和更新。

3.缺乏管理机制。缺乏有效的能源管理和监测体系，导致能源使用难以管控。

二、执行主体

1.领导层。负责提供必要的资源和支持，制定相关政策和目标，确保节能降耗工作的顺利实施。

2.项目组。由专门的节能降耗项目组负责方案的执行和监督，协调各部门间的工作，推动项目的落地。

3.部门负责人和员工。各部门负责人和员工是方案的主要执行者，须按照任务分工和时间节点，认真履行职责，配合项目组的工作。

三、具体设计

1.审查能源使用情况。对工厂的能源使用情况进行全面审查，包括能源使用流程、能源消耗状况、设备能效等，找出能源消耗的关键环节和问题。

2.评估能源使用情况。根据能源审查的结果，对各个环节进行评估，制定节能降耗措施和优化方案。

3.应用节能技术。采用先进的节能技术，如智能控制系统、高效节能设备等，优化能源使用效率，降低能源消耗。

4.建立能源管理体系。建立完善的能源管理体系，包括能源消耗监测、能源消耗分析、能源计量管理等，提高对能源使用情况的监控和管理能力。

5.组织员工培训。组织能源管理培训，增强员工的节能意识，提升能源管理的整体效果。

四、方案执行

1.制订详细的工作计划。根据具体设计，制订实施方案的详细工作计划，明确任务分工和时间节点。

2.投入资金。为实施节能降耗工作提供必要的资金支持，包括购买节能设备、建设能源管理系统等。

3.设立项目组。成立专门的节能降耗项目组，负责方案的执行和监督，确保各项任务按计划完成。明确各部门和个人在节能降耗工作中的责任和任务，建立相应的考核机制，确保方案的有效执行。

4.实施节能措施。逐步实施具体设计中确定的节能措施，包括设备更新、工艺优化、能源管理系统的建设等。

5.监测与评估。建立能源消耗监测体系，对实施节能措施后的能源消耗情况进行监测和评估，及时发现问题并进行调整和改进。

五、结果预测

1.能源消耗降低。通过实施节能措施和进行优化管理，预计能源消耗将得到显著降低，减少能源浪费，降低成本支出。

2.环境效益提升。降低能源消耗将减少环境污染和碳排放，对环境产生积极影响，提升工厂形象。

3.经济效益增加。通过降低能源成本和提高能源利用效率，预计工厂将获得一定的经济效益，提升竞争力和盈利能力。

六、保障措施

1.资金保障。保障节能降耗工作的资金需求，通过合理安排和管理资金，保障实施方案的顺利进行。

2.技术支持。与专业的节能技术和服务供应商建立合作关系，获取技术支持和专业指导，提升实施方案的效果。

3.培训支持。组织相关培训和知识传递，增强员工的节能意识，提高方案执行能力。

4.监督和评估。建立监督和评估机制，定期对节能降耗工作进行评估和检查，确保方案执行的效果和目标的实现。

5.内部沟通与合作。加强工厂各部门之间的沟通与合作，促进信息共享和经验交流，提高工作效率。

4.4.2　车间辅助设备能耗管控方案

本方案能解决以下问题：一是能源浪费；二是能源成本过高；三是环境污染；四是生产效率低下。

车间辅助设备能耗管控方案

一、目标

通过有效管理和控制车间辅助设备的能源消耗，达到降低能源成本，提高能源利用效率，减少资源浪费，实现可持续发展和节能减排的目标。

二、执行主体

1.能源管理团队。成立专门的能源管理团队，负责方案的实施和监督工作，包括能源审查、设备优化、能源管理体系建设等工作。

2.车间管理人员。负责配合能源管理团队的工作，提供必要的资源和支持，落实节能措施，监督和推动方案的执行。

3.车间员工。所有车间员工都应积极参与节能降耗工作，按照规定的操作流程和节能要求，正确使用和维护辅助设备。

三、设计

1.能耗监测。安装能耗监测设备或传感器，对车间内的辅助设备进行实时能耗数据采集，并与历史数据进行对比分析，以了解能耗情况和潜在节能空间。

2.能耗分析。基于能耗监测数据，进行能耗分析和能耗评估，确定主要的能耗点和潜在的节能机会。

3.能耗目标设定。根据能耗分析结果，制定可行的能耗目标，明确车间辅助设备能耗的合理范围。

4.节能措施制定。针对不同的能耗点和节能机会，制定相应的节能措施，包括设备升级、优化运行参数、改进设备维护方案等措施。

四、具体执行

1.通过安装能耗监测设备和传感器，确保准确采集车间辅助设备的能耗数据，并进行实时监控。

2.定期对采集到的能耗数据进行分析和评估，识别能耗点和节能机会。

3.根据能耗分析结果，设定合理的能耗目标，并制订具体的节能措施实施计划。

4.根据节能措施实施计划，逐步实施各项节能措施，包括设备升级、参数优化运行、改进设备维护方案等。

五、注意事项

1.确保能耗监测设备和传感器的准确性和可靠性，进行定期校准和维护，防止数据误差和设备故障对能耗管控产生影响。

2.建立数据管理系统，对采集到的能耗数据进行整理和分析，并形成报告，以便监测能耗趋势和评估节能效果。

3.加强员工培训和意识教育，提高车间操作人员对节能重要性的认识，促使他们积极参与能耗管控工作。

4.定期进行能耗管控效果评估，对节能措施的实施情况和节能效果进行监测和分析，及时调整和改进方案。

5.建立奖惩机制，激励和表彰在能耗管控方面取得显著成效的团队和个人，增强持续改进的动力。

六、成果预期

1.减少了车间辅助设备的能源消耗，降低了生产成本和能源开支。

2.提高了能源利用效率，减少了能源浪费，降低了车间辅助设备对环境的不良影响。

3.优化了车间能源结构，提升了工厂的能源管理水平和形象。

4.员工的节能意识有所增强，工厂的能源管理能力有所提升，形成了良好的节能文化。

七、保障措施

1.制定明确的能耗管控制度和管理规范，确保方案的落实和执行。

2.加强沟通与合作，与相关部门和团队建立紧密合作关系，共同推动能耗管控工作的顺利实施。

3.定期进行能源管理体系审核，评估方案的有效性和改进空间，确保实现能耗管控的可持续发展。

第 5 章

设备运行、监控、点检、校验管理精细化

5.1 设备运行管理

5.1.1 设备试运行管理办法

本办法主要有以下作用：一是为设备正式投入运行奠定坚实的基础，确保设备性能稳定可靠；二是提高设备的效率和使用寿命，减少设备的故障和停机时间；三是保证设备的安全性和可靠性，避免设备故障对人员和财产造成损害。

设备试运行管理办法

第1章 总则

第1条 为了规范设备试运行管理工作，提高运行效率和安全水平，保证设备正常运行，特制定本办法。

第2条 本办法适用于工厂内设备和主要设施项目的试运行管理工作。

第2章 试运行准备

第3条 设备管理部在设备试运行前应制订详细的试运行计划，明确试运行的时间、内容、目标、范围和条件等。

第4条 设备试运行计划应明确以下内容。

1.设备名称、型号、规格、数量、安装位置等基本信息。

2.试运行的时间、地点、参与人员等具体信息。

3.试运行前需要进行的准备工作，如设备维护、清理、测试等。

4.试运行过程中可能出现的问题及应对措施。

第5条 设备管理部要确保设备试运行所需的各种工具、仪器和备件等均已到位，并经过校验和标定，确保性能良好。

第6条 与试运行有关的手续和文件必须齐全，所有试验数据和试验记录必须真实可靠。设备试运行人员需具备相应的专业知识和技能，必须熟悉试运行计划和方案。

第3章 试运行操作

第7条 在试运行过程中，设备试运行人员应按试运行计划和方案进行操作，突出重点环节和难点问题的试验。

第8条 设备试运行人员必须注意操作安全和环境保护，遵守试运行现场作业规程，保持现场清洁整齐。

第9条 在试运行过程中，如果发现问题或故障，应及时处理。必要时，应暂停试运行并查明原因，待问题解决后再继续进行。

第10条 在试运行过程中，设备试运行人员应对设备进行全面检测，包括外观检查、性能测试、安全检查等。如果发现问题，出现设备故障或是其他不良现象，必须立即停止操作，及时进行处理，并记录相关信息。

第11条 在试运行过程中，应对参与人员进行指导和协调，避免影响设备的正常运行。如有争议或纠纷，应及时与相关部门沟通解决。

第12条 试运行结束后，必须对设备进行彻底清洗、检修和保养。所产生的废弃物必须依照环保要求进行处理或处置。

第4章 问题处理与报告

第13条 在试运行过程中若出现问题，按以下方式进行处理。

1.在试运行过程中，如果发现设备存在问题或故障，应及时记录相关信息，并采取相应的措施进行处理。对于严重问题，应立即停止试运行并汇报上级领导。

2.在试运行中出现重大质量安全事故，出现需要采取临时措施进行处理的问题，应及时制定临时处理措施并实施。

3.在试运行过程中，如果发现严重问题或故障，应及时向上级领导报告，并通知供应商或生产厂家协助解决。必要时，应立即停止试运行并采取紧急措施进行处理。

第14条 试运行后，设备试运行人员应及时编制试运行报告，将试运行结果、设备问题、修理情况、改进措施、建议等，上报工厂领导。设备试运行报告应包括以下内容。

1.试运行产品的质量报告。

2.试运行过程中发现的问题及解决方案。

3.试运行结束后的设备检查和维护保养情况。

4.得出的结论及建议。

第5章 附则

第15条 本办法由设备管理部负责编制、解释与修订。

第16条 本办法自××××年××月××日起生效。

5.1.2 设备运行管理制度

本制度主要有以下作用：一是提高设备利用率和运行效率，减少设备故障和停机时间，降低维修成本，提升设备安全性和可靠性；二是优化设备维护计划，延长设备寿命；三是强化设备资产管理，提高资产利用效益。

设备运行管理制度

第1章 总则

第1条 目的

为了规范设备运行管理，提高设备运行效率和安全水平，保证设备的正常运行，特制定本制度。

第2条 适用范围

本制度适用于工厂内部设备的运行管理工作，包括设备日常运行、维护保养、更新换代等的管理工作。

第3条 职责分工

设备管理部是设备运行管理的主要责任单位，具有以下职责。

1.制定和修订设备运行管理制度，明确各部门和人员的职责和权限。

2.组织开展设备运行监督、检查和评估工作，发现问题及时处理。

3.协调解决设备运行中存在的重大问题和难点。

4.统筹工厂对设备运行维修和保养资源的调配，保证设备运行良好。

5.进行设备运行管理数据统计、分析和报告，及时反馈管理情况，提出改进建议。

第2章　设备运行前管理

第4条　规范管理

1.设备管理部需要制定设备运行操作规程与维护制度，并进行培训和宣传。

2.设备管理部需要建立设备台账，清点设备资产状况，并动态更新设备信息。

3.设备管理部需要按照工厂的要求对设备进行保险申办、备品备件储备、安全防范等工作。

第5条　人员培训

1.设备主管应组织设备操作人员完成设备日常操作、设备故障应急处理、设备的维护保养及设备安全使用等方面的培训，确保设备操作人员能够熟练操作设备。

2.设备操作人员需要进行安全防范教育培训，了解设备操作中的危险和注意事项，经考核合格，才具有上机操作资格。

第6条　设备保养

每个班次开始前，设备操作人员都需要检查设备是否存在故障或异常情况，确保设备满足安全、环保等要求。还应按照设备维护计划，进行设备保养和清洁，确保设备处于良好状态。

第7条　设备准备

在设备使用前，设备操作人员需要检查设备的电源、供能系统等是否准备就绪，确保设备所需的耗材、备件等已经准备妥当。

第3章　设备运行中管理

第8条　设备监测

在设备运行过程中，设备操作人员需要通过设备仪表进行监测，确保设备正常运行。对于重要设备，需要安装警报系统进行监测。

第9条　设备运行记录

1.在设备运行过程中，设备操作人员需要进行详细的记录，确保设备每日运行记录的完整、清晰和真实，还需及时处理日常问题。

2.设备操作人员应将设备运行记录及时汇报给上级领导，以便及时调整设备运行策略。

第10条　严格执行操作规程

设备操作人员需严格执行设备操作规程，保证设备安全运行，确保人身安全和环境保护，并进行定期巡检、维护保养，及时排除设备故障和隐患。

第11条 设备故障处理

若发现设备故障，需要及时停机进行处理。严禁私自维修，必须由专业人员进行处理。维修时应及时记录维修情况，包括维修时间、维修内容等。

第4章 设备运行后管理

第12条 设备清洁

设备运行后，需要进行设备清洁，设备操作人员和设备维修人员应严格执行设备卫生管理要求，保持设备整洁、卫生。对于易被污染的设备，需要进行特殊处理。

第13条 设备保养

设备运行后，需要进行保养和维护，按照设备维护计划进行保养。保养后需要进行设备检查，总结设备运行情况，清理保养记录，检查设备更新需要。

第14条 设备停机记录

1.对于非计划停机，需要进行详细的记录。并将停机记录及时汇报给上级领导，以便及时调整设备运行策略。

2.对部分非计划停机设备做好设备退役和报废管理，并对设备进行清点和处理，确保资产安全。

第15条 设备质量检查

设备运行后，需要进行质量检查。对于存在问题的设备，要及时进行处理。同时需要对设备运行情况进行综合评价，分析设备保养情况，提出改进建议及意见。

第5章 问题与事故处理

第16条 基本问题处理

对设备运行过程中发现的问题，应按照工厂制定的问题处理程序及时处理。对于重大问题，应按照工厂制定的应急处理流程展开应急工作，保障人身安全。

第17条 安全事故处理

发生设备运行安全事故时，应根据工厂制定的应急处理流程，及时组织人员进行现场处理和事故调查，分析事故原因并进行事故责任认定，总结经验教训、提出预防措施，并及时上报有关主管部门。

第18条 失职处理

设备操作人员因不履行职责或不合理操作，造成设备故障或事故的，必须承担相应的法律责任和后果。

第6章 附则

第19条 编制单位

本制度由设备管理部负责编制、解释与修订。

第20条 生效日期

本制度自××××年××月××日起生效。

5.2 设备监控管理

5.2.1 设备运行状态监控管理办法

本办法主要有以下作用：一是及时发现设备运行故障和异常状态，降低设备故障风险和长时间停机带来的损失；二是加强对设备数据的采集和分析，优化设备维护计划，提高设备利用率和运行效率；三是提高设备运行数据的可视化和透明度，以便管理层了解设备运行情况和作出决策。

设备运行状态监控管理办法
第1章 总则

第1条 目的

为了保障设备的正常运行，提高设备的可靠性和稳定性，确保安全生产，依据国家相关法律法规，特制定本办法。

第2条 适用范围

本办法适用于工厂内所有设备的运行状态监控管理工作。

第3条 人员安排

设备管理部应设置设备监控中心，分别负责不同设备的监控工作，设备监控人员负责对设备的运行状态进行实时监控，及时发现问题并报告问题。

第2章 监控管理要求

第4条 监控手段

工厂应采用日常巡检、故障诊断、预警提示等多种方式对设备的运行状态进行监控。

第5条 监控步骤与时间节点

监控措施的实施步骤和时间节点如下。

1.日常巡检。每天早上8:00至下午5:30，对设备进行巡检。

2.故障诊断。每日定时对设备可能出现故障的位置进行诊断。

3.预警提示。对可能存在的设备问题进行预警提示。

第6条 问题反馈

监控结果反馈和问题处理流程如下。

1.监测数据采集。每天对设备的运行状态进行监测，并采集相关数据。

2.监测报告编写。对监测数据进行分析，编写设备运行状态监测报告。

3.问题处理。对监测到的问题进行处理，并及时反馈处理结果。

第3章 监控实施

第7条 监控计划制订

工厂应根据设备的类型和运行情况，制订相应的监控计划，计划中应包括监测周期、监测频率、监测点位置等。

第8条 监控实施流程

监控实施的具体操作步骤如下。

1.制订监控计划。根据设备的类型和运行情况，制订相应的监控计划。

2.实施监控措施。按照监控计划，对设备的运行状态进行实时监控。

3.记录监测数据。对设备的运行状态进行实时监测，并记录相关数据。

4.反馈监测结果。对监测到的问题进行处理，并及时反馈处理结果。

5.报告问题。如发现设备问题，应及时报告相关部门进行处理。

第9条 监控结果分析

工厂应根据监测数据、监测报告等对监控结果进行分析。

第4章 监控问题处理

第10条 监控结果处理方式

设备监控人员应根据监测数据和监控结果，将问题分类并确定处理方式，可以采取临时处理、优化、修复等不同方式。

1.对于严重问题,应及时向上级领导报告,并协调相关部门进行处理。

2.对于一般问题,应及时进行维修和优化。

3.对于潜在问题,应进行持续监测和预防性维护。

第11条　监控问题反馈

设备监控人员对于监测到的问题,应及时反馈给相关部门进行处理;对于设备运行中出现的共性问题,应进行总结和归纳,提出改进措施并推广实施。

第12条　监控记录管理

监控记录的管理范围应包括设备的运行状态监测记录、设备故障诊断记录、设备维修保养记录和监控问题处理记录等内容,监控记录应真实、准确、及时地记录设备的运行状态。

第13条　监控报告编写

1.设备运行状态监测报告每月编写一次,报告中应包括监测周期、监测频率、监测点位置、监测结果等内容。

2.设备故障情况报告每季度编写一次,报告中应包括设备故障情况、故障原因、解决方案等内容。

3.设备维修保养报告每年编写一次,报告中应包括维修保养情况、保养周期、保养效果等内容。

第14条　监控实施效果评估

1.监控实施效果评估的目的是评估监控措施的有效性和适应性,以改进监控管理措施,提高设备运行状态监控的效果。

2.监控实施效果评估的方法包括监测数据分析、问题处理效果评估、运行状态监测报告评估等。

第5章　附则

第15条　编制单位

本办法由设备管理部负责编制、解释与修订。

第16条　生效日期

本办法自××××年××月××日起生效。

5.2.2 设备监控异常管理办法

本办法主要有以下作用：一是帮助工厂管理设备，及时发现设备的异常情况；二是实时监测设备的运行状况，在发现设备的异常情况时及时发出警报；三是记录设备的报警信息，从而分析报警的原因，及时发现并处理设备的异常情况。

设备监控异常管理办法

第1章 总则

第1条 为了规范设备监控异常管理，提高设备运行效率和安全水平，保证设备正常运行，特制定本办法。

第2条 本办法适用于工厂内部设备监控异常管理工作。

第3条 设备管理部应设置设备监控中心，履行以下职责。

1.设备监控中心负责制定和实施设备监控异常管理制度，组织和协调相关部门开展设备监控异常管理工作。

2.设备监控中心应根据需要向设备维修人员下达维修任务单，对于无法在指定时间内完成的维修任务单，应及时上报工厂领导和相关部门协商处理方案。

3.设备监控中心应根据需要对设备进行抽样检查，对于存在异常情况的设备应及时通知相关部门进行处理。

4.设备监控中心应定期对设备进行巡检，对于发现的异常情况应及时通知相关部门进行处理，并记录异常情况的类型、原因和处理结果。

5.设备监控中心应定期对设备故障和损坏情况进行统计和分析，以便制定改进措施和预防措施。

第2章 设备监控工作流程

第4条 设备管理部应设置设备监控系统，实时监测设备运行状态，一旦发现异常情况，应立即向设备监控人员报警。

第5条 设备监控人员到达现场后，应对异常情况进行初步判断，并采取相应的措施进行处理，如停机、切断电源等。

第6条 设备监控人员应对异常情况进行详细记录，包括异常情况发生的时间、地点、原因，以及处理措施等。

第7条 设备监控人员应根据异常情况的严重程度，选择是否向上级主管汇报，并报告维修人员。

第8条 维修人员到达现场后，应对设备进行维修和保养，并对异常情况进行详细记录。同时应对设备进行全面检查与全面保养，解决异常情况的根本原因，防止类似情况再次发生。

第3章 设备监控异常情况及处理

第9条 输出参数异常及处理。

输出参数异常包括输出功率、输出电流、输出电压等参数的异常情况。对于输出参数异常情况，监控人员应及时上报设备管理部进行统一协调和处理。针对输出参数异常主要采取以下措施进行处理。

1.对于输出功率异常，检查设备的运转状态和该部件的磨损情况，及时进行维修保养，并确保设备输出功率恢复到正常水平。

2.对于输出电流异常，检查设备负载和部件使用状态，及时排除负载问题和部件短路或接触不良等问题，以确保输出电流性能稳定、可靠。

3.对于输出电压异常，检查配电系统的稳定性和供电线路的连接状态，并对相关配电设备进行检查，排除异常，以保证设备电压稳定输出。

第10条 声响异常及处理。

声响异常包括设备噪声、晃动等问题，发现声响异常后，设备监控人员应及时向设备管理部报告，并进行相应的记录和跟踪处理。针对声响异常主要采取以下措施进行处理。

1.设备噪声异常通过检查设备部件的运行状态及维护部件、降噪处理系统等进行排查和处理，检查设备的机械部件是否松动或磨损，检查设备的轴承、电机、传动系统是否正常，以降低噪声对环境和身体的影响。

2.对于设备晃动导致的声响异常，监控人员应先检查设备的基础部件、连接件和运行状态等，确定异常原因并及时上报设备管理部进行处理。

第11条 气味异常及处理。

对于气味异味情况，应及时检查设备通风系统、管道和设备本身，确定异味来源并进行有效的处理，以保障生产车间的空气健康。

第12条　振动异常及处理。

振动异常包括设备振动、颤动等问题。针对设备振动异常问题，主要采取以下措施进行处理。

1.对于设备振动问题，设备监控人员应通过检查设备结构、传动装置和承载部件等逐步排除异常原因，并及时向设备管理部报告处理情况。

2.对于设备颤动问题，设备监控人员应在保障设备安全的前提下，采取相应的降低转速、减振等措施，保障设备正常运行，并及时向设备管理部报告处理情况。

3.对于振动异常情况应记录振动频率和振幅等数据，并建立振动管控台账，以便日后的统计和分析。

4.振动异常处理完毕后，应进行振动数据复核、设备状态测试和运行监测等环节，确保设备振动正常。

第13条　过热高温及处理。

1.当设备出现过热高温情况，首先需要检查设备负载，降低运行温度，同时进行散热处理，确保设备正常运行和运转温度的稳定性。

2.对于设备具有自动调温功能的，应随时关注运行情况，确保设备在安全温度范围内。

第14条　能耗使用过量及处理。

对于能耗使用过量的情况，设备监控人员应及时检查设备的运行程序是否正确，检查设备的传感器、控制器、电源、电缆和散热系统是否正常，对设备的能耗进行监测和分析，并根据分析结果进行优化和管理，降低能耗使用。

第15条　设备出现裂纹、零件破损及处理。

针对设备出现裂纹、零件破损等问题，设备监控人员应采取以下措施进行处理。

1.设备监控人员应定期检查设备的结构、零部件和连接件等，发现裂纹和零件破损问题，应及时向设备管理部报告。

2.设备管理部应依据具体情况及时采取相应的处理措施，并更新设备保养计划和检修计划。

3.在处理设备裂纹和零件破损问题时应记录相关检查和维修维护数据，并做好保养和维修记录。

第4章　设备监控异常预防及管理

第16条　设备监控异常情况的预防措施。

1.设备监控人员应定期对设备进行检查和保养，及时发现和排除潜在的异常情况，确保设备正常运行。

2.设备管理部应对设备操作人员和设备维修人员进行培训和指导，提高操作人员与维修人员的操作技能，增强他们的安全意识。

第17条　异常情况的记录与报告。

1.对于出现异常情况的设备，设备监控人员应及时记录异常情况信息，包括异常情况发生的时间、地点、原因、影响等。

2.设备监控人员应建立异常情况报告机制，确保异常情况能够得到及时有效的处理。

3.对于出现严重故障的设备，应及时报告设备管理部，并提供相关证明材料，确保故障得到及时处理。

4.设备监控人员应建立数据库，对异常情况进行分类储存，以便后期分析和处理。

第18条　设备监控异常情况的处罚措施。

工厂应制定相关处罚措施，对于故意或者重大过失造成的设备异常情况和未及时处理设备异常情况造成严重后果的，进行严肃处理。

第5章　附则

第19条　本办法由设备管理部负责编制、解释与修订。

第20条　本办法自××××年××月××日起生效。

5.3　设备点检管理

5.3.1　设备点检管理制度

本制度主要有以下作用：一是及时发现设备运行中的异常情况和潜在故障，及时解决问题；二是规范点检工作流程，防止遗漏问题；三是加强设备维护数据的统计和分析，更好地了解设备运行情况和制订设备维护计划。

设备点检管理制度

第1章 总则

第1条 目的

为了规范工厂设备点检工作，确保设备运行的可靠性和稳定性，提高生产效率和产品质量，预防安全事故发生，特制定本制度。

第2条 适用范围

本制度适用于对工厂所有设备的点检工作的管理。

第3条 基本原则

设备管理部人员在进行点检工作时应遵循"8定"原则，即定人、定点、定量、定周期、定标准、定计划、定记录、定流程。

第2章 点检计划制订

第4条 时间安排

1. 点检计划应在设备开机前制订。

2. 设备点检人员应根据计划时间和设备类型，安排合理的点检时间，并将任务分配到具体责任人。

第5条 人员安排

1. 生产部人员负责设备点检工作的具体实施和监督，及时发现并报告设备故障和异常情况。

2. 设备管理部点检人员负责定期对设备进行检查、维护和保养，确保设备安全、稳定运行。

第6条 内容安排

1. 设备外观：检查设备有无异常声响、异味、破损等。

2. 设备运行状态：检查设备的运行状况是否正常，包括电机温度、轴承振动、转速等。

3. 设备性能参数：检查设备的各项性能参数是否正常，包括压力、流量、电压、电流等。

4. 设备附属设施：检查设备的供电、供水、供气等设施是否正常。

5.设备环境：检查设备的周围环境是否符合要求，包括温度、湿度、清洁度等。

第3章 点检实施

第7条 确定设备点检项目

设备管理部应预先确认设备中易发生故障的部位，明确设备点检工作的方向。

第8条 编制设备点检计划

1.设备主管根据设备点检的难易程度或发生故障的概率等编制设备点检计划，计划中应明确点检主要内容、点检人员责任分工、点检周期等。

2.设备点检计划应交由设备管理部经理进行审核、审批。

第9条 确定设备点检标准

点检计划编制完成后，设备管理部主管应明确设备点检标准，并确定设备的点检规范。

第10条 设备点检通知

设备点检人员应根据点检计划做好设备点检的通知工作，保证各项点检及生产工作的顺利开展。

第11条 日常点检

日常点检由相关设备使用部门负责，主要检查事项如下所示。

1.设备操作人员运用五感点检法进行设备的日常点检，并做好设备日常点检的记录工作。

2.在日常点检工作中，设备操作人员若发现设备存在问题，应及时反馈，防止出现重大生产安全事故。

3.设备操作人员反馈设备点检问题后，设备点检人员应对该问题进行检查鉴定，确认问题的严重程度及是否需要进一步上报等。

4.设备点检人员应联系设备维修人员处理设备问题，保证设备的正常运行。

第12条 定期点检

为了确保设备达到符合生产要求的生产性能，设备管理部应定期组织人员对设备进行点检。具体的点检说明及事项如下所示。

1.设备管理部可综合运用五感点检法和技术诊断法对设备进行点检。

2.设备定期点检应严格按照点检周期进行，以便及时发现设备隐患并排除。

3.设备定期点检应由专业的设备点检人员负责实施，以准确判定设备的状态，杜绝设备故障的发生。

4.设备点检人员应做好定期点检数据的收集与整理工作，并对点检资料进行对比分析，以便及时发现设备的隐患。

第13条　精密点检

为了保证设备达到规定的性能和精度，设备管理部应做好设备精密点检计划的安排工作。具体的点检事项如下所示。

1.精密点检应作为日常点检和定期点检的补充和完善，由设备管理部根据实际需要制定点检周期。

2.精密点检必须由专业的设备点检人员和质量管理人员、技术部门的相关人员负责，以保证精密点检的质量。

3.精密点检的内容应包括设备劣化的倾向检查与异常诊断、主要故障状况的调查分析、故障修复方案的制定及设备精密测定的验收等。

4.设备的精密点检应运用技术诊断法和专业的测试仪器进行，必要时可对设备进行解体检查。

5.设备点检人员应做好点检数据的收集整理，并定期进行汇总分析，为改进点检管理制度提供依据。

第4章　记录与报告

第14条　记录方式

1.点检工作应使用专门的记录表格，记录设备的名称、型号、使用地点、点检周期、点检内容、负责人等。

2.记录表格应根据设备的运行状况和使用情况进行调整和变更。

第15条　报告形式

1.点检工作应每日形成报告，报告中应包括设备的名称、型号、使用地点、点检周期、点检内容、负责人等。

2.报告应及时报送相关负责人，并留存备查。

第5章　问题与处理

第16条　点检常见问题

1.点检工作常见问题如下。

（1）点检周期设置不合理，造成点检时间过于紧凑，增加运营成本。

（2）点检人员安排不合理，责任分工不明确，造成工作效率低下。

（3）点检标准编制不合理，不能很好地检测设备问题。

2.点检设备常见问题如下。

（1）设备运行时有异常声音和振动。

（2）设备润滑系统异常。

（3）设备运转件有移位窜动情况发生。

（4）个别设备部件有开裂、变形、开焊情况出现。

第17条 常见问题处理

1.点检工作常见问题处理办法如下。

（1）开展点检调研工作，收集点检工作的相关信息，对各类信息进行整理汇总后，编制点检计划；试运行点检计划，控制影响点检计划实施的变量因素。

（2）做好点检工作的合理分工，充分考虑设备点检人员的工作能力差异，提高点检人员的适岗率。

（3）根据工厂设备的相关信息及设备用途等，合理编制设备点检标准，并对点检人员进行点检标准培训。

2.点检常见设备问题处理办法如下。

（1）监督和控制设备操作人员的操作行为，降低设备误操作的次数。

（2）实施设备专机专用制度，合规使用各设备。

（3）避免出现设备超负荷运转情况，提高设备的使用寿命。

第6章 附则

第18条 编制单位

本制度由设备管理部负责编制、解释与修订。

第19条 生效日期

本制度自××××年××月××日起生效。

5.3.2 设备点检人员管理制度

本制度主要有以下作用：一是提高设备点检人员的工作效率和质量；二是明确设备点检人员的工作职责和工作标准；三是减少设备故障率，提高设备可靠性；四是加强对其他人员的安全教育，促进设备安全生产，减少人为因素导致的设备故障，降低员工受伤的风险。

设备点检人员管理制度

第1章 总则

第1条 目的

为了建立一套完善的设备点检人员管理制度，确保设备的正常运行，提高生产效率，保障员工的安全与健康，特制定本制度。

第2条 适用范围

本制度适用于工厂内所有设备点检人员的管理。

第2章 岗位职责

第3条 检查设备状态

设备点检人员应定期对设备进行检查，确认设备是否处于良好状态。检查内容应包括设备的外观、运行声音、温度、压力、电气系统等。

第4条 记录故障情况

设备点检人员应及时记录设备故障情况，包括故障代码、故障部位、故障原因等，以便设备维修人员迅速处理。

第5条 督促设备保养

设备点检人员应根据设备保养计划，督促设备操作人员和设备维修人员对设备进行保养，以确保设备的正常运行。

第6条 提出改进建议

设备点检人员应对检查中发现的问题提出改进建议，及时上报相关管理人员。改进建议应包括设备的使用建议、维护建议和采购建议。

第3章 职业要求与培训管理

第7条 职业要求

1. 具备必要的专业知识和技能，通过相应资格考试或培训合格。
2. 必须受过正式的入职培训，掌握工厂设备点检的相关规定和要求。
3. 严格执行本管理制度的各项规定，保证设备点检的质量。
4. 确保设备点检记录的安全性，保证记录真实可靠。

5.定期参加设备点检技能培训和考核，不断提高自身技能水平。

第8条　培训管理

1.培训内容。设备点检、安全操作、维护、故障排除等方面的知识和技能。

2.培训方式。工厂应采用多种培训方式，如在线培训、现场培训等，定期组织点检技术、安全操作规范、岗位职责等相关内容的培训，提高点检人员的专业技能和职业素养。

3.培训周期。每半年至少进行一次培训。

第4章　点检流程管理

第9条　设备点检周期

设备不同，点检周期也不同，一般包括日常点检、定期点检、特殊点检等。

第10条　点检实施流程

1.日常点检。每天按照设备说明书进行点检。

2.定期点检。每周或每隔固定时间进行一次点检，寻找日常点检未发现的问题和隐患。

3.特殊点检。根据设备的特殊情况，进行特殊点检。

第11条　点检记录

设备点检人员应认真记录每次设备点检的内容，包括设备名称、点检时间、点检内容、点检结果等。设备点检人员应记录点检过程中的数据和结果，包括设备的运行状态和参数、设备的故障和问题、设备的维护和保养情况等。

第12条　问题处理

设备点检人员应及时发现和处理设备问题，确保设备的正常运行，问题处理方式如下。

1.调整维护。根据设备的运行情况，进行调整和维护，确保设备的正常运行。

2.更换零件。根据设备故障情况，更换相应的零件，确保设备的正常运行。

3.停机维修。如果设备故障严重，需要停机维修，则应在规定时间内完成维修，以确保不会影响生产。

第5章　绩效考核

第13条　绩效考核目的

设备点检人员应按照工厂的要求，根据绩效考核结果，对工作表现优秀的员工进行奖励，对工作表现不佳的员工进行督促使其改进。

第14条　绩效考核周期

设备点检人员应按照工厂的要求，制定绩效考核周期和考核标准，并按周期进行考核。

第15条　绩效考核方式

设备点检人员应按照工厂的要求，采用多种考核方式，如在线考核、现场考核等。

第16条　绩效考核内容

1. 点检质量。检查设备点检记录的完整性、异常情况的发现和处理情况。
2. 故障处理效率。统计设备故障平均处理时间，评估故障处理速度。
3. 设备运行效率。统计设备的实际运行时间和计划运行时间，评估设备运行效率。
4. 维护保养效果。检查设备的定期维护保养情况，评估维护保养效果。
5. 培训学习成果。评估设备点检人员参加培训及持续学习的情况。

第17条　绩效考核结果应用

设备点检人员应按照绩效考核结果，对工作表现优秀的员工进行奖励，对工作表现不佳的员工进行督促使其改进。

第6章　附则

第18条　编制单位

本制度由设备管理部负责编制、解释与修订。

第19条　生效日期

本制度自××××年××月××日起生效。

5.4 设备校验管理

5.4.1 设备校验管理制度

本制度主要有以下作用：一是确保设备精度和性能的稳定性，防止由于设备失准导致的生产损失和产品质量问题；二是保障设备安全，防止由于设备失准或故障导致的安全事故的发生；三是规范设备校验流程，提高设备校验工作的效率和质量。

设备校验管理制度
第1章　总则

第1条　目的

为了确保工厂设备的质量和可靠性，保障生产运行的安全性和稳定性，规范设备校验管理行为，特制定本制度。

第2条　适用范围

本制度适用于工厂所有设备的校验管理工作。

第2章　校验标准

第3条　设备外观和结构

设备外观和结构应符合设计要求，无明显的变形、松动、损坏等现象，各部件的安装位置、间隙、紧固件等应符合相关标准和使用要求。

第4条　性能指标

设备的性能指标应符合国家相关标准和工厂相关规定，同时应根据设备的使用情况和运行状况进行定期校验。

第5条　工艺流程和操作规程

设备的工艺流程和操作规程应符合设计要求，操作应简单、安全、可靠，各项工艺参数应符合相关标准和使用要求。

第6条　环境条件

设备的使用环境如温度、湿度等，应符合机关标准和使用要求。

第7条 管理要求

设备校验标准应根据国家相关标准及设备制造商提供的标准确定。不同类型、用途、规格的设备，其校验标准应有所不同。

第3章 操作规程

第8条 校验前准备

在进行设备校验前，设备校验人员应对设备进行清洁、润滑、调整等工作，确保设备处于良好的运行状态。

第9条 校验方法和步骤

设备的校验方法和步骤应符合相关标准和使用要求，按照操作规程进行，确保数据准确、可靠。

第10条 数据记录和分析

在设备校验过程中，设备校验人员应对数据进行记录和分析，对设备的温度、压力、流量等数据应记录准确，并根据数据分析设备的运行状态和性能指标。

第11条 校验结果处理

设备的校验结果应符合相关标准和使用要求，如发现不合格设备应实施相关处理措施。操作规程中应注明校验人员的职务、姓名、校验日期和校验结果等信息。

第4章 校验周期与记录

第12条 校验周期

设备的校验周期应根据设备的使用情况和运行状况确定，并根据实际情况进行调整。

1. 季度校验：每季度对设备进行一次全面校验。

2. 月度校验：每月对设备进行一次周期性校验。

3. 每周检查：每周对设备进行一次周期性检查。

4. 日常维护：每日对设备进行一次日常维护。

第13条 特殊情况下的校验时间安排

在特殊情况下，如设备出现故障、设备正在维修等情况，应根据实际情况安排校验时间。

第14条 校验记录

校验记录应包含以下内容。

1.校验基础信息：校验时间、地点、人员等信息。
2.设备状态信息：设备的状态信息，包括运行状态、故障情况等。
3.问题及处理结果：设备出现的问题及处理结果，包括纠正措施、预防措施等。
4.其他信息：其他与设备校验相关的信息，如设备维护记录等。

第5章 校验控制管理

第15条 费用控制

校验费用应按照设备的类型、使用情况和运行状况进行合理分配，并制定相应的费用标准和控制措施。在设备校验过程中，如发生额外的费用支出，应及时进行汇报和处理。

第16条 结果处理

设备校验结果应根据校验标准进行评估和处理，以确保设备的可靠性和准确性。

1.对于不合格的设备，应制定相应的纠正和预防措施，并进行跟踪和监督。
2.如发现设备存在安全隐患或存在严重问题，应立即停止使用并进行处理。
3.针对设备校验中发现的问题和不合格项，进行原因分析，制定相应的预防措施，以预防类似问题再次发生。
4.对设备进行定期监测和评估，以保持设备的长期稳定运行。

第17条 奖惩控制

在设备校验过程中，如发现设备校验人员存在违规行为或者操作不当，应及时处理和纠正。对于设备校验工作中表现优异的员工和团队，应给予相应的奖励和表彰。

第6章 附则

第18条 编制单位

本制度由设备管理部负责编制、解释与修订。

第19条 生效日期

本制度自××××年××月××日起生效。

5.4.2 设备校验工作流程指导书

本指导书主要有以下作用：一是确保设备校验的规范化和标准化，提高校验工作的准确性；二是帮助员工了解设备校验的具体流程和标准，提高员工对设备校验的认识和理解；三是确保设备校验工作的可追溯性和一致性，防止因不同员工的操作而导致的差异。

设备校验工作流程指导书

一、主题内容

指导书规定了设备校验工作的执行流程。

二、校验目的

校验的目的是及时发现设备存在的问题，并采取相应的措施来解决问题，以确保设备的稳定运行。具体包括以下几个方面：

1.确认设备的性能指标是否符合标准。

2.检查设备的外观是否完好，确认是否存在磨损、损坏等情况。

3.检查设备的安全性能。

4.评估设备的可靠性。

三、校验执行流程

1.设备校验前的准备工作。

（1）确定校验时间和地点，并通知相关人员，认真阅读设备的说明书或操作手册。

（2）确认校验所需的工具和试剂是否齐全，并进行调试和校准。

（3）根据设备类型和使用情况，制定校验方案，明确校验内容，编制校验记录表格。

（4）检查设备是否正常运转，如有异常应及时进行处理。

（5）检查设备的安全保护装置是否完好。

（6）安排专业技术人员进行设备校验。

2.设备校验工作实施。

（1）校验设备外观。

①检查设备的外观是否完整，有无变形、划痕等破损现象。

②检查设备面板、插头、开关、接线端等部位是否松动或损坏。

③检查设备名称、型号、编号等标识是否清晰、正确。

（2）校验设备性能。

①确认设备的测量范围、精度等技术指标。

②根据校验方案，进行各项测量，记录测量结果。

③比较测量结果和设备技术指标，判断设备的性能是否符合要求。

（3）校验设备安全保护装置。

①检查设备的安全装置是否完好。

②对设备的过载、欠载、漏电、短路、断路等情况进行模拟测试，验证设备的安全性能。

③记录测试结果，并进行评价。

（4）校验设备的环境适应性。

①将设备置于环境温度及湿度不同的条件下进行测试。

②根据校验方案和测试结果，评价设备的环境适应性。

（5）校验设备使用寿命。

①根据设备的使用时间或已运行的次数，对设备进行寿命测试。

②记录测试结果，并根据设备的使用情况，评估设备的剩余使用寿命。

③如设备达到报废标准，应及时停用或更换设备。

3.异常处理。

在校验过程中，需要对出现的异常情况进行如下处理：

（1）设备故障：需要对设备故障进行排除和处理。

（2）性能指标不符合标准：需要对设备性能指标进行重新测试和验证。

（3）安全性问题：需要对设备的安全性能进行检查和排除。

（4）异常数据：需要对记录的数据进行核实和分析，并对异常数据进行处理。

4.结果评估。

在校验结束后，需要对校验结果进行评估，包括以下几个方面：

（1）设备性能指标是否符合标准要求。

（2）设备外观是否完好，是否存在磨损、损坏等情况。

（3）设备安全性能是否符合标准。

5.记录和报告。

设备校验的结果应该以书面报告的形式提交，包括以下几个方面：

（1）设备外观检查报告：包括外观检查结果、异常情况处理结果等。

（2）设备性能指标验证报告：包括测试结果、验证方法、验证结论等。

（3）设备安全性能检查报告：包括安全性能检查结果、异常情况处理结果等。

（4）异常情况报告：包括故障处理报告、性能指标不符合要求报告等。

（5）校验总结报告：包括校验流程、结果分析、经验总结等。

（6）设备维护建议：根据校验结果，提出设备维护和保养建议。

四、注意事项

1.校验时间间隔应根据设备使用情况进行调整，通常为1年或更短。

2.在校验过程中，应注意使用安全措施，防止意外事故的发生。

3.在校验过程中，应根据设备类型和使用情况，采用适当的测试方法和标准。

4.如对校验设备不熟悉，应请专业技术人员进行指导和监督。

5.5 设备运行精细化实施指南

5.5.1 设备试运行工作方案

本方案主要有以下作用：一是确保所有设备试运行相关人员了解试运行的流程、任务和职责，从而避免试运行过程出现意外情况；二是对可能出现的潜在问题进行预测和分析，从而制定解决方案，并及时处理问题；三是确保所有设备相关人员了解试运行的安全规范和应急预案，避免安全事故的发生。

设备试运行工作方案

一、背景

工厂计划引进新的生产设备，为了保证设备能够正常工作并发挥其最大效益，需要对其进行试运行测试。

二、目的

1.检验设备在设计、制造和安装等方面是否符合工艺要求，满足技术参数标准。

2.检验设备的运行特性是否符合运转的需要。

3.对设备试运行中存在的缺陷进行分析处理。

三、事项安排

1.时间安排。

设备试运行工作计划从××××年××月××日开始，预计完成时间为×天。

2.人员安排。

（1）试运行组长：负责协调各项工作，监督试运行过程，及时发现并处理异常情况。

（2）电气调试工程师：负责对设备的电气系统进行检查和调试。

（3）机械调试工程师：负责对设备的机械系统进行检查和调试。

（4）控制调试工程师：负责对设备的控制系统进行检查和调试。

（5）性能测试工程师：负责设备的性能测试。

四、试运行检查

1.设备外观检查。

检查设备外观是否完好无损，各部位是否齐全，无松动、脱落等现象。

2.设备电气检查。

（1）检查电气控制柜各部位是否正确接线，电器元件是否正常运作。

（2）检查设备电缆是否有损坏，接头是否牢固。

3.设备传动检查。检查设备传动部位是否顺畅、无杂音、无异常振动等情况。

4.设备液压检查。检查设备液压泵站管路，检查阀门是否损坏、漏油，液压系统是否正常工作。

五、工作流程

设备试运行工作流程包括以下内容。

1.试运行计划制订。

设备试运行负责人根据设备的不同类型和用途，制订相应的试运行计划，计划中应包括试运行时间、试运行地点、试运行人员、试运行标准等内容，并经过相关部门的审批和公告。

2.试运行准备工作。

设备试运行人员对设备进行检查，确保设备处于正常状态。试运行人员应熟悉设备的结构、原理和运行规律，准备相应的试运行工具和设备，并按照试运行标准进行准备工作，确保试运行过程的顺利进行。

3.试运行实施。

试运行人员按照试运行标准进行设备试运行，记录试运行过程中的数据和结果。试运行过程需要实施以下内容。

（1）启动设备。按照说明书上的操作步骤启动设备。

（2）升速。逐步升至所需速度，测试设备在各个速度下的表现。

（3）停机。在设定时间内停机，测试设备在不同负载下的表现。

（4）数据记录。记录设备在试运行期间的各项数据，包括设备运行状态、测量数据、故障信息等。

（5）故障处理。在试运行期间出现任何问题，都要及时处理，并记录故障信息。

4.试运行结果处理。

试运行人员对试运行结果进行评估和处理，试运行负责人对试运行结果进行汇总和分析，制定相应的处理措施。试运行结果应及时反馈给设备管理人员，确保设备的正常运行和使用安全。

5.试运行报告编制。

试运行完成后，设备试运行人员应编制试运行报告，报告中应包括试运行日期、试运行人员、试运行结果等内容，并保存至少5年，以确保试运行结果的可追溯性和可靠性。试运行报告应及时更新，确保设备的试运行状态和结果得到及时处理。

六、费用控制

设备试运行费用应按照工厂相关规定进行控制，确保费用的合理性和可控性。设备试运行费用应包括试运行人员的工资、设备维护和检修费用等。设备试运行费用应保持在预算范围内，确保工厂的经济效益和财产安全。

七、注意事项

试运行期间必须按照要求进行操作，不得随意更改设备的参数；如发现异常情况，必须立即停止试运行，并及时通知相关人员进行处理；对试运行过程中产生的数据和信息，应及时记录并报告相关人员。

5.5.2　设备运行故障排除管理办法

本办法主要有以下作用：一是解决工厂在生产过程中发生的设备故障和停机时间过长的问题；二是规定了相应的排除流程和措施，可以帮助工厂更快、更有效地恢复生产；三是通过对设备运行情况进行监测和分析，提高生产效率和设备利用率，降低生产成本和停机时间。

设备运行故障排除管理办法

第1章　总则

第1条　目的

为了规范设备运行故障排除工作，保证设备正常运转，降低设备维修费用，特制定本办法。

第2条　适用范围

本办法适用于工厂所有设备的运行故障排除工作。

第3条　职责分工

1.设备操作人员负责及时报告设备故障情况，协助故障排除人员开展工作，还需要提供相关资料和信息，配合故障排除工作的实施。

2.设备巡检人员负责监督检查故障排除情况，审核故障排除记录。

3.设备维修人员负责实施设备运行故障排除工作，进行故障分析和检测，制定故障排除方案，组织开展应急抢修等工作。

第2章　设备运行故障排除操作

第4条　设备运行故障排除流程

1.设备发生故障后，设备操作人员应立即报告，详细说明故障现象和情况。

2.设备维修人员接收到故障报告后，应在第一时间赶赴现场，进行故障排查和分析。

3.设备维修人员应根据故障情况，制定相应的故障排除方案，并实施维修和恢复工作。

4.故障排除后，设备维修人员应进行设备测试和验证，确保设备恢复正常运行。

5.设备维修人员应填写故障排除记录，并及时向相关领导和部门汇报。

第5条　设备运行故障排除工作实施

1.设备故障排除前需要做好充分的准备工作，准备备件、工具、技术资料和保护措施等。先进行初步诊断，确定故障范围和可能原因。

2.设备故障排除应遵循先简单、后复杂的原则，尽量采用简单、快捷的方法，缩短排除时间。排除时应使用试运行、试验等排除方法，如果效果未能达到预期，再使用更为复杂的排除方法。

3.设备故障排除应根据实际情况制定详细的操作方案，按照规范要求进行操作。

4.设备故障排除前应进行安全检查，确保设备未带电或带电状态下具有良好的接地；注意对环境和设备的保护，防止造成二次故障和污染；注意保持工作现场的整洁，防止杂物、尘土等影响排除效果。

5.设备故障排除后应及时更新设备故障报告，跟进排除进度和结果，并在设备故障解决后及时关闭故障报告。

第3章　设备运行故障分级管理

第6条　设备运行故障分级

根据设备故障对生产影响的程度，将设备故障分为一级、二级、三级三个级别。

1.一级故障：设备停机或部分停机，无法正常生产，对生产影响较大，需要及时处理的故障。

2.二级故障：设备部分功能丧失或减产，对生产有一定影响的故障。

3.三级故障：设备出现小问题或异常情况，对生产影响较小的故障。

第7条　各级故障处理

1.一级故障处理办法。

立即通知相关人员，包括设备维修人员、生产管理人员等；安排紧急维修或更换，确保设备恢复正常运行；评估维修时间和对生产的影响，确定是否需要调整生产计划；记录故障和处理过程，并分析原因，以便采取措施预防类似故障再次发生。

2.二级故障处理办法。

安排设备维修人员进行定期检查和维修，确保设备正常运行；对生产计划做出相应调整，减少生产压力；记录故障处理过程，并分析原因，制定相应的纠正预防措施。

3.三级故障处理办法。

加强设备日常维护和检查，及时发现并处理潜在问题；对设备操作人员进行相关培训，提高操作技能和故障排查能力；记录故障处理过程，并分析故障原因，将故障作为日常维护和培训的参考。

第4章 设备运行故障质量管理

第8条 设备故障排除质量控制

设备故障排除应严格按照操作规程执行，禁止盲目操作和擅自修改设备结构或参数。注意对设备质量、安全等问题的考虑，不得因排除故障而降低设备品质和使用寿命。

第9条 设备故障排除改进

1.在设备故障排除过程中，应不断总结经验，提高技能水平和维修效率，减少设备故障率。

2.设备故障排除应积极引入新技术、新材料和新方法，提高设备维修质量和效率。

3.设备故障排除应加强与设备生产、设计、检测、维护等各个环节的沟通和协作，共同优化设备运行管理。

4.设备故障排除应建立健全设备管理体系，通过采取预防性维护、定期检查和保养等措施，降低设备故障率。

5.对于重要设备的故障排除，应展开分析研究，制定改进方案，提高设备的可靠性和安全性。

第10条 设备运行故障的预防措施

设备运行故障的预防措施包括加强设备的日常维护和保养，定期进行设备检查和检测，及时更换易损件和老化的部件，建立健全设备操作规程和维修制度，加强对设备操作人员的培训和管理，提高设备使用效率和寿命。

第11条 设备运行故障的应急处理

设备管理部要建立应急抢修队伍，配备必要的应急抢修装备和材料，确保应急抢修工作的顺利进行。在应急抢修过程中，设备管理部要密切关注设备的运行状况，及时调整抢修方案，确保设备的正常运行。

第12条 设备运行故障排除的人员培训

设备运行故障排除的人员培训应按照设备维修手册规定执行，培训内容包括故障排除的方法、工具、材料等。设备运行故障排除的人员培训应定期进行，及时更新知识和技能。

第13条　设备运行故障排除的考核管理

设备运行故障排除的考核应按照设备维修手册规定执行，包括设备运行故障排除的统计、分析和比较，以及设备运行故障排除的控制和优化。设备运行故障排除的考核应根据设备的使用情况和故障情况进行调整和优化。

第5章　附则

第14条　编制单位

本办法由设备管理部负责编制、解释与修订。

第15条　生效日期

本办法自××××年××月××日起生效。

第6章

设备清洁、维护、保养、润滑管理精益化

6.1 设备清洁管理

6.1.1 设备清洁计划

本计划主要有以下作用：一是有效地去除设备表面的灰尘、污垢、油脂等，减少设备受损或堵塞情况，从而延长设备的使用寿命；二是及时发现设备故障、磨损等问题，通过及时维修和更换设备，避免因设备损坏而带来的高昂维修费用；三是保证生产过程中设备的卫生条件，减少污染和交叉污染，从而保障产品的质量和安全性。

设备清洁计划

一、目的

保证设备的正常运行，延长设备的使用寿命，减少设备故障的发生率，提高生产效率和产品质量。

二、清洁范围

设备清洁范围包括机械、电气、液压等部分，具体如下。

1.机械部分：包括机械臂、传送带、刀具等的表面、油污、铁锈、积尘等。

2.电气部分：包括各种控制器、传感器、电缆等的表面、油污、灰尘等。

3.液压部分：包括液压泵、阀门、管道等的表面、油污、积尘等。

三、清洁事项安排

1.清洁周期和频率

清洁周期和频率需要根据设备的使用情况和工作环境等因素进行具体制定。一般来说，设备清洁需要每月进行一次，或者根据设备的使用频率进行调整。

2.人员安排

设备管理部应设置专门的清洁小组实施设备清理工作，生产部人员进行辅助。

四、清洁剂选择

根据不同设备的材质和特点，可选用不同种类的清洁剂。常用的清洁剂如下。

1.化学清洁剂：包括碱性清洁剂、酸性清洁剂、中性清洁剂等，适用于金属表面的清洁。

2.水基清洁剂：包括酒精、乙醇等，适用于电气设备的清洁。

3.超声波清洁剂：适用于机械设备的清洁，可有效去除油污和积尘。

五、清洁步骤

根据清洁剂种类和使用方法开展清洁工作时，需要进行拆卸、清洗、消毒等步骤。具体步骤如下。

1.拆卸。对于需要拆卸的设备，需先将其固定在支架上，然后使用工具进行拆卸。

2.清洗。使用化学清洁剂或水基清洁剂对设备表面进行浸泡或擦拭，去除油污和积尘。对于油污较重的设备，可以先用铲子等工具将油污铲除，然后再用化学清洁剂或水基清洁剂进行清洗。

3.消毒。使用超声波清洁剂或蒸汽进行消毒，消除设备内部的细菌和病毒。在使用超声波清洁剂时，需要注意安全防护，避免伤害人体。

4.组装。将拆卸下来的零部件按照拆卸顺序重新组装回去。对于电气设备，需要先将电线等部件拔下来，清洁完成后再将其正确地插入到相应的插槽中。

5.测试。在清洁完成后，需要对设备进行测试，确保其能够正常运行。可以进行空转测试和负载测试，以确保设备没有损坏或出现漏油等问题。

六、验收标准

1.清洁效果：设备表面应光滑、无污渍、无异物；设备内部应清洁、无残留物。

2.卫生状况：设备所处环境应符合卫生标准，无异味、无灰尘。

3.检查频率：定期进行清洁检查，确保设备的清洁状况。

七、清洁记录

清洁记录应真实、准确、详细地记录每次清洁的过程和结果，为后续的清洁工作提供参考和依据。设备清洁应建立清洁记录，记录中应包括以下内容：

1.清洁日期和时间：记录每次清洁的具体时间和日期。

2.清洁人员：记录参与清洁工作的清洁工和检查员的名字。

3.清洁内容：记录本次清洁的具体内容，如使用的清洁工具、清洁剂等。

4.检查结果：记录检查结果及评估结果，包括发现的问题及解决方案等。

八、注意事项

1.安全防护：在进行设备清洁时，需要穿戴防护服、手套等安全防护用品，避免受伤。

2.保养维护：对于设备的润滑、密封等部位，需要定期进行检查和维护，确保其正常运行。

3.定期检查：定期对设备进行检查和维护，及时发现问题并采取措施进行修复或更换零部件。

6.1.2 设备清洁管理规程

本规程主要有以下作用：一是提高设备卫生水平，减少交叉污染的发生，保障生产过程的卫生安全；二是规范设备的清洁操作，提高清洁质量，延长设备使用寿命；三是减少员工操作设备时的安全风险，防止因清洁不当而导致设备损坏或工伤事故的发生。

设备清洁管理规程
第1章　总则

第1条　目的

为了确保设备在生产过程中保持高效、稳定和安全，提高产品质量和生产效率，特制定本规程。

第2条　适用范围

本规范适用于工厂内所有与生产设备清洁相关的管理工作。

第3条　管理职责

1.生产部负责实施设备清洁工作，并按照本规程的要求进行操作和维护。

2.设备管理部负责提供必要的清洁工具和设备，并对设备清洁工作的效果进行监督和检查，确保设备清洁符合相关标准和规定。

第2章　设备清洁要求

第4条　清洁频率

1.工厂设备应每天进行日常清洁，以确保设备的正常运行和延长设备使用寿命。

2.工厂设备应每周进行定期清洁，以去除设备表面污垢和积尘。

3.工厂设备应每月进行彻底清洁，以去除设备内部的灰尘、油污和积尘。

第5条 清洁内容

1.每日清洁内容：应包括设备的表面、控制面板、按钮、管道等部位的清洁。

2.每周清洁内容：应包括设备的内部结构、传动系统、电气系统、润滑系统等部位的清洁。

3.每月清洁内容：应包括设备的所有部件，以及内部油污、积尘等的清洁。

第6条 清洁工具和设备

1.清洁工具：抹布、拖把、扫把、毛刷、压缩空气、吸尘器、清洗机等。

2.清洁设备：除尘机、洗涤机、脱水机、干燥机、吹风机等。

第3章 设备清洁流程

第7条 工作准备

1.人员准备。根据设备类型和使用频率，合理安排人员进行设备清洁工作。

2.清洁剂选择和使用。根据不同设备类型和污染物种类选择合适的清洁剂，并严格按照使用说明进行操作。

3.清洁工具准备。准备好所需的清洁工具，如毛刷、刮板、铲子等。

第8条 预处理

设备清洁人员在进行设备清洁前，需要进行预处理工作，包括检查设备表面是否有异物、油渍、锈渍等，确认设备所需要的清洁方式。

第9条 清洁

进行设备清洁时，应按照清洁方法中的步骤进行操作。常见的清洁方法为使用旋转刷、铲刀、振动设备等清洁设备表面及设备内部。

第10条 后处理

在进行设备清洁后，需要进行后处理工作，应使用清水将设备表面冲洗干净，并使用干净的毛巾将设备表面擦干。

第4章 记录与报告

第11条 清洁记录和检查

1.每次设备清洁都应进行记录，记录清洁时间、清洁人员、清洁标准、清洁方法等信息。

2.设备清洁记录应建立档案保存，以便查阅和追溯。

3.设备管理部应对设备清洁情况进行检查，确保清洁效果符合要求，保证产品质量。

第12条　清洁工作报告

在设备清洁工作结束后，设备清洁人员应及时向上级领导汇报清洁工作的情况和结果。报告内容应包括清洁范围、清洁时间、清洁方法、清洁结果和清洁费用等信息，以便进行监督和管理。

第13条　设备清洁注意事项

1. 设备清洁时应注意保护设备表面和内部结构，避免损坏设备。
2. 设备清洁时应注意使用合适的清洁剂和擦拭纸，以确保清洁效果。
3. 设备清洁时应注意防止清洁剂溅入眼睛或口鼻等部位，以免造成伤害。
4. 设备清洁完毕后，应进行验收检查，确保清洁质量符合要求。

第5章　附则

第14条　编制单位

本规程由设备管理部负责编制、解释与修订。

第15条　生效日期

本规程自××××年××月××日起生效。

6.2　设备维护、保养管理

6.2.1　设备维护、保养计划

本计划主要有以下作用：一是避免设备在使用过程中出现故障；二是延长设备的使用寿命，降低设备的损耗和维修成本；三是帮助工厂及早发现设备安全隐患，消除潜在的安全风险，保证生产安全。

设备维护、保养计划

一、目的

确保工厂内设备的正常运转，提高设备使用效率，降低设备故障率，为工厂生产提供有力保障。

二、维护保养设备

本次维护保养涉及的设备为工厂生产线上的关键设备，包括CNC加工中心、注塑机、冲压机等。这些设备均已使用多年，但由于日常维护得当，设备状态良好。

三、维护保养范围

本次维护保养的范围包括以下部位：

1. 主机。包括CNC加工中心、注塑机、冲压机。
2. 控制系统。包括操作系统、监控设备及周边配套设备。

四、维护保养内容

本次维护保养主要包括以下内容。

1. 清洗。对设备表面切削液、油污等进行清洗。
2. 润滑。更换润滑油、润滑脂等，保证设备正常运转。
3. 调整。对设备进行必要的调整，确保设备运行状态良好。
4. 检修。对设备进行必要的检修，发现并解决潜在故障。
5. 特殊项目。需要进行的专项检查和维修。

五、维护保养人员安排

由设备维护工程师负责具体的保养工作，每台设备由一名维护工程师进行维护。维护工程师须接受专业培训，具备相关维修经验和技能。

六、维护保养周期

根据设备使用情况及上述维护保养内容，确定以下维护保养周期。

1. 日常维护保养。基础设备每天进行一次，包括润滑、清洁、检修等。
2. 定期维护保养。固定设备每周进行一次，包括润滑、清洁、检修、紧固等。
3. 特殊维护保养。根据设备故障情况，在设备出现故障时进行特殊的维护保养，如更换易损件、紧固松动部件等。

七、维护保养措施

1. 定期检查设备

每周对所有设备进行一次例行检查，检查项目包括但不限于设备运转情况、各部件状态、润滑油液位是否符合要求等。对于检查出的问题，及时通知相关维修人员进行处理。

2.清洗设备

每月对设备进行一次清洗，包括但不限于清除积尘、杂物和污垢；检查设备表面是否有锈蚀等。清洗完成后需要将设备表面用干布擦干，并在需要的地方涂抹适当的防腐剂。

3.更换零部件

根据设备使用年限和使用频率，定期更换易损部件，如皮带、轮胎、密封圈等，以确保设备正常运转。

4.润滑保养

每季度对设备进行一次润滑保养，包括但不限于清理设备各部位的润滑油和润滑体；更换过期或变质的润滑油；涂抹润滑油或润滑脂等。

5.定期检测设备电气系统

每半年对设备的电气系统进行一次检测，包括但不限于检测电缆、插头、继电器、断路器、变压器等电器元件是否正常运作。如果发现问题，应立即通知相关维修人员进行处理。

6.记录设备维护情况

每次维护保养都要详细记录，记录时间、项目、维护人员等信息，并将数据汇总制成报表，分析设备的故障情况，以便及时修复和改进工艺流程。

八、应急处理

针对可能出现的突发状况，如设备损坏或人为破坏等，进行以下应急处理。

1.自动报警。当设备出现故障或异常时，系统会自动报警，并通知相关人员进行处理。

2.紧急停机。当出现紧急情况时，系统可紧急关闭设备并自动报警。

九、记录

维护工程师需对每次维护保养过程进行详细记录，包括清洗前后的参数和数据、维护保养的过程中遇到的问题和解决方案等。同时，维护工程师需定期总结保养经验，提高设备维护能力。

6.2.2 设备保养流程与工作标准

为了提高设备的维护效率和质量、增强设备的安全性和可靠性、降低维修成本和提高设备使用寿命，需要制定设备保养流程与工作标准。

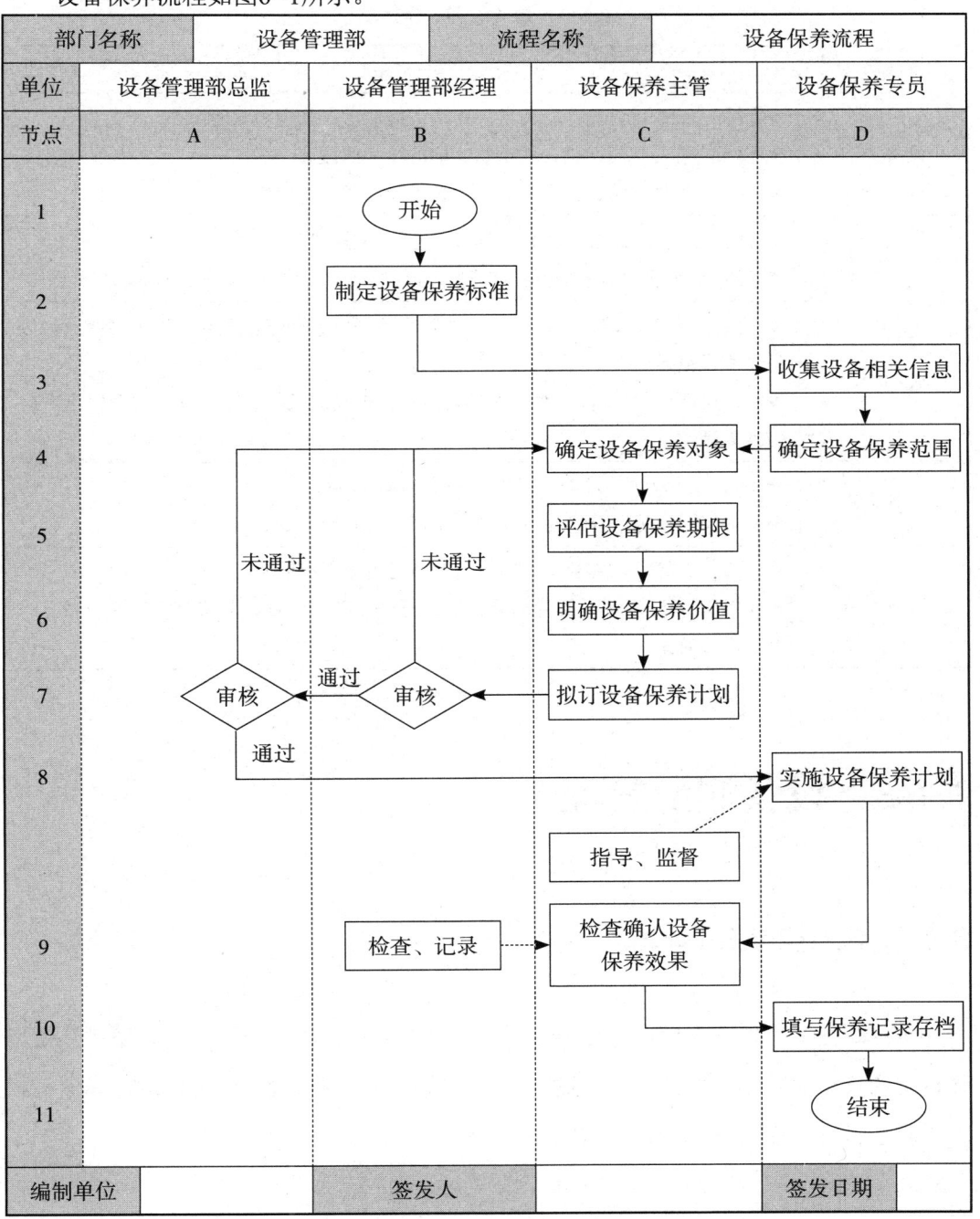

1. 设备保养流程

设备保养流程如图6-1所示。

部门名称		设备管理部	流程名称		设备保养流程
单位	设备管理部总监	设备管理部经理		设备保养主管	设备保养专员
节点	A	B		C	D
1		开始			
2		制定设备保养标准			
3					收集设备相关信息
4				确定设备保养对象	确定设备保养范围
5				评估设备保养期限	
6				明确设备保养价值	
7	审核（通过）	审核（未通过）		拟订设备保养计划	
8	（通过）				实施设备保养计划
9		检查、记录		检查确认设备保养效果	指导、监督
10					填写保养记录存档
11					结束
编制单位		签发人			签发日期

图6-1 设备保养流程

2.工作标准

设备保养工作标准如表6-1所示。

表6-1 设备保养工作标准

设备保养项目	具体标准
设备清洁	◆ 设备表面应保持干燥、清洁、光滑，无油污、灰尘和其他污物 ◆ 设备内部应保持清洁，无杂物、油污和其他污物 ◆ 设备周围区域应保持清洁，无杂物、油污和其他污物
设备润滑	◆ 设备的轴承、齿轮和其他运动部件应定期进行润滑 ◆ 润滑油或润滑脂应选择适当的型号和规格，按照设备说明书上的要求进行操作
设备检查	◆ 设备的电气系统、机械系统和液压系统等应定期进行检查，发现问题及时进行维修或更换 ◆ 检查时应注意设备是否存在异常声音、振动或其他异常情况，并及时进行维修或处理
设备维修	◆ 对于出现故障的设备，应及时进行维修或更换 ◆ 维修时应注意安全，遵守相关的操作规程和安全标准
设备更新	◆ 对于老化或无法维修的设备，应及时进行更新或更换 ◆ 设备更新时应选择符合国家标准和行业标准的设备，并按照设备说明书上的要求进行操作

6.3 设备润滑管理

6.3.1 设备润滑工作计划

本计划主要有以下作用：一是降低设备的运行阻力，提高设备运行效率；二是增强设备的稳定性和可靠性；三是有效减少设备故障率，降低设备的维修成本和停机损失；四是延长设备的使用寿命，节约工厂的投资成本。

设备润滑工作计划

一、目的

确保设备的正常运行,延长设备使用寿命,减少故障率,提高生产效率。

二、润滑范围

本计划覆盖工厂所有生产设备,包括生产车间内的设备及相关附件。润滑范围包括轴承、齿轮、链条、传动带等机械部件。

三、人员配备

本计划需要配备设备维护和保养人员____人,设备操作人员____人、质量控制人员____人。

四、润滑周期

润滑周期需要根据设备的运行情况和润滑部位的使用频率确定,并在设备保养手册中注明。

1. 基础设备每天对设备的各润滑部位润滑一次。
2. 固定设备每隔一定时间对设备的各润滑部位润滑一次。
3. 重要设备,在生产过程中需要定期巡检并进行润滑处理。

五、润滑预算

1. 设备润滑所需费用预计为____元。
2. 设备润滑所需费用主要分为以下三部分。

润滑油、润滑脂、润滑器等材料的采购费用;润滑设备维修与更换部件所需的费用;工人劳动费用。

3. 预算费用分配。

(1)润滑油、润滑脂、润滑器等材料的采购费用占总预算费用的60%;

(2)润滑设备维修与更换部件所需的费用占总预算费用的20%;

(3)工人劳动费用占总预算费用的20%。

六、润滑前工作准备

1. 确认设备润滑需求,包括润滑部位、润滑周期、润滑剂种类和数量等。
2. 评估润滑区域环境和润滑设施情况,如存在特殊问题需及时解决。
3. 制定详细的润滑方案,包括润滑周期、润滑点、润滑剂种类和数量等。

七、润滑方式

设备润滑可以根据设备实际情况采用手动润滑、集中润滑和自动润滑三种方式。

1. 手动润滑，按照设备润滑计划和操作规程，选用相应的润滑油或润滑脂，对设备部件进行定期润滑。

2. 集中润滑，采用液压驱动的分配器，通过管路将润滑油或润滑脂输送到各设备润滑点，实现对多个润滑点的同时润滑。

3. 自动润滑，安装在设备上的润滑器定时定量地进行自动润滑，能够减少人工干预的频次和工作强度。

八、润滑流程

1. 准备工作。包括清扫设备、加油工具准备、测量油量等。

2. 注油。由专业润滑工作人员进行注油，保证注油量适中。

3. 检查。检查设备运行情况，确保润滑效果良好。

4. 记录。记录润滑情况，包括润滑时间、部位、油品种类、油量等。

九、润滑记录

对于每次润滑操作，在润滑前和润滑后都应填写润滑记录表，记录设备的润滑时间、润滑剂名称、润滑量和润滑方法等信息。

润滑记录表必须真实、准确地填写，如发现润滑不当或出现问题，应及时进行纠正，并做好相应的记录。

十、注意事项

1. 定期检查润滑设备是否完好，润滑剂是否充足。

2. 在操作前进行设备表面清洁，确保润滑剂能够进入运动部件。

3. 根据润滑剂种类和使用要求，选择合适的润滑方法。

4. 注意润滑油和脱灰粉的品质和使用周期，遵循使用说明。

6.3.2 设备润滑定额管理规范

本规范主要有以下作用：一是明确每台设备所需的润滑油品量，避免浪费，减少润滑油品的消耗；二是对设备润滑油的品质、规格、种类等方面进行明确规定，确保设备得到充分的润滑和保护，提高润滑的效果；三是确保润滑油品用量得到准确控制，避免造成过度润滑或者润滑不足，以降低设备故障率和维修成本。

设备润滑定额管理规范
第1章 总则

第1条 目的

为了规范工厂设备润滑管理，提高设备运行效率，降低设备维修成本及设备故障率，特制定本规范。

第2条 适用范围

本规范适用于工厂内所有设备的润滑管理工作。

第3条 管理职责

设备管理部负责设备润滑定额的编制、审核、发布和执行；各车间（班组）负责设备润滑定额的监督管理。

第2章 设备润滑定额标准

第4条 材料定额

材料定额应符合国家标准和行业标准的规定，对于需要特殊材料的设备，应根据实际情况制定专门的材料定额。对于不同材料的用量，应根据实际情况进行调整。

1.润滑油定额

每种设备应按照其润滑要求选用适当的润滑油，并按照以下标准进行定额。

（1）每种设备每日消耗润滑油量为____ml~____ml。

（2）每种设备每月消耗润滑油量为____ml~____ml。

（3）每种设备每年消耗润滑油量为____ml~____ml。

2.润滑脂定额

润滑脂应选用合适的产品，根据不同设备和润滑部位选用不同类型和型号的润滑脂，并按照以下标准进行定额。

（1）每种设备每日消耗润滑脂量为____g~____g。

（2）每种设备每月消耗润滑脂量为____g~____g。

（3）每种设备每年消耗润滑脂量为____g~____g。

第5条 周期定额

1.设备使用初期和换季维护时需要进行周期性润滑，润滑周期一般根据设备制造商或者相关技术手册规定,周期内润滑剂使用量要达到规定要求。

2.设备的轴承、链条等润滑点每天都要进行润滑,以保证设备运行顺畅,防止出现磨损和损坏情况。

3.设备的齿轮、凸轮、转动部件等部位每隔一段时间需要进行定期润滑,以保证这些部件不会因为干摩擦而损坏。

4.某些特殊设备或者高精度运动部件需要进行特殊润滑,保证其运行精度和稳定性。

第6条　工时定额

工时定额应符合国家和行业制定的标准,同时应考虑设备型号、使用年限、维护方式等因素,对于常规维护工作,应根据工作内容制定标准工时定额。

1.换油工时定额

换油工时应根据设备的具体情况和使用说明书进行定额,一般为＿＿＿分钟~＿＿＿分钟。

2.注油工时定额

注油工时应根据设备的具体情况和使用说明书进行定额,一般为＿＿＿分钟~＿＿＿分钟。

3.滴油工时定额

滴油工时应根据设备的具体情况和使用说明书进行定额,一般为＿＿＿分钟~＿＿＿分钟。

第7条　费用定额

费用定额应合理,需要考虑材料费、人工费、能源费等方面,对于常规维护工作,应根据费用标准确定费用定额。

1.每种设备每周更换润滑部位的平均次数为＿＿＿次;每次的平均费用为＿＿＿元。

2.每种设备每周注油的平均次数为＿＿＿次;每次注油的平均费用为＿＿＿元。

3.每种设备每周滴油的平均次数为＿＿＿次;每次滴油的平均费用为＿＿＿元。

第3章　设备润滑定额编制流程

第8条　设计润滑方案

1.润滑方案应在设计阶段确定,润滑方案的制定应符合国家法律法规和有关标准的要求,采取先进的技术和装备,提高设备的自动化程度。

2.在润滑方案中应注明设备各部位的润滑要求和周期，明确使用润滑油的种类和标号。

第9条　编制设备润滑定额

设备润滑定额的编制应按照润滑方案中的润滑要求和周期，结合设备运行情况、使用环境等因素综合确定。设备润滑定额应包括润滑点、润滑方式、使用的润滑油品牌、型号、数量和润滑周期等内容。

第10条　审核设备润滑定额

设备管理部应组织专业人员对设备润滑定额进行逐项审核，发现问题及时反馈。设备润滑定额审核完成后，须报设备管理部负责人审批，并进行签字确认。

第11条　发布设备润滑定额

设备管理部应将设备润滑定额及时通知各车间（班组）和维修人员，确保按要求执行。设备润滑定额应在设备上进行标识，以便操作人员查找和执行。

第12条　执行设备润滑定额

润滑油应按照规定加注，避免过量或不足。润滑油品牌、型号、数量应与设备润滑定额一致，禁止随意更换。

第4章　设备润滑管理

第13条　设备润滑管理监督

设备管理部应定期对设备润滑工作进行监督和检查，并做好记录和评估。监督和检查的重点内容包括设备润滑计划的制订和实施情况、设备润滑点的清洁和加油情况、润滑剂的选用和更换情况等。发现问题及时采取措施，并对整改情况进行跟踪和验证。

第14条　设备润滑管理培训

设备管理部应定期组织设备润滑知识宣传和培训，提高员工的设备润滑技能水平。培训内容包括设备润滑管理规范、润滑剂选用和管理、润滑点管理等方面的知识。培训应分类别、分级别进行，针对不同层级员工的需求进行个性化培训。

第15条　设备润滑费用考核管理

设备润滑费用的考核应按照设备维修保养手册规定执行，并根据设备的使用情况和润滑效果进行调整和优化。

第5章 附则

第16条 编制单位

本规范由设备管理部负责编制、解释与修订。

第17条 生效日期

本规范自××××年××月××日起生效。

6.3.3 设备润滑装置与材料管理制度

本制度主要有以下作用：一是明确润滑工作的要求和标准；二是精细化管理设备润滑装置和材料的采购和使用；三是提高设备润滑的管理水平，降低润滑成本，延长设备使用寿命。

设备润滑装置与材料管理制度

第1章 总则

第1条 目的

为了确保工厂生产设备得到有效润滑和良好保养，保障设备正常运转，延长设备使用寿命，维持其精度和生产能力，特制定本制度。

第2条 适用范围

本制度适用于工厂所有生产设备的润滑装置和润滑材料的管理。

第2章 设备润滑装置管理

第3条 设备润滑装置的选型

1.设备润滑装置的选型应根据设备的使用情况和润滑情况进行，包括润滑器、润滑泵、润滑管路等的选型。

2.设备润滑装置的选型应考虑设备的使用环境、使用条件、润滑剂的种类和用量等因素。

3.设备润滑装置的选型应符合国家相关标准和规定。

第4条 设备润滑装置的安装和调试

设备润滑装置的安装和调试应由专业人员按照设备维修保养手册规定执行，确保润滑装置正常运转，安装与调试后应进行记录和备案，以备后续维护和管理。

第5条　设备润滑装置的维护和保养

1.设备润滑装置的维护和保养应按照设备维修保养手册规定执行，包括润滑装置的清洁、润滑油和润滑脂的更换等。

2.设备润滑装置的维护和保养应定期进行，及时发现问题并进行改进。

第6条　设备润滑装置的使用

1.设备润滑装置管理人员须对同类的润滑装置进行编号，并指定润滑装置的使用人员。

2.设备润滑人员在选用润滑装置时须充分考虑润滑部位的类型与结构，并结合润滑装置的特点进行选择。

3.设备润滑人员须严格按照润滑装置使用说明书和工厂润滑操作手册中的相关内容使用润滑装置，禁止执行会造成装置或设备损坏或易引起安全事故的操作。

第7条　装置维护管理

设备润滑装置在存放时由设备管理员按装置的使用说明书与工厂润滑装置维护的相关规定对其进行维护，设备润滑人员在使用润滑装置时也须按说明书对其进行维护。

第8条　装置报废与修理

设备润滑装置管理人员需每月对仓库中的润滑装置进行检查，对达到报废标准的润滑装置，应填写"润滑装置报废申请表"上交设备主管审批后，对装置进行报废处理。对存在问题但未达到报废标准的润滑装置须派专业技术人员对其进行修复，使之达到使用标准。

第3章　设备润滑材料管理

第9条　设备润滑材料采购要求

润滑材料采购需要严格按照工厂采购流程进行，选择具有相关资质的供应商，并进行定期评估和调整，以确保采购的润滑材料质量可靠、价格合理、供货及时。

第10条　设备润滑材料入库管理

仓储部负责对到货的润滑材料进行验收，核对数量、规格、型号等信息，并做好记录。对不合格的产品应及时退回供应商，并上报相关部门。

第11条　设备润滑材料储存要求

根据不同类别润滑材料的特性，选择适当的储存环境和方式。对于易燃、易爆的危险品，应按照相关规定进行存放和管理。

第12条　设备润滑材料使用申请

各部门需按照实际需要申请所需润滑材料，经审批通过后方可领用。领用时须详细记录使用情况，包括使用时间、用途、数量等信息。

第13条　设备润滑材料使用注意事项

1.设备润滑材料的有效温度一般在30～60℃的范围内，设备润滑人员在进行润滑工作时须将材料温度控制在有效范围内，避免温度过高或过低对润滑系统造成不良影响。

2.空气的混入会对润滑剂的黏度、体积、弹性系数造成重大影响。设备润滑人员在进行润滑工作时需注意防止空气混入润滑材料或润滑系统中。其防护的主要措施如下。

（1）排除润滑元件、管路中存在的空气。

（2）在润滑系统中设置排气装置，用来排出润滑系统中的空气。

3.为设备油箱注入润滑油时，设备润滑人员应检查油箱中的油量是否正常，避免发生吸空现象。油箱中油面的高度应保持在油标刻线下，同时必须用隔板进行分隔。

第4章　附则

第14条　编制单位

本制度由设备管理部负责编制、解释与修订。

第15条　生效日期

本制度自××××年××月××日起生效。

6.4　设备维护、保养管理精益化实施指南

6.4.1　设备维护保养费用预算制度

本制度主要有以下作用：一是根据实际情况做到有针对性地计划和控制设备维护保养的费用，减少浪费；二是及时发现设备故障，修复设备，保证设备的正常运转，避

免设备损坏和报废；三是规范设备维护保养的工作流程，确保维护保养的质量和效果。

设备维护保养费用预算制度

第1章　总则

第1条　目的

为了对工厂内所有需要维护保养的设备进行科学的费用计划，达到合理控制维护保养费用支出、提高设备运行效率、降低设备故障率等目标，特制定本制度。

第2条　适用范围

本制度适用于工厂内所有设备维护保养费用预算的管理工作。

第3条　名词解释

设备维护保养费用是指为了保障工厂设备正常运行所需的各种费用，包括但不限于设备巡检、维修、更换配件、清洗、保养等的费用。

第2章　费用预算编制

第4条　预算编制依据

设备维护保养费用预算编制的依据主要包括以下三个方面。

1.历史数据

根据过往的设备维护保养费用、设备维修记录等数据，制订出相应的维护保养计划。

2.设备性能评估结果

对正在使用的设备进行周全的检查、测试和评估，发现存在的问题，并制定出解决方案。

3.行业标准

根据行业标准进行设备维护保养费用预算的制定，确保工厂在同行业中保持竞争力。

第5条　预算编制内容

设备维护保养费用预算的编制需要包括以下内容。

1.设备名称、型号、数量。

2.维护保养内容、标准及周期。

3.维护保养所需材料、工具及设备。

4.预计维护保养费用。

第6条　预算编制时间

年度设备维护保养费用预算应在每年年初编制，并在年中进行滚动预算调整。月度设备维护保养费用预算应在每月月底前编制，并在下月月初进行滚动预算调整。

第7条　预算编制要求

设备维护保养费用预算的编制应遵循科学、合理、严谨、公正的原则，具体应满足以下要求：

1.确定预算编制期间的设备维护保养项目清单。

2.分析设备维护保养历史数据，确定费用基数和预算增减幅度。

3.制定设备维护保养费用的预算指标和控制目标。

4.编制设备维护保养费用的详细预算计划，包括主要费用项目、费用金额、费用期间等。

5.对主要设备进行风险评估和维修保养计划的优化调整。

第3章　费用预算执行流程

第8条　制订设备维护保养计划

根据设备的使用情况、性能状况及历史数据来确定设备的维护保养周期和内容。

第9条　确定维护保养费用

按照设备维护保养计划中的内容，结合历史数据和行业标准，对所需维修材料、人员工资和其他相关费用进行估算。

第10条　维护保养费用审核

审核人员对设备维护保养费用进行审查，并进行必要的调整和优化，审核按照以下流程进行。

1.采购部在收到设备维护保养费用预算后，进行合同审核，确保合同条款与采购计划相符。

2.设备管理部在收到采购部提交的采购合同后，进行合同审核，确保合同条款与维护保养方案相符。

3.综合管理部在收到设备维护保养费用预算后，进行汇总、分析，并提交审核报告。

4.财务部在收到审核报告后，进行审核，确保费用预算合理。

第11条　维护保养费用执行

设备管理部按照设备维护保养计划中的内容进行维护保养工作，并及时记录维修过程和费用。

第12条　维护保养费用管控

设备管理部配合财务部制定评估系统，对设备维护保养费用进行管理和控制。通过比较设备维护保养前后的性能指标，来评估维护保养效果，为下一次预算提供科学依据。

第13条　紧急情况处理

若出现紧急情况或突发事件需要增加设备维护保养费用支出的，应及时向工厂领导层报告，并根据实际情况调整预算计划。

第4章　费用预算监督管理

第14条　监督管理

财务部应加强对设备维护保养费用预算执行情况的监督和检查，确保预算计划能够按时、按量、按质完成。若发现设备维护保养费用预算执行偏差或问题，应及时向领导层报告，并提出解决方案。费用预算监督主要包含以下内容。

1.设备维护保养计划的落实情况。

对设备维护保养计划的执行情况进行监控和管理，及时发现问题并进行调整。

2.费用预算的控制。

对设备维护保养费用预算的执行情况进行监控和管理，确保费用预算在控制范围内。

3.效果评估与改进。

通过分析设备维护保养的效果，发现问题，提出改进方案，并落实到下一次预算编制中。

第15条　费用预算报告

综合管理部应定期编制设备维护保养费用预算报告，报工厂领导及相关部门，报告内容应包括费用预算的执行情况、分析结果及改进建议等。

报告应做到准确、全面、简洁、易懂，使工厂领导及相关部门能够及时了解设备维护保养费用的预算情况，为工厂决策提供依据。

第5章　附则

第16条　编制单位

本制度由设备管理部负责编制、解释与修订。

第17条　生效日期

本制度自××××年××月××日起生效。

6.4.2　设备维护保养费用节约方案

本方案主要有以下作用：一是帮助工厂更加有效地利用资源，避免浪费，减少维护保养费用的支出；二是帮助工厂减少设备故障和损坏情况，延长设备的使用寿命；三是有效地提高设备的运行效率，减少不必要的停机时间，提高生产效率和工厂经济效益。

设备维护保养费用节约方案

一、目的

规范设备维护保养工作，降低设备维护保养费用，提高设备使用效率和延长设备使用寿命。

二、费用构成

设备维护保养费用包括人力、物料、设备等方面的支出。

1.人力费用包括专业技术人员和维修工人的工资、福利、保险等费用。

2.物料费用包括维修零部件、润滑油、清洁剂等费用。

3.设备费用包括检修设备、测量仪器、维修车辆等费用。

三、定额管理

（一）制定设备维护保养定额标准

根据设备类型、使用频率、维护保养难度等因素，制定相应的定额标准。定额标准应包括每次维护保养的具体任务和要求，如更换机油、更换空气滤清器、紧固螺丝等。

（二）定期修订和完善定额标准

定期对设备维护保养定额标准进行修订和完善，以适应设备使用情况的变化和维护保养技术的发展。

四、设备维护保养策略

（一）制定设备维护保养制度

制定完善的设备维护保养制度，明确各部门和员工的职责和任务，确保设备维护保养工作得以有效开展。

（二）定期检查与保养

建立设备定期检查和保养的机制，定期进行设备的检查，发现潜在故障并及时进行维修，以避免故障扩大，以此延长设备使用寿命。

（三）优化设备使用

通过合理化使用设备，减少非必要的操作，降低设备磨损和故障率。同时，加强设备操作培训，提高员工正确使用设备的能力。

（四）选择合适的设备维护保养方案

根据设备类型和使用情况，选择合适的设备维护保养方案，如润滑、清洁、防锈等，以达到最佳使用效果。

（五）开展培训与教育

对员工进行设备维护保养相关知识和技能的培训，提高员工对设备维护保养的重视程度，并加强对设备操作规范的遵守。

五、具体节约措施

（一）合理选用维护保养材料和设备

根据设备类型和使用情况，选择性价比高、质量可靠的维护保养材料和设备，以达到节约维护保养费用的目的。

（二）加强设备的日常维护保养

通过正确使用、合理操作、定期检查等方式，保持设备良好的运行状态，减少故障发生率，降低维护保养费用。

（三）及时更换老化损坏的部件

在设备使用过程中，及时发现和更换老化损坏的部件，避免故障扩大，节约维护保养费用。

（四）制定激励措施

为设备维护保养工作表现优秀的员工提供激励措施，如奖金、表彰等，激发员工的积极性和主动性。

六、监督管理

设备维护保养费用的监控和评估应由设备维修部负责，定期对其进行监控和评估，及时发现问题并提出改进措施。

监控内容包括设备维护保养费用的统计、分析和比较，以及设备维护保养费用的控制和降低。

七、考核管理

（一）建立设备维护保养考核制度

制定明确的考核标准，对人员、物料、设备等方面进行考核，考核内容包括维修保养效率、物料使用效率、设备检修质量、费用支出等多个方面，对员工维护保养工作进行量化评估，以激励员工积极参与节约工作。

（二）考核结果与员工绩效挂钩

将设备维护保养考核结果与员工绩效挂钩，将节约效果与员工薪酬、职务晋升等相关联，以促进员工对设备维护保养工作的重视。

（三）定期对设备维护保养考核制度进行评估

定期对设备维护保养考核制度进行评估，及时发现考核制度中存在的问题和不足，不断完善和优化考核制度。

第7章

设备检修、维修、大修、备品备件管理精益化

7.1 设备检修管理

7.1.1 设备检修计划

工厂可以通过制订设备检修计划，达到以下目的：一是及时发现设备故障和问题，预防设备事故的发生；二是延长设备寿命，提高设备工作效率，减少不必要的停机时间；三是降低工厂维修费用，提高设备检修的计划性、科学性和有效性。

设备检修计划

一、检修目的

本次设备检修工作，需要达到以下目的。

1.提高设备的使用寿命，提高其生产效率与生产能力。

2.保证设备正常运行状态，维持设备稳定运营。

3.消除设备事故隐患，降低生产事故率，保证安全生产。

二、检修时间

本次检修时间为××××年××月××日至××××年××月××日。

三、检修范围

此次设备检修对工厂内所有设备进行，包括机械设备、电气设备、检验设备、养护设备、仪器仪表等。

四、检修人员

此次设备检修应设置设备检修小组进行检修，其人员安排如下。

1.组长：赵××。

2.副组长：钱××。

3.设备检查人员：孙××、李××、周××。

4.设备维修人员：吴××、郑××、王××。

五、设备检修内容

本次设备检修主要分为小修、中修、大修，具体内容如下。

（一）小修

小修的主要内容是清洗、更换和修复少量零部件，并调整设备结构，确保设备正常运行。小修的具体内容如下。

1.检查紧固零部件。

2.检查并更换易磨损的零部件。

3.更换密封件。

4.检查、清洗润滑系统和冷却系统。

（二）中修

中修的主要内容除小修项目外，还需对设备的主要零部件进行局部修理，具体内容如下。

1.修理个别零部件或更换零部件。

2.修理或更换轴承。

3.检查修理缸套、更换活塞杆。

4.修理管道的衬里或防腐层。

5.检查、测试安全附件。

（三）大修

大修的主要内容是对设备进行全部或者部分的拆卸，更换已经磨损或腐蚀的零件，除中小修的项目外，具体内容如下。

1.更换设备上已经磨损的零部件，使其符合设备的规定标准。

2.检查调整设备的底座与基础，使其符合规范。

3.更换设备内部的衬里、防腐层、保温层等。

4.进行技术改造。

六、设备检修流程

（一）设备检修准备工作

设备检修小组准备相关图纸，并对其进行分类确认，图纸名称主要分为。

1.设备结构图、设备接线系统图、设备改进图。

2.继电保护图、电动装置图、测量仪表原理图和接线图。

3.易损零件图、备品备件加工图。

4.专用工具图。

5.其他相关图纸。

（二）设备检修解体工作

1.按照图纸对设备进行解体，解体过程中零件要整齐有序地摆放，并做好明显标记。

2.对技术状况变化规律进行分析整理，做好记录，对过往检修与改进结果做出评价。

3.将设备受损部位标记清晰，绘制损坏部位架构图，并提出改进要求。

4.针对设备的缺陷，调整检修项目，进一步完善检修工作。

5.对检修的设备做好封闭工作，派遣专人回收部件。

（三）设备检查与维修工作

1.根据设备的工作原理与维修手册，对设备的所有部件进行检查与维护。

2.对设备的精准度进行检查调整。

3.检查设备零部件的尺寸与磨损程度，调整设备每个零部件之间的间隙与运行状况。

4.对需要更换或者维修的零部件做好记录，并及时进行更换或修整。

（四）设备测试工作

在设备检修完成后，设备检修小组需要对设备进行检查测试，检查测试内容如下。

1.设备的电器元件与接线是否良好。

2.设备的各种保护开关是否敏感可靠。

3.测试设备是否能够正常运转，其生产能力是否符合设计要求。

4.其他需检查测试的内容。

（五）设备检修记录工作

1.安排专人记录检修工作，应记录以下内容。

①检修设备的名称与编号。

②检修日期与检修人员。

③检修的类型与范围。

④检修所用材料和工具的名称及数量。

⑤设备故障情况的描述及处理方法。

⑥更换的零部件。

⑦在检修过程中发现的问题及建议等。

2.建立设备检修台账,登记检修设备,形成历史记录。

(六)设备检修结束工作

1.检修人员做好现场清理工作,整理检修工具及仪器仪表,避免工具遗漏情况发生。

2.检修工作结束后,认真清洁设备,对设备进行试运行,确保检修工作到位。

七、设备检修问题及应对

1.检修问题过多超出预期。

这说明原本安排的时间较为紧张,应结合实际情况适当延长检修时间,确保每台设备都得到检修,保证整体设备的稳定运行。

2.检修过程出现差错。

若检修小组在检修过程中,出现遗漏或者错误,导致检修质量不高或者检修无法正常完成,应对出现的问题进行彻底分析并及时修复。

3.检修部件无法及时到位。

检修的零部件需要更换时,采购渠道有时会受到影响,导致替换过程延迟。针对这种问题,检修小组应提前计划和备货,避免设备检修过程中因零部件问题出现延迟。

八、设备检修工作总结

在检修工作结束之后,检修小组要对此次检修工作做出总结,总结内容主要有以下三点。

1.总结检修的工作量与工作质量。

设备检修小组应在检修工作完成后对检修工作量和工作质量进行总结,评估检修的问题和方案,并对问题所在进行归纳和改进。

2.总结检修的成本和有效性。

在设备检修后,对检修任务的完成成本和有效性进行评估,评估检修时间成本、费用成本,以及检修的效果等,通过比较评估责任部门或团队的绩效水平,以全面提高工厂的检修能力。

3.总结问题并提供应对措施。

在设备检修之后，检修小组应该将未来可能出现的问题进行归纳，制定防范措施并建立应急计划，从而确保设备的稳定、高效及长期运行。

7.1.2 设备检修管理规定

本规定可以帮助工厂达到以下目的：一是使设备检修工作得到标准化与规范化实施；二是降低设备故障率，提高设备运行的稳定性和可靠性。

设备检修管理规定

第1章 总则

第1条 目的

为了加强设备检修中的管理工作，保证设备检修计划的顺利实施，做好设备检修相关工作，特制定本规定。

第2条 适用范围

本规定适用于工厂内所有设备的检修管理工作。

第2章 设备检修定额管理

第3条 设备检修间隔期定额

1.检修人员在确定设备检修间隔期定额时，应考虑以下因素。

（1）设备类型和用途。不同类型的设备和不同用途的设备的检修间隔期定额有较大的差异，因此需要根据设备本身的特征确定适当的检修间隔期定额。

（2）设备的运行状况。设备的运行状况会影响设备的使用寿命，以及设备维护和保养的程度。因此，需要根据设备的运行状况确定适当的检修间隔期定额。

（3）设备的技术指标和技术状况。设备的技术指标和技术状况是确定设备检修间隔期定额的基本依据。不同的设备需要的检修间隔期是不同的，需要根据设备的生产工艺、使用时间、运行状况、故障情况等进行综合评估。

（4）设备的使用环境。不同的环境对设备的使用寿命有不同的影响。因此，在设备检修间隔期定额的制定中，应该考虑设备的各种使用环境，如温度、湿度、粉尘浓度、酸碱度等环境因素。

2.检修人员根据上述因素综合考虑，采用多种计算方法，确定合理的设备检修间隔期定额。

第4条　设备检修工时定额

1.检修人员在确定设备检修工时定额时，应考虑以下因素。

（1）设备检修基本工时定额。包括设备拆卸、设备组装、设备测试等环节所用工时。

（2）设备检修附加工时定额。包括备件保养、预防性维护、设备改进等环节所用工时。

2.检修人员可采用经验估算法、统计分析法、技术测定法、三点估算法等方法确定最终设备检修工时定额。

第5条　设备检修费用定额

1.设备检修费用定额的确定需要计算检修工时费、材料费、能源费及其他费用。

2.检修人员应对上述费用进行详细的计算和分析，最终得出合理的费用定额。

第6条　设备检修材料定额

1.设备检修材料定额是指设备检修所需消耗的材料定额，检修材料包括钢材、五金材料等，不包括备件和低值易耗品。

2.检修人员应根据不同的设备结构、不同的检修条件确定检修材料定额。

第7条　设备检修停歇时间定额

1.设备检修停歇时间定额是指从设备停机检修起，到检修结束重新投入生产为止的全部时间。

2.检修人员应根据设备和生产装置工艺条件，确定最终设备检修停歇时间定额。

第3章　设备检修预算管理

第8条　人工预算管理

1.根据设备检修计划，确定检修时间与工资标准，计算人工和工时数量，最终算出人工成本。

2.在确定预算时，及时对人工预算进行评估与调整，并根据实际情况进行修正，以保证人工预算的准确性与可操作性。

第9条　材料预算

1.设备检修材料预算主要针对以下几个方面进行。

（1）备品备件费用。指设备检修过程中需要更换的备品备件的费用，这些备品备件通常是设备常见的易损件，如轴承、密封圈、滤网、阀门等。对于不同设备，备品备件材料的费用也会有所不同。

（2）维修材料费用。指设备检修过程中需要用于维修的材料的费用，如润滑油、机油、清洗剂、胶带等。这些材料不是备件材料，而是设备维修过程中的一些辅助材料。

（3）测试仪器材料费用。指设备检修过程中需要使用的一些测试仪器的费用，如测力计、温度计、振动计、流量计等。这些测试仪器的费用通常比较昂贵，需要在预算中进行充分考虑。

（4）其他相关材料费用。包括设备检修过程中使用的其他材料，如切割盘、抛光布、砂纸、锡箔纸等。这些材料费用相对较低，但也需要在预算中进行考虑。

2.设备检修材料预算需要根据具体的设备类型、检修项目、材料费用及决策者的要求，进行合理的预算规划和实施。

第10条　设备预算

1.设备预算主要指设备购置费用、设备改进费用、设备升级费用等。

2.设备预算应考虑到各种实际情况，以便设备检修计划顺利执行。

第4章　设备检修问题及应对

第11条　设备检修时间过长

1.设备检修时间过长可能是由于设备故障定位不准确、备件配送延迟、人员操作技能不够等原因导致的。

2.对于这种情况，可以加强设备保养和检修前的检查，提高备件储备量，合理安排检修人员并对其加强培训，提高设备养护和维修的效率。

第12条　设备检修成本超支

1.设备检修成本超支主要是由于材料费用、人员费用等预算不足或者分配不均等导致的。

2.为了避免这种情况的发生，检修预算制定时应考虑充分、详细，按照实际情况合理分配预算，并且实行严格的费用控制制度，防止浪费。

第13条　设备更换配件不匹配

为了避免这种情况，检修人员应该确保备件选择正确，并参考设备的技术手册，避免使用质量不过关的备件。

第14条　设备运行后出现故障

1.设备检修完成后，在运行过程中可能出现新的故障，这往往是由于检修人员在维修过程中没有发现其他潜在故障导致的。

2.为了避免这种情况的发生，需要检修人员在工作时应进行充分的检查，严格执行故障定位工作，并且在检修过程中留心设备其他可能出现的问题。

第5章　设备检修试运行管理

第15条　制订试运行计划

1.根据设备检修情况和生产计划，制订试运行计划，明确试运行的时间、地点、内容和要求。

2.在试运行计划的基础上，根据员工工作情况及专业程度，安排试运行人员，明确个人职责与任务。

第16条　准备试运行材料

1.试运行人员应根据试运行计划与设备试运行需求，准备试运行所需的材料与工具，确保试运行顺利进行。

2.试运行所需材料与工具包括设备试运行记录表、测量仪器、安全防护工具等。

第17条　试运行实施

1.试运行人员应按照试运行计划，进行试运行，并对设备的各项指标进行监测与记录，确保设备正常运行。

2.试运行人员应根据试运行结果，分析设备的运行情况与存在的问题，制定相应的解决办法。

第18条　编制试运行报告

试运行人员应根据试运行结果，编制试运行报告，明确设备的运行情况，注明设备的可靠性与稳定性。

第19条　整理归纳档案记录

试运行人员应对此次检修情况的相关资料进行整理归纳，并进行保存，以便后续使用与追溯。

第6章　附则

第20条　编制单位

本规定由设备管理部负责编制、解释与修订。

第21条　生效日期

本规定自××××年××月××日起生效。

7.2　设备维修管理

7.2.1　设备维修计划

本计划可以帮助工厂实现以下目的：一是有效地规划和安排维修工作，节省时间和资源；二是延长设备使用寿命，节省维修费用，帮助工厂获得更好的经济效益。

设备维修计划

一、设备维修范围

此次维修计划包括工厂相关设备的维护修理，包括但不限于生产线及其设备、电气设备、测量仪器等。

二、设备维修人员

为确保此次维修计划顺利实施，特指定以下人员实施本次维修计划。

1.维修组长，王××。负责协调管理整个维修计划，安排维修人员的任务和维修时间。

2.维修人员，李××、章××。负责具体实施设备维修。

三、设备维修时间安排

维修计划将在××××年××月××日正式开始，为期两周。

四、设备维修执行计划

（一）设备机械故障维修

1.机械故障是指由于设备零部件损坏、磨损、老化、接触不良等原因导致的设备不能正常运作，如轴承过热、齿轮损坏等。

2.针对此类故障，维修人员需要对设备进行检查、清理和维修，检修或更换其中受损的零部件。

（二）设备电气故障维修

1.电气故障是指由于电气部件损坏、线路错接、线路短路等原因导致的设备故障，如电机烧坏、电线老化、开关失灵等。

2.针对此类故障，维修人员需要对电气线路进行检查，使用电工仪器对电器元件进行检修或更换。

（三）设备电子故障维修

1.电子故障是指由于电子元器件损坏或电路逻辑故障等原因导致的设备故障，如控制芯片失灵、计算机硬件故障等。

2.针对此类故障，维修人员需要对电路连接情况进行检查，确认其是否能够正常使用，同时对受损元器件进行修理或者更换。

（四）设备液压故障维修

1.液压故障是指由于液压部件损坏、泄漏等原因导致的设备故障，如液压泵失灵、油管破裂等。

2.针对此类故障，维修人员需要对液压系统进行检查，更换液压元件或调整系统压力、流量等参数。

（五）设备环境故障维修

1.环境故障是指由于环境原因，如温度、湿度、气压等导致的设备故障，如温控器失灵、电容老化等。

2.针对此类故障，维修人员需要对设备使用环境及存放环境进行检查，确认环境参数是否符合要求，及时调整环境参数，更换损坏设备。

五、设备维修费用预算

此次设备维修总费用为____万元，具体如下：

1.维修人员工资费用____元；

2.维修所需备件和配件费用____元；

3.故障设备更换费用____元；

4.新设备引进与更新费用____元；

5.设备耗材费用____元；

6.其他费用____元。

六、设备维修情况总结

维修计划执行完毕后,维修组长要对维修情况进行总结,并填写维修报告。维修组长要在维修报告的基础上编制维修成本分析表,对维修成本进行具体分析。同时,维修组长要向上级领导递交维修报告和维修成本分析表,以监督和评价此次维修计划的实施效果。

7.2.2 设备维修定额管理规定

本规定可以帮助工厂达到以下目的:一是规范维修流程和维修费用,合理控制维修成本;二是让工厂在设备维修过程中更加合理地分配人力、财力、物力,实现更高效、更节约的维修管理。

设备维修定额管理规定
第1章 总则

第1条 目的

为了规范设备维修过程中的费用支出、工时记录和材料消耗等行为,降低设备维修成本,提高设备维修效率与质量,特制定本规定。

第2条 适用范围

本规定适用于工厂所有设备的维修管理工作。

第2章 费用定额

第3条 设备维修人员费用定额

1.设备维修人员费用定额应根据工厂所在地区、市场行情、维修人员专业技能等因素制定与调整。

2.为保证在设备维修过程中,维修人员费用能够控制在一定范围内,应对维修人员加强管理,合理安排维修人员的工作,提高维修人员的工作效率与绩效,降低不必要的维修时间与成本。

3.通过绩效考核、奖励机制等多种措施,提高维修人员的积极性,增强维修人员的工作意识。

第4条 设备维修材料费用定额

1.在进行设备维修之前，通过参考历史数据、市场行情等情况，制定材料费用定额，包括需要的材料种类、数量、单价等的定额。

2.根据设备的使用寿命和设备的分类，制定不同种类的材料费用定额，来确保维修材料费用预算的合理性和可控性。

3.为了避免材料费用的浪费和不必要的成本支出，需要对材料库存进行严格的控制，以保持适当的库存水平。

第5条 设备维修工具费用定额

1.维修人员在正式工作开始之前，应确定设备维修所用工具，并按照工厂采购流程与标准进行购买。

2.维修人员在工作中应根据实际需要使用工具和耗材，并控制耗材使用的数量和频率，避免过度使用造成浪费。

3.设备维修工具的费用应该根据实际使用情况进行分摊和计量，以清晰记录费用和物品的流转和使用情况。

第3章 材料定额

第6条 设备维修材料采购定额

1.确定材料种类。根据维修工作需要，将材料、耗材、零部件等进行分类，并记录其品牌、型号、用途及相关参数等。

2.确定材料数量。根据维修需求计算所需数量，确定采购数量及出库数量要求，并定期进行盘点，核对资产准确度。

3.确定材料费用。针对不同的材料、零部件、耗材等，制定统一的采购价格和费用标准，并进行动态调整。

第7条 设备维修材料使用定额

1.制定材料使用定额。在设备维修开始之前，需要制定维修材料使用定额，即对设备维修过程中所需要使用的各种备件、材料的种类、数量、价格等进行规定和管理。

2.确定材料使用标准。在设备维修过程中，需要严格执行材料使用标准，在规定范围内选择和使用维修材料，避免盲目更换和过度维修，以降低维修成本、提高工作效率。

第8条 设备维修材料处理定额

1.制定维修材料处理定额。在设备维修开始之前,需要制定设备材料处理定额,即规定废旧设备材料处理的数量、地点、方式等。

2.严格执行维修材料处理标准。在设备维修过程中,需要严格执行废旧设备材料处理标准,未经过审批,禁止随意丢弃或私自流通处理,避免污染环境和浪费资源。

3.做好回收和处理工作。在设备维修过程中,需要做好废旧设备材料的回收和处理工作,选择安全、环保、合法的处理方式,如回收、加工、再利用等。

第4章 工时定额

第9条 设备维修基本工时定额

1.设备检修基本工时定额包括设备拆卸、设备组装、设备修理、设备测试等环节所用工时。

2.在维修工作开始前,应结合设备的特点、类型、规格、维修难易程度、维修历史等因素,制定出明确、合理、可操作的基本工时定额标准。

3.为保证维修人员的工作效率与工作质量,应对基本工时定额的执行进行严格的管理。维修人员应在规定时间内完成相应工作,如出现超时,需要进行统计、分析和处理。

第10条 设备维修附加工时定额

1.设备维修附加工时定额包括备件保养、预防性维护、设备改进等环节所用工时。

2.维修人员应将各类可能出现的附加工作和时间计算到附加工时定额标准中,以便在维修期间进行有效的协调和控制。

3.为了减少不可预见的附加工作并尽可能地减少附加工时,需要加强对设备状态的监控。对于维修过程中出现的附加工作,应及时进行识别、分类、估算和管理。

第5章 能耗定额

第11条 设备维修能耗区分

1.设备维修能耗在计算时应包括维修对象的能耗、维修设备的能耗、维修材料的能耗。

2.制定设备维修能耗定额时,应将上述所需能耗全部计算在内,得出最终结果。

第12条 设备维修能耗预估

1.在设备维修过程中，需要确定能耗预估指标，如设备维修过程中可能消耗的电、水、燃气等能源。根据不同的设备类型和使用情况，制定相应的预估指标。

2.设备维修能耗预估应该采用合理的方法进行预估，如统计学方法、经验公式、仿真模拟等方法。

3.设备维修能耗预估过程中需要考虑设备的复杂性、运行模式、维修类型、维修时间等因素，以提高预估精度。

第13条　设备维修能耗监控

在设备维修过程中，应采取一定措施对能源消耗情况进行实时监控，及时发现和解决能源浪费的问题，控制设备维修能耗。

第14条　设备维修能耗节约

1.在设备维修过程中，可以使用一定的智能设备与工具，以降低能耗，减少能源资源投入。

2.在设备维修过程中，可通过使用节能环保材料来减少能耗，如使用节能灯、节水器等。

3.在设备维修过程中，可通过优化设备维修流程、采用节能技术来降低能耗，实现能源的节约。

第15条　设备维修能耗分析

设备维修工作完成后，应对设备维修能耗数据进行分析，找出能源消耗较大的环节和原因，并制定相应的改善措施，以进一步降低能源消耗。

第6章　附则

第16条　编制单位

本规定由设备管理部负责编制、解释与修订。

第17条　生效日期

本规定自××××年××月××日起生效。

7.3 设备大修管理

7.3.1 设备大修计划

通过设备大修计划，可以帮助工厂达成以下目的：一是可以对设备进行更加彻底的检修和维护，保证设备的正常运行；二是可以降低设备故障率，保障生产线的稳定运行，提高生产效率。

设备大修计划

一、设备大修范围

本次设备大修主要针对工厂生产线上的××设备进行维修保养和更新升级，具体包括以下内容。

1.机械部分检修。更换磨损严重的传动零部件，改善设备运行质量。

2.电气系统排障。检查设备电缆及控制系统，重点关注电机、变频器等核心元器件。

3.设备性能提升。根据新工艺需求，对设备原有结构进行优化改进，提高设备性能。

二、设备大修人员安排

为保证此次大修工作的实施效果，特安排以下人员进行大修。

1.技术组组长。詹××。

2.工程师。黄××、张××。

3.执行人员。李××、宋××、吴××。

三、设备大修时间安排

此次设备大修时间：××××年××月××日至××××年××月××日。

1.备件采购。××××年××月××日至××××年××月××日。

2.工具准备。××××年××月××日至××××年××月××日。

3.拆卸检修。××××年××月××日至××××年××月××日。

4.安装调试。××××年××月××日至××××年××月××日。

5.投入生产。××××年××月××日至××××年××月××日。

四、设备大修执行计划

此次设备大修执行计划按照表7-1进行。

表7-1 设备大修执行计划

序号	设备编号	设备名称	检测内容	所需主要材料及规格数量	预计费用	预计实施日期	备注
1	001	副井提升绞车	指示器是否正常、各零件是否正常等	电机___台、测速箱___台、扳手___个、其他工具若干	预计___元	××月××日至××月××日	
2	002	空压机	是否有异动或者响声,安全阀动作是否正常等	空压机专用油壶___个、扳手___个、螺钉螺具若干、其他工具若干	预计___元	××月××日至××月××日	
……	……	……	……	……	……	……	

五、设备大修实施程序

1.编制设备大修实施方案。

编制设备大修实施方案,明确大修范围、目标与步骤,根据实际情况确定大修周期与要点,并交由管理人员审核。

2.安排工程师和技术支持人员,与厂商洽谈备件采购和到场时间。

工厂安排工程师和技术支持人员,跟进协调设备大修工作的实施,并与厂商沟通采购材料的传送方式和预计的送达时间等相关问题。

3.落实所需工具及备件的采购工作,保证工器具齐备。

工程师和执行人员应仔细评估各种备件的消耗使用情况,并制定采购方案,以确保所有需要维护和更换的备件和工具到位,避免意外发生。

4.按照计划对设备进行拆卸,检查设备各个组件并清理设备内部结构。

执行人员首先应将设备进行拆卸,采用专业的检查工具对设备的各个部分进行全面检查,并清理设备内部结构。

5.同步检测电气控制系统。更换老化配件,确保电气系统正常运行。

与此同时,对设备的电气控制系统进行检测,确保设备的正常运行,并更换老化的电气配件，以确保设备大修后的稳定性和安全性。

6.对设备进行加固、改进及优化功能设置，提高设备性能。

在设备大修的过程中，应对设备进行加固、改进和定制化的修改，以符合设备运行的后续需求。这些改善措施需要实现对设备的功能、质量和安全性能的提升。

7.完成设备安装调试，并进行系统测试确认。

在设备大修完成后，要对设备的各个部分进行细致的调试和测试，并进行运行质量评估和测试分析，以确保设备在修复重组后可以按期投入使用。

8.对新修复好的设备进行技术交底，同时编制操作规范说明书。

设备大修结束后，技术人员应编制设备的运行规程和操作手册，以备工厂后续操作和管理。

六、设备大修注意事项

1.严格遵守相关安全规定。

设备大修期间涉及许多工艺，如高空作业、机器拆卸等，在这些工作过程中，需要遵循相关安全规定，确保设备大修过程的安全性。设备大修人员需要接受安全规程的培训和引导，保证作业人员的生命安全，避免不必要的伤害。

2.做好设备拆卸、检修、改进后的记录，并组织专家审核。

在设备大修的操作过程中，需要做好全部清单的记录，包括所用备件、所采取的维护手段、团队成员的责任及设备的绿色标识等，以记录设备大修过程中发现的问题，此外还需要派遣相关专家进行审核，避免遗漏问题，以提升大修效果。

3.加强沟通，及时反馈问题并处理解决。

在实际操作过程中，设备大修人员需要充分沟通掌握实际情况，及时反馈问题，吸收意见，以便在后续的工作中做出调整。此外，如果发现问题，设备大修人员需要及时处理，及时跟进确认，以确保设备大修达成预期目标。

4.聚焦关键节点，确保工作计划按时完成。

设备大修人员应深入了解设备的运行特点，优化工作的时间和节点，并紧盯关键反馈节点，使设备大修的工作计划按时完成，保障设备进入正常的生产流程。

5.按照质量控制标准进行工作，保证设备大修效果达到预期目标。

七、设备大修费用预算

此次设备大修费用总预算____元，具体如下。

1. 工具准备费用____元。

2. 备件采购费用____元。

3. 人员薪资费用____元。

4. 维修服务费用____元。

5. 其他相关费用____元。

八、设备大修总结汇报

设备大修结束后，需要对此次大修过程进行总结，以供工厂后续工作参考，总结中需包括如下内容：

1. 设备大修实施情况统计分析，包括工作计划完成情况、费用支出情况等。

2. 大修过程中所涉及的问题、故障及应对措施。

3. 设备大修后的性能表现和效果评估。

4. 大修后的设备维护保养方法和周期等。

7.3.2 设备大修费用管理办法

设备大修费用管理可以帮助工厂达到以下目的：一是控制设备大修费用、降低工厂运营成本、提高工作效率；二是缩短维修周期、提高维修质量，从而增加工厂经济效益。

设备大修费用管理办法

第1章 总则

第1条 目的

为了在保证设备大修质量的前提下，控制和节约设备大修费用，提高设备使用效率和延长设备使用寿命，控制生产成本，改善经营状况，特制定本办法。

第2条 适用范围

本办法适用于工厂所有设备的大修费用管理工作。

第3条 设备大修费用控制范围

出现下列情况，不得列入设备大修范围。

1. 大修后，设备仍不能满足工艺要求与产品质量的。

2.设备老化、技术性能落后，能耗高、效率低的。

3.大修后虽恢复性能，但与设备更新比较，仍不具有经济效益的。

4.严重污染环境，危及人身安全与健康，大修不经济的。

第2章　设备大修费用预算

第4条　统计数据

1.统计之前设备大修的历史数据，包括大修记录、费用支出、配件更换次数等。

2.分析历史数据，了解各类设备大修的费用构成、频率、重点部位修理情况等，为预算制定提供依据。

第5条　明确修理方案与费用

1.制定设备大修费用预算时需要根据维修方案和费用进行预测和计算。

2.编制预算要根据前期设备维修保养的情况，对所需资金进行量化和细化，列出明确的支出条目和细节，单位时间内拟订合理支出计划。

第6条　合理分配预算

1.根据设备大修的实际情况和工厂财务状况，对设备大修费用进行预算分配。

2.对于可能产生的特殊支出，应事先列入预算，以免发生拖延或额外支出。

第7条　严格执行预算

1.设备费用预算应按照所列支出条目逐项实施，实际支出超过预算限制的，务必要经过有关人员批准。

2.有关人员应对预算支出过程进行跟踪与分析，并随时向财务部汇报资金的使用情况，防止造成资金的浪费和不必要的支出。

3.对于预算支出超出限制的情况，应及时进行调整，调整结果须经财务部同意并留下审批跟踪记录。

第8条　定期评估预算执行情况

定期评估设备大修费用预算执行情况，将实际执行情况与预算进行比较和分析，及时发现和解决问题，不断完善预算管控措施。

第9条　预算外费用管理

1.分析原因。对发生预算外费用支出的原因进行分析，可以通过对大修记录、大修流程、大修人员、大修材料等方面进行分析，找出具体原因。

2.制定应对方案。根据分析结果，制定相应的应对方案，如调整大修计划、优化大修流程等。

3.加强成本控制。可通过优化大修流程、缩短大修周期、减少大修次数等，达到控制大修成本的目的。

4.加强预算执行与监督。可以通过加强预算执行监督，及时发现和解决预算超支问题，确保预算的执行情况符合预期。

第3章 设备大修费用控制

第10条 严格把控计划

在设备大修项目开始前，应制订详细的计划，包括材料采购、人员配备、设备使用等方面的具体内容，确保大修过程不会超出预算。

第11条 控制配件采购

1.为节省费用，可以采取控制配件采购数量、寻找替代产品等方式控制配件采购费用。

2.在配件采购过程中，可优先选择质量与价格都具有优势的供应商，通过招标的方式获取优质材料以提高大修工程的效率与质量。

3.配件采购过程应严格按照工厂既定采购决策及采购流程进行，以确保配件价格的合理性。

第12条 大修质量监管

1.为确保大修质量，设备大修时必须设专门技术人员进行监管，将工作进行分工、细化，确保维修质量，避免二次维修造成浪费。

2.有关人员在配合设备大修工作的过程中，应严格执行设备工艺和安全规程，确保设备大修工作的高质量和安全性，避免浪费。

第13条 加强现场管理

1.加大对现场的监督力度，定期抽查大修实施进度，确保现场各项工作有序进行。

2.加强备件管理，配备现场所需的所有备件，减少等待备件的时间，缩短修理周期。

3.合理安排大修进度，确保按照规定时间完成大修工作，避免因时间延误造成额外费用。

第4章 设备大修费用核算

第14条 建立执行费用核算制度与流程

1.建立设备大修费用核算的制度与规范流程，明确各项费用的核算标准与开支范围，确保费用核算的准确性与规范性。

2.严格执行设备大修费用核算制度和流程，建立各个环节的审核机制，确保费用核算过程的全程管控与审计追踪。

3.严格规范设备大修费用核算制度与流程，把控设备大修过程中的费用与支出。

第15条 分类管理设备大修费用

1.对设备大修费用进行分类管理，包括修理费、人工费、更换备件等，并对不同类型的费用进行详细记录与分析。

2.对整理好的设备大修费用进行分析比较，了解与掌握不同设备的维修成本及引起费用变化的因素，并针对性地采取措施进行费用管控。

第16条 加强内部审计与风险管理

加强内部审计与风险管理，建立健全内部控制制度与管理体系，防范设备大修过程中的经济风险与财务风险。

第5章 附则

第17条 编制单位

本办法由设备管理部负责编制、解释与修订。

第18条 生效日期

本办法自××××年××月××日起生效。

7.4 设备备品备件管理

7.4.1 设备备品备件采购管理制度

工厂加强对设备备品备件的采购管理，可以达到以下目的：一是可以降低备品备件的采购成本，提高采购效率；二是可以提高库存管理能力，优化对供应链的管理，从而实现更高的经济效益。

设备备品备件采购管理制度

第1章　总则

第1条　目的

为了规范工厂设备备品备件的采购程序，降低采购成本，控制采购风险，保证设备备品备件采购的及时性与可使用性，提高采购效率，特制定本制度。

第2条　适用范围

本制度适用于工厂所有设备备品备件的采购管理工作。

第3条　设备备品备件采购管理原则

1. 分级分类原则。设备备品备件采购统一实施分级分类管理，并由对应的设备管理部统一管理。

2. 提前审批原则。所有设备的备品备件，采购都应按照工厂有关规定，提前提交审批申请，经相关人员审核通过后实施。

3. 合规原则。一切设备的备品备件采购均应按照国家相关法律法规与工厂既定规范进行，坚持公正、公开、透明的原则，确保采购流程规范化、合规化。

第4条　设备备品备件分类

1. 定额消耗件。可以与产量联系，制定消耗定额的备品备件。

2. 计划更换件。具有一定计划性且有指定周期更换的备品备件。

3. 事故件。以生产保险为目的必备品备件。

4. 紧急件。在设备检修、维修、大修时影响生产进度、具有紧急需求的备品备件。

第2章　备品备件的采购计划管理

第5条　采购需求汇总

1. 设备管理部根据实际需求填写"备品备件需求表"，经设备部主管审核，审核通过后交采购部。

2. 仓储部对常用备品备件进行定期清点，按照备品备件的库存与正常消耗情况填写"备品备件需求表"，审批通过后，交采购部。

3. 采购部汇总通过审批的"备品备件需求表"，统计需要购买的备品备件，确定最终购买品种及数量。

第6条 编制采购预算

1.采购部根据备品备件采购的历史数据及市场价格,编制采购预算。

2.采购部组织财务部、设备管理部共同审核采购预算,审核通过后,列入备品备件采购计划。

第7条 编制采购计划

1.采购部根据备品备件需求汇总信息及采购预算,编制采购计划,并交由总经理审批。

2.备品备件采购计划中必须包括备品备件名称、型号、数量、技术参数等详细信息,如遇特殊情况,可在备注栏里填写常用供应商信息。

第8条 特殊情况审批

1.对于零星采购的备品备件,且采购预算在____万元以下的,由副总经理审批后方可实施。

2.对于大批量采购的备品备件,且采购预算在____万元以上的,由副总经理审核通过后,交由总经理审批,通过后方可执行。

3.对于一些需要紧急采购的备品备件,可先按照紧急方式采购,后补交审批手续。

第3章 备品备件采购实施管理

第9条 选择供应商

1.确定采购计划后,采购部可根据计划中的供应商信息进行采购,也可另行选择供应商。

2.采购部另行选择供应商时,对于大批备品备件采购,应采用招标形式,根据采购计划、采购需求的性质、采购要求等,确定招标的方式与招标文件。

第10条 编制与发送招标文件

1.采购部编制招标文件,并由采购部主管确认后,按照规定发送给供应商。

2.供应商完成投标后,采购部按照采购计划的要求与规定对投标文件进行评估,并将最终评估结果交由总经理审核。

第11条 签订合同

1.采购部应与供应商就备品备件的价格、数量、质量要求等进一步协商并确认。

2.在确定最终事项后,采购部与供应商签订最终备品备件采购合同。

第12条　履行合同

1.合同生效后,采购部派遣专人跟踪合同履行状况,确保供应商能够及时交货。

2.在供应商备品备件验收通过后,采购部通知财务部向供应商支付货款。

第4章　备品备件验收管理

第13条　验收前准备

1.在进行备品备件验收前,需要做好验收前准备工作。具体包括验证备品备件是否符合采购合同的规定,检查备品备件的包装是否完好无损,以及是否有配套的检测认证标准和证书等。

2.在备品备件数量过多时,采用抽样检验的方式,随机抽取备品备件中的部分货品,对其进行检验。

第14条　备品备件验收实施

1.收到备品备件后,采购部办理相应的接收手续,并组织相关人员对其进行验收。

2.验收时,应检验备品备件的数量、质量、技术参数、规格型号是否符合要求。

第15条　验收结果处理

1.验收合格后,采购部签字确认,并协助仓储部办理备品备件入库手续。

2.验收不合格,采购部与供应商采用协商处理的方式,或按照合同规定进行处理。

第16条　库存管理

仓储部应按照设备备品备件采购管理规定实施定期检查,及时发现并纠正存在的库存问题。

第5章　附则

第17条　编制单位

本制度由采购部负责编制、解释与修订。

第18条　生效日期

本制度自××××年××月××日起生效。

7.4.2 设备备品备件仓储管理制度

工厂对设备备品备件进行仓储管理，可以达到以下目的：一是可以保障设备备品备件的质量，确保补货的及时性，提高设备备品备件的利用效率；二是可以及时发现与排除可能存在的问题，确保设备备品备件的完整性、可用性与安全性。

设备备品备件仓储管理制度

第1章　总则

第1条　目的

为了加强对设备备品备件的仓储管理，规范其入库、保管、领用等的管理工作，使设备能够正常使用合格的备品备件，特制定本制度。

第2条　适用范围

本制度适用于工厂所有设备备品备件的仓储管理工作。

第2章　备品备件的入库管理

第3条　验收入库

1.新购置的备品备件在验收合格后方可入库。

2.如仓库管理员在备品备件入库前发现问题，应及时通知采购部及验收人员，且对该批次备品备件不予入库。

3.仓库管理员应认真核对入库的备品备件的名称、规格、数量、合格证书等，确认无误后方可进行分类堆放工作。

4.仓库管理员在备品备件入库后，填写验收意见及反馈报告，并将其交给设备管理部备份。

第4条　备品备件的堆码摆放

1.仓库管理员应遵循合理、定量、方便、节约的堆码原则，使备品备件便于在使用时被找到。

2.仓库管理员应根据备品备件的不同性质与要求，采用散堆、货垛堆码、货架堆码等方式摆放备品备件。

3.仓库管理员在备品备件堆码完成后，应将存放位置、物品数量、批次等信息登记在库存系统中。

第5条　备品备件的定期检查

1.仓库管理员组织有关人员定期对备品备件进行检查，防止其变质或损坏。

2.检查过程中，及时发现存在问题的备品备件，并及时进行处理。

第3章　备品备件储藏管理

第6条　分类储藏

1.根据备品备件种类分类。仓库管理员根据备品备件种类，设置不同的储藏场所进行分类储藏。

2.根据备品备件用途分类。仓库管理员根据不同备品备件的用途和作用进行分类，如将滤清器、配件等进行分类储存，以便快速找到需要的备品备件。

3.特殊备品备件储存。对于特殊备品备件，应采取特殊的储藏方式进行存放。

第7条　储藏环境

备品备件应存放在干燥、通风、防潮、防火、防盗的库房中，库房内外要保持干燥、通风良好，同时配备灭火器材、防盗报警装置等安全设施。

第8条　储藏方式

应采取尽可能少的、不占用空间的储藏方式，如高低架、仓管柜等，可以采用防尘套来保护备品备件。

第9条　定期保养与盘点

1.仓库管理员应定期对备品备件进行检查、清理和维护，以防潮、防锈、避免油污，确保备品备件的质量和完整性。

2.定期对备品备件进行盘点，对损坏、过期、闲置等情况进行汇总和更新，避免长期闲置和损失。

第4章　备品备件盘点管理

第10条　盘点流程

1.仓库管理员应编制"盘点清单"，对当日入库及出库的备品备件进行盘点。

2.盘点时，如发现账面数据与实物数据不符，仓库管理员应立即查找原因，并留存记录。

3.若当日不能查明原因，仓库管理员应于次日向仓库主管汇报情况并查明原因。

4.完成盘点后，仓库管理员需要在"盘点清单"上签字确认。

第11条 盘点内容

1.确认目录。确定库存备品备件清单、规格型号、数量和货架号等信息是否和实际库存相符。

2.确认储存环境。检查储存环境是否符合备品备件规定的温度、湿度和防潮要求,防止备品备件受潮、老化和损坏。

3.检查数量。统计实际库存备品备件数量,与库存清单和库存系统中数据的核实,确认数据准确性。

4.检查状态。检查备品备件是否有损坏、过期、变质等情况,如有问题要及时报废或者更换。

第12条 盘点结果

1.修正及更新库存清单。盘点结束后,需要对库存清单进行修正与更新,确保库存状态反映实际情况,同时对盘点信息进行详细记录,包括盘点时间、盘点过程、盘点结果等。

2.分析盘点结果。对盘点结果进行分析,查明资产变动情况,进行原因分析和数额分析,明确资产管理目标、需求及任务,以便更好地管理备品备件。

3.做好记录与备份。在盘点结束后,需要把盘点结果与处理方案记录下来,并做好备份,以便后续跟踪。

第5章 备品备件领用管理

第13条 建立领用制度

1.建立领用制度,规定领用流程、领用标准、领用数量、领用人员、领用时间等内容,明确领用的具体要求,确保备品备件领用的可溯性和准确性。

2.将领用人员、备品备件名称、领用数量、领用时间等信息登记在领用表上,以便后续跟踪备品备件的使用情况和库存量。

第14条 监督使用情况

仓库管理员应实时监督备品备件的使用情况,了解备品备件使用状态与数量消耗情况,及时进行库存调整。

第15条 备品备件归还

1.对于可重复使用的备品备件,领用人应在规定期限内归还,并保证备品备件的完好无损,以便后续的更新、维修等流程顺利进行。

2.归还登记应及时进行，以便进行库存的管理与统计，避免备品备件的闲置和浪费。

第6章　备品备件的发放管理

第16条　发放要点

1.仓库管理员应严格按照"备品备件领用单"发放备品备件，做到不错发、漏发、多发、重复发货。

2.如发生紧急情况，急需备品备件，可采用紧急领用，之后补充相关手续。

第17条　发放原则

1.易锈蚀和有保质期的备品备件的发放应遵循"先进先出"的原则。

2.贵重及部分精密电子备品备件的发放应遵循"以旧换新"的原则。

3.对存放时间过长又无合格证的备品备件，经技术鉴定合格后方可发放。未经检验或检验不合格的备品备件，不允许投入使用。

第18条　出库登记

1.在备品备件出库时，仓库管理员应如实登记备品备件领用人、领用用途、领用数量等。

2.备品备件出库后，仓库管理员应及时做好清理工作，及时登记台账，更改货架上的具体明细，保持备品备件的账、卡、物一致。

第7章　附则

第19条　编制单位

本制度由设备管理部负责编制、解释与修订。

第20条　生效日期

本制度自××××年××月××日起生效。

7.4.3　设备备品备件定额管理规定

工厂通过制定设备备品备件定额管理规定，可以实现以下目的：一是可以对备品备件进行统一管理，提高备品备件的使用效率；二是可以根据设备的使用情况，合理制定备品备件定额，减少闲置与浪费，降低备品备件的采购成本。

设备备品备件定额管理规定

第1章 总则

第1条 目的

为了加强对设备备品备件的定额管理，提高设备备品备件使用效率，确保生产顺畅与安全，特制定本规定。

第2条 适用范围

本规定适用于工厂所有设备备品备件的定额管理工作。

第2章 备品备件采购定额管理

第3条 制定备品备件采购定额管理制度

1. 制定设备备品备件采购定额管理制度前，应进行调研和评估，考虑工厂规模、设备数量和备品备件需求等因素，确保制度的合理性。

2. 采用数据分析和模型优化等科学手段，制定精准的采购定额，减少不必要的采购，避免浪费。

第4条 规范采购流程

1. 规定采购流程和相关责任，强化跟踪和审核制度，确保采购定额执行的可行性和可控性。

2. 对备品备件进行分类，确定具体采购定额，考虑备品备件的品质、规格和生产周期，避免过度采购和库存不足。

第5条 关注市场变化

1. 进行市场调研和价格比较，发掘成本优势，控制采购成本，提高采购效率，控制采购定额。

2. 与供应商建立紧密的合作关系，关注供应商的质量和信誉情况，持续优化供应链管理，达到控制采购定额的目的。

第6条 储存常用备品备件

1. 根据设备备品备件的使用频率和可靠性等因素，储备适当数量的备品备件，避免由于备品备件短缺而造成的设备停机。

2. 定期检查备品备件的质量和数量，对于存在质量问题的备品备件及时淘汰，对于库存过多的备品备件也要及时调整。

第7条 加强采购成本管理

1.合理控制采购定额，避免无效采购和过度库存，同时优化采购流程，提高采购效率，减少人力成本。

2.考虑多种采购方式，比较利弊，选择成本最优的采购方案，如集中采购、电子化采购等，降低采购成本。

3.建立完善的采购成本管理和预算体系，及时记录、分析和总结采购过程情况和成本数据，以便进行采购管理和决策。

第3章　备品备件消耗定额管理

第8条　确定备品备件消耗定额

设备备品备件的消耗定额可使用以下方法确定。

1.经验估算法。根据以往备品备件消耗的经验，参考历年统计数据、维修记录与有关技术文件，在结合生产实际的情况下对消耗定额加以确定。

2.统计分析法。对备品备件的收支情况进行分析，排除非正常消耗，再结合历年消耗量、储备量和占用资金情况，确定消耗定额。

3.实测法。选择具有代表性的现场，对备品备件的消耗进行实际测定，根据实测结果确定最终消耗定额。

第9条　落实备品备件消耗定额

1.强调设备维修、检修、大修标准化管理及质量控制，明确分工及责任，坚决杜绝过度修理行为，控制非计划修理的次数，避免不必要的备品备件使用与更换，减少备品备件消耗。

2.强化备品备件的监督管理。严格控制各部门或各车间月度申报备品备件的数量，通过各种控制措施与手段减少备品备件消耗。

3.在保证生产质量的情况下，提高备品备件的使用效率，减少消耗。

4.对于一些已损坏的备品备件，寻找二次利用方式或查找其是否具有可利用的部分零件，以减少备品备件消耗，降低修理成本。

第10条　跟踪监管备品备件消耗定额

1.对设备备品备件的消耗定额进行跟踪监管，及时发现消耗异常，并采取措施减少不必要的损失。

2.将设备备品备件的消耗定额与制造工艺相结合，实现设备备品备件的精细管理。

第4章 备品备件成本定额管理

第11条 确定备品备件成本定额

1.明确备品备件采购、库存和使用等各项成本费用，确定成本计算方法。

2.建立成本核算数据库或软件，并按照成本定额管理制度的要求进行数据录入和维护。

3.结合历史数据，选取成本计算方法，确定最终备品备件成本定额。

第12条 实施备品备件成本规范化管理

1.明确备品备件采购成本标准，限制供应商准入数量，以达成采购成本控制目标。

2.建立备品备件库存警戒线，防止库存积压，定期对现有备品备件进行盘点与清理，控制库存成本。

3.建立维修预算管理制度，避免备品备件的非正常使用，控制其使用消耗，节约其使用成本。

第13条 建立备品备件成本定额评估机制

1.建立成本定额评估机制，定期对备品备件成本定额进行评估和修订。

2.建立评估标准体系，根据成本定额的有效性、适用性等因素进行评估。

3.定期召开评估会议，综合各类评估指标进行备品备件成本定额修订。

4.持续推进计算和评估方式的创新和优化，提高成本定额的科学性和准确性。

5.加强成本定额分析和技术研究工作，探索新的计算方法和评估指标，提高成本定额的科学性和准确性。

第5章 附则

第14条 编制单位

本规定由设备管理部负责编制、解释与修订。

第15条 生效日期

本规定自××××年××月××日起生效。

7.5 设备检修、维修、大修精益化实施指南

7.5.1 设备检修安全操作规程

合理有效的设备检修安全操作规程可以帮助工厂达到以下目的：一是能够规范检修人员的操作流程和各类安全操作措施；二是能够提高检修人员的操作技能水平，降低操作失误的风险，避免安全事故的发生，促进工厂的可持续发展。

设备检修安全操作规程

第1章　总则

第1条　目的

为了加强设备检修中的安全管理，落实安全责任制度，防范安全事故发生，杜绝人员伤亡，维护工厂的正常生产秩序和管理秩序，特制定本规程。

第2条　适用范围

本规程适用于工厂内所有设备检修安全操作的管理工作。

第2章　设备检修前安全操作

第3条　确定检修人员

1.在设备检修前要明确设备检修人员，并对其进行必要的安全培训。

2.确保检修人员具有完备的技术知识和技能，以保证检修操作安全进行。

第4条　准备安全保护装备及工具

1.组织人员根据设备特点、检修工作流程和安全风险等因素，评估检修设备所需安全保护装备及工具。

2.检查设备检修所需的安全保护装备和工具的齐全性和正确性，如手套、护目镜、口罩等。

3.检查安全保护装备和工具的储存状态。不合适的储存环境可能对安全保护装备和工具造成负面影响，因此在检查时需要确保安全保护装备和工具储存合规并能够使用。

4.做好安全保护装备和工具的保养工作。检修前,要对安全保护装备和工具进行维护和清洁,必要时进行修理或更换,以确保其功能完好,在使用前还需进行反复检查。

第5条　保障检修现场环境

1.保证设备处于空闲或者停机状态,切断和隔离所有电源和能源,贴好停机通知,并将设备残余能量释放掉。

2.设备检修现场要保持整洁无杂物,以避免可能发生的意外事故,同时减少工作人员在检修过程中的误操作。

第6条　制定应急预案

1.在设备检修前,要制定应急预案,针对一些意外情况(如人员伤害、设备故障等)制定详细的应急预案及事故处理流程。

2.建立完善的预警与监测体系,加强应急演练和培训。

3.提升应急救援队伍的应急处置能力,确保能够快速调动应急救援资源,把损失降至最低程度。

第7条　检修设备停机停产

1.了解待检修机器或设备的运转情况,并确认检修范围内所有电源已关闭并断电。

2.采取相应措施确保电气安全,如设置临时隔离开关、拉出临时配电箱等。

3.检查设备是否需要接地,是否与地线相连。

4.检修气体输送系统时,关闭相关管道阀门,采取必要措施,使之失去压力。

第3章　设备检修中安全操作

第8条　做好检修前检查工作

1.检查电气或者天然气等能源是否已切断,确保设备处于停机停产状态。

2.检查设备外部是否有残留物品,如水、油等,若有,采用安全的方式进行清理,避免破坏或损坏设备。

3.检查安全保护装备及工具是否齐全、整洁、有效。

第9条　设备检修安全操作要点

1.按照技术文件或操作规程开展检修工作,执行全流程操作,确保检修中的安全。

2.按照实际情况选择合适的工具和设备进行操作，确保其能够满足检修工作的需要，并确认所有工具使用前已经定期检验并检验合格。

3.严禁在检修过程中吸烟、喷漆，不得向任何设备部件内喷洒油漆等易燃液体，以免发生爆炸事故。

4.在设备内部作业时，应配备足够的照明设施，以便更好地观察内部的设备情况，确保检修质量。

5.在检修过程中，不得改变原设计，一切参照原图纸。对于有可能影响设备性能和安全的检修工作，必须编制详尽的检修方案和操作规程。

6.根据设备的检修要求，做好相应的防护和标识，禁止使用损坏的工具和设备备用件。

7.当需要拆卸、更换设备或者其零部件时，应在施工区域内设置临时隔离控制装置，并严格按照操作程序进行。

第4章　设备检修后安全操作

第10条　清理检修现场

1.对设备检修现场进行清理，对设备检修所产生的垃圾和残料进行分类处理。

2.维修工具和设备不再使用的，应及时进行清理和归位，避免因现场遗留物对设备造成影响，发生安全事故。

第11条　检查现场

1.检查设备内部有无残留物品，确认检修仪器放置整齐，工具用完归位。

2.对设备的各项参数进行检查和测试，以确保设备能够正常运行。

3.储存有害化学品的垃圾桶要密闭，防止有害物质污染环境，并将其妥善处理，避免对员工造成安全影响。

第12条　设备试运行

在设备检修结束后，应按照规程启动设备，并进行试运行。试运行过程中，要仔细观察设备的运行情况是否正常。如发现设备存在异常情况，应及时进行处理，以避免发生安全事故。

第13条　进行设备检修记录

1.检修人员必须将检修情况记录清楚，标注好必要的安全信息和操作注意事项，以避免下一次检修发生错误。

2.在检修设备结束后,应进行安全总结和反馈,在记录中标明已经进行的改进和操作建议。

第5章 设备检修安全事故处理

第14条 事故原因分析

1.对安全事故进行详细调查,包括对设备及周边环境进行全面检查,找出直接和间接原因。

2.可通过问询目击者、相关工作人员,查询设备使用日志等方式获取尽可能多的信息。

第15条 事故现场处理

1.安全事故发生后,应立即停止设备运行,切断电源等危险源,阻止事故继续发展。

2.尽量确保现场的安全,尽可能地将受伤人员转移到安全场所,以防扩大事故范围。

3.在维持事故现场的前提下,通知相关人员赶往现场进行处理,采取控制措施,消除危险源。

第16条 采取预防措施

1.制定具体的预防措施,并组织实施,如制定设备操作规程、进行安全培训、进行危险源标识、制定巡检制度等。

2.加强设备维护保养,确保设备运行稳定可靠,消除隐患,避免类似事故再次发生。

3.强化安全教育培训,增强员工安全意识,并建立安全奖惩制度,切实保障员工生命财产安全。

第17条 复工前检查

1.在彻底排除隐患后,进行设备复工前检查,确保设备符合运行条件及安全要求。

2.制定复工方案,明确作业程序及要求,严格按照操作规程进行操作。

3.加强设备管理和运行监控,确保设备正常运行且达到预期效果。

第18条 记录分析

1.对事故过程及处理情况进行详细记录及分析,并形成调查报告、施救记录、事故影响评估等事故相关文件。

2. 对于重大事故，可组织专家委员会或外部机构进行评估，总结经验、改进制度，提高安全管理水平。

第6章　附则

第19条　编制单位

本规程由设备管理部负责编制、解释与修订。

第20条　生效日期

本规程自××××年××月××日起生效。

7.5.2　设备外部维修、检修、大修管理办法

工厂制定设备外部维修、检修、大修管理办法可以达成以下目的：一是提高设备外部维修、检修、大修效率，减少设备停机时间，提高生产效率；二是能够对设备外部维修、检修、大修进行统一监督与管理，降低管理成本与管理风险。

设备外部维修、检修、大修管理办法
第1章　总则

第1条　目的

为了规范设备外部维修、检修、大修管理，保障设备的运行效率和生产安全，特制定本办法。

第2条　适用范围

本办法适用于设备外部维修、检修、大修的管理工作。

第3条　名称说明

为方便管理，本办法将对设备进行外部维修、检修、大修的单位统称为外部单位。

第2章　设备外部维修、检修、大修的委托管理

第4条　委托管理的程序

1.设备管理部应根据设备外部维修、检修、大修的需求，编制委托管理计划。

2.设备管理部根据委托管理计划，选择具有资质和信誉的外部单位。

3.设备管理部与外部单位签订委托管理合同，明确双方的权利和义务。

4.委托管理合同应包括维修、检修、大修的内容、标准、期限、费用等条款。

5.设备管理部应对外部单位进行监督和管理,确保维修、检修、大修质量。

第5条　委托管理的要求

1.外部单位应具有设备维修、检修、大修的相关能力和资质,确保能够满足工厂的修理需求。

2.外部单位应按照国家相关法律法规及工厂相关规定,进行设备修理工作。

3.外部单位的一切修理行为,均应按照合同约定进行,不得违反合同规定、不得降低质量要求、不得发生安全事故。

第6条　委托管理的监督

1.设备管理部应对外部单位的修理工作进行监督与抽查,及时发现与整改其在修理过程中有可能产生的问题。

2.在修理工作结束后,设备管理部组织有关人员对外部单位的工作进行验收,若存在不合格现象,及时让其整改,保证修理工作的质量。

3.设备管理部根据修理工作的验收结果,对外部单位做出评价,及时反馈意见与建议。

第7条　委托管理的售后

1.外部单位完成修理工作后,须编制详细的设备维修、检修、大修报告,并注明修理部位、修理程度及设备使用注意事项等。

2.外部单位应签署保密协议,对工厂的机密信息进行妥善保管,不得利用、转移、泄露。

第3章　设备维修、检修、大修的安全管理

第8条　遵守相关制度

1.外部单位应了解并遵守安全生产和环境保护法律法规的要求,确保工作过程不违反相关规定。

2.设备管理部应对外部单位的安全生产法律法规和安全管理制度进行监督,确保其遵守相关规定。

第9条　评估安全风险

1.外部单位应对设备进行安全风险评估,制定安全措施与应急预案,确保工作过程不发生安全事故或可及时对安全事故进行处理。

2.设备管理部对外部单位制定的风险预案及安全措施进行综合评估,确保其符合要求。

第10条 提供相关指导

1.设备管理部应向外部单位提供详细的设备资料和安全操作流程,确保其了解设备的具体情况和安全操作流程。

2.设备管理部可根据实际情况,向外部单位人员提供设备相关知识培训,确保其了解设备的具体情况和安全操作流程。

第11条 组织安全检查

1.设备管理部与外部单位共同对设备安全状况进行检查,确保设备不会出现安全状况后,方可进行修理工作。

2.设备管理部对外部单位安全检查工作进行监督,确保其检查内容与检查效果符合要求。

第12条 进行安全监督

1.外部单位应组织专业人员对修理过程进行监督,保证其安全措施有效实施。

2.一旦发生安全事故,外部单位应立即报告设备管理部,并停止作业,采取紧急措施,确保人员安全,降低设备损失。

第4章 设备维修、检修、大修质量管理

第13条 明确修理工艺及方案

1.外部单位应制定并严格执行符合国家标准和技术规范的修理工艺和方案,保证修理质量符合要求。

2.设备管理部应制定相关管理制度,明确修理流程、修理标准、修理质量要求等,确保修理工作按照要求进行。

第14条 现场监督

1.设备管理部应对外部单位的工作过程进行管理,现场监督操作过程并进行质量把控。

2.设备管理部应建立完善的质量管理档案,保存重要数据和信息,做到全过程可追溯,及时纠正问题,提升修理质量。

第15条 评估修理质量

1.设备管理部应设立问题反馈机制,建立统一的沟通平台,及时向外部单位收集

修理质量问题，并提出解决方案。

2.设备管理部应对外部单位的修理质量进行评估，及时发现和纠正问题，提高修理质量。

第16条　建立修理档案

设备管理部应建立设备修理档案，记录修理情况、修理质量、修理费用等信息，确保设备修理情况的可追溯性。

第5章　设备维修、检修、大修的费用管理

第17条　费用预算

1.设备管理部应制定明确的修理预算标准，包括人工费、材料费、机械设备使用费等。

2.设备管理部应通过对历史数据和设备状态的分析，确定不同类型设备不同时间段的修理频率和费用。

第18条　费用控制

1.设备管理部应建立合理的设备外部修理计划，以避免无计划或过度维护，导致费用浪费。

2.设备管理部应加强设备修理质量跟踪和检测，提高外部修理效率和质量，减少重复修理和返修的次数，从而降低费用。

3.设备管理部应通过信息化管理平台，实现对设备修理历史记录、修理完成情况、修理费用等信息的全面监测和管理，及时发现和处理费用异常情况。

第19条　费用优化

1.鼓励外部单位采用先进的节能技术和设备改造措施，提高设备的能效和可靠性，从而延长设备寿命，降低修理费用。

2.设备管理部应对修理费用的支出与使用进行监督和管理，以确保费用的合理性和透明度。

第6章　附则

第20条　编制单位

本办法由设备管理部负责编制、解释与修订。

第21条　生效日期

本办法自××××年××月××日起生效。

第 8 章

设备改造、升级、更新、生命周期管理精进化

8.1 设备改造、升级管理

8.1.1 设备改造、升级管理方案

本方案具有以下作用：一是能够有效提高工厂的生产效率和生产能力，降低生产成本；二是能够提高产品质量；三是能够帮助工厂实现生产过程的自动化、数字化和智能化，使工厂更具竞争力。

设备改造、升级管理方案

一、改造、升级目标

1.优化设备功能和性能，加强设备的可靠性和稳定性，年设备综合故障率控制在0.4%以下，年一般设备事故控制在3起内，大事故为零。

2.将生产效率提高30%，产品不合格率降低20%。

3.降低生产成本，提高设备回报率至15%以上。

二、部门协同

（一）设备管理部

1.负责设备改造、升级计划的编制。

2.负责对设备进行维护、保养、更换工作的需求分析。

3.负责设备改造、升级实施过程的监督和管理，检查设备改造、升级的成果并进行测试。

（二）采购部

负责对设备改造、升级所需的物料、设备和服务进行采购，选定供应商和签订采购合同。

（三）财务部

1.负责设备改造、升级预算的编制和监督、核算设备改造、升级所需成本和费用，并及时调整和修订预算计划。

2.负责对设备改造、升级所需的资金进行管理和监督，确保设备改造、升级的资金

使用合理有效。

三、设备改造、升级投入规划

1.设备改造和更新成本。包括设备改造和更新的现场工程成本，设备更换或升级的硬件和软件成本等。

2.相关设备改造和更新的技术研发成本。如电路设计、机械设计、装配升级、自动化控制系统设计和集成等。

3.设备硬件和软件的物料采购成本。包括改造所需的所有物料，如电缆、传感器、操作终端、软件许可证和编程组件等。

4.额外的人员培训和劳动力添加成本。设备改造、升级将进行相应的人员培训和劳动力添加。

5.设备改造和更新的保修和维护费用。根据设备改造的服务协议，确保设备在使用寿命内得到专业维护和保养。

6.其他相关成本。如设备改造的零件维修、运输、启动费用和可能发生的毛利损失等。

四、设备改造、升级执行

（一）设备改造、升级时间

本次设备改造、升级起止日期为××××年××月××日至××××年××月××日。

（二）设备改造、升级项目具体执行

1.设备的自动化程度。改进或更换控制系统，改进传感器物联网技术，将原先手动或半自动化的工序变为全自动化，以提高生产效率，减少操作人员数量和劳动强度。

责任人：×××

完成时间：××××年××月××日

2.设备的生产能力。改进设备的组件或整机，提高设备的生产能力和效率。

责任人：×××

完成时间：××××年××月××日

3.设备的能耗。采用更加节能环保的技术，如太阳能等，以减少生产过程中的能耗。

责任人：×××

完成时间：××××年××月××日

4.设备的安全性。改进或更换旧的设备，增加安全防护设施，如增加安全停机装置、安全警示灯等。

责任人：×××

完成时间：××××年××月××日

5.设备的可靠性。使用更加高档耐用的材料，提高设备的使用寿命和稳定性，避免因为设备老化而带来的生产危害，相应地减少维修成本。

责任人：×××

完成时间：××××年××月××日

五、设备改造、升级执行控制

（一）经费控制

由财务部持续对设备改造、升级进行费用掌控和监督，关注计划的执行进度和费用执行情况，确保费用的合理性。

（二）质量控制

1.技能培训。在设备改造、升级前，由设备管理部对设备改造、升级相关人员进行培训和检查，确保他们具备足够的工作知识和技能，以适应改造、升级工作的高标准。

2.现场指导。在设备改造、升级过程中，由设备管理主管依照质量安全监管要求和政府法规，指导现场操作。

3.监督与控制。在设备改造、升级过程中，由设备管理主管对改造、升级操作进行严格监督和控制，以防止设备改造、升级过程中出现事故，保证设备改造、升级的质量。

4.验收与测试。当改造、升级工作结束后，由设备管理主管进行严格的验收和测试，保证设备正常运行，确保设备在验收合格后方可投入使用。

六、设备改造、升级评估

1.性能方面。评估改造、升级后设备的性能是否有所提高，如设备的生产效率、设备的能耗改善是否达到预期等。

2.效果方面。评估改造、升级后设备的使用寿命是否延长、工作方法是否更加简单和容易，安全性是否有所提高等。

3.效益方面。评估改造、升级后设备的效益是否有所改善，设备的采购成本、使用成本、维护保养费用是否更加合理等。

8.1.2　设备改造、升级管理预算制度

本制度对于设备改造、升级预算管理具有以下重要作用：一是可以帮助工厂实施设备改造、升级计划；二是能够通过对预算计划的规范管理，有效控制预算的增长，保证预算的合理性。

设备改造、升级管理预算制度

第1章　总则

第1条　为了规范设备改造、升级的预算管理，提高投资决策的科学性和准确性，充分发挥预算管理的引导性和控制作用，促进设备改造、升级的有序进行，特制定本制度。

第2条　本制度适用于工厂设备改造、升级预算管理的全过程。

第2章　预算编制

第3条　设备改造、升级预算由设备管理部与财务部共同编制，各自职责分工如下：

1.设备管理部。明确设备改造、升级需求，并根据实际情况，对设备改造、升级项目涉及的各个方面费用进行估算，如设备费用、人员配备费用、培训费用、采购费用等，同时需要编制设备改造、升级的预算。

2.财务部。提供相关设备改造、升级预算的历史数据和绩效指标来帮助制定预算，并确保预算符合工厂的财务计划和预算要求。

第4条　设备改造、升级预算包括下列内容。

1.预算总额。设备改造、升级过程的总预算金额，包括材料购买费用、劳动力成本、设备采购费用等。

2.材料购买费用。购买材料所需费用，如改造设备需要的部件、工具和材料等。

3.劳动力成本。设备改造、升级过程所需的劳动力成本，包括人工费用、技术开发和技术测试费用等。

4.设备采购费用。设备改造、升级过程采购设备所需费用，包括设备费用、运输费用和保险费用等。

5.相关软件和培训费用。设备改造、升级所需的相关软件和培训费用。

6.风险准备金。设备改造、升级过程应该考虑到风险，并针对不同风险制定应对

措施，针对可能发生的不利情况提出预留资金的金额。

7.其他支出。与设备改造、升级项目相关的其他支出。

第3章　提报与决策

第5条　设备改造、升级预算提报申请需要包括以下内容：

1.申请部门及负责人信息：包括申请部门、部门负责人及其联系方式等。

2.项目基本信息：包括改造、升级项目的名称，改造、升级目的，改造内容及工期等。

3.项目预算细节：包括改造、升级预算总费用、费用构成及进度计划等。

4.改造、升级预期效益：包括改造、升级后能够达到的效益，如生产效率提升、工作环境改善、设备使用寿命延长、成本降低等。

5.项目实施方案：包括改造、升级方案及技术细节。

6.项目可行性分析：包括改造、升级的必要性、技术可行性和经济可行性等分析。

7.项目影响分析：包括改造、升级对其他部门和业务的影响，如设备使用时间、生产计划、人员调整等。

8.其他附加信息：如改造、升级时的技术支持、投入设备保障、后续维护保障等情况。

第6条　设备改造、升级预算决策机制如下：

1.设备管理部提交预算计划书和设备改造、升级项目相关资料，申请设备改造、升级预算。

2.财务部审核设备改造、升级预算申请，对具体的费用进行逐项核算和审批。如果需要，可以与设备管理部沟通协商，或者征得其他部门或领导同意。

3.设备改造、升级预算被批准后，设备管理部按照预算计划实施设备改造、升级项目并动态跟踪执行情况。如产生超额费用，需要重新上报，并等待相关负责人审批。

第4章　费用审批程序

第7条　凭证准备。采购部根据设备改造、升级预算，确定采购项目并准备支出凭证。

第8条　费用审核。财务部对凭证进行审核，验证费用的真实性、合法性和有效性，核对凭证信息是否符合工厂的采购政策和财务条例。

第9条 费用分摊。设备管理部和财务部对设备改造、升级费用进行合理分配，以确保项目能够在预算范围内完成。

第10条 费用计算。财务部对设备改造、升级项目中的各项费用进行计算、分析和报告，以便跟踪设备改造、升级项目的成本情况。

第11条 审批。审核费用后，设备管理部应该向财务部汇报审核情况，申请费用审批。

第12条 支付。财务部对已经审批的费用进行支付并进行记录，对涉及的各项费用进行跟踪，保证支出处于预算范围内。

第5章 预算执行与监督

第13条 设备改造、升级预算执行控制情况如下：

1.支出控制。

根据预算计划，设备管理部和财务部应努力控制设备改造、升级过程中的费用支出，以确保预算的充足性和有效性。例如，设定准确的控制目标、建立费用报告体系、加强管理监督等。

2.风险控制。

（1）风险评估。在设备改造、升级预算编制的初期进行风险评估，分析设备改造、升级过程中可能出现的不确定因素，确定预算执行过程中的潜在风险。

（2）风险防范。立足于正常经营风险的基础上，制定各项风险防范措施并贯穿于设备改造、升级预算执行全过程。

第14条 设备改造、升级预算执行监督情况如下：

1.确定具体实施周期和目标。通过分解目标进行进度监控，跟踪并督促设备管理部落实项目计划和进度。

2.制定进度监测方案。建立进度监控表，跟进项目进度，及时发现变化和调整。

3.采用信息化手段进行管理。使用项目管理软件或者ERP系统实施进度监控，实时了解项目进展情况和进度计划。

第15条 设备改造、升级预算差异处理情况如下：

1.预算差异分析。了解产生差异的原因和规模，以及是否需要修改预算。产生差异的原因一般如下：

（1）采购、运输和安装等费用变化导致预算差异。

（2）设备改造、升级方案的修改导致的预算差异。

2.设备改造、升级预算修订。

如果预算差异的规模较大，财务部就需要对预算进行修订，以适应实际情况的变化。对预算的修订要在预算差异分析的基础上进行，合理地进行分配和调整，以尽可能地保持和实现预算目标。

第6章　附则

第16条　本制度由设备管理部负责编制、解释与修订。

第17条　本制度自××××年××月××日起生效。

8.2　设备更新管理

8.2.1　设备更新管理办法

本办法对于设备管理具有以下重要作用：一是可以减少设备出现故障的可能性，降低设备的维护费用；二是设备更新可以引入新的技术和功能，使设备更加高效、经济，并有效提高设备的使用寿命。

设备更新管理办法
第1章　总则

第1条　目的

为了规范设备更新管理，提高设备使用效率，特制定本办法。

第2条　适用范围

本办法适用于工厂所有设备更新的管理工作。

第3条　程序

所有设备更新必须在工厂设备管理系统内进行登记，按规定程序进行审批和监督。

第4条　更新范围

1.老化设备。主要包括使用年限已满、性能降低、频繁故障且不能解决等的设备。

2.不符合标准的设备。指随着国家标准的不断变化，性能已不符合新的规定或要求的设备。

3.技术落后的设备。设备的精度、速度、效率和质量等已无法适应新的发展。

4.过时的设备。随着市场变化，一些设备和产品可能已经被淘汰，已不符合市场需求。

第2章 设备更新预算

第5条 预算编制

1.设备更新预算应在每年年初进行编制，由设备管理部主编，财务部辅助编制。

2.设备更新预算应包括设备更新的数量及种类、更新预算费用、更新标准、预算执行计划等。

3.设备更新预算应从技术和财务角度进行分析，保证科学、合理。

第6条 预算审批

1.申请设备更新的部门应提交完整的申请材料，包括设备更新预算申请、设备更新计划、资金预算报告等。

2.设备更新预算审批应按照工厂的设备更新预算审批流程进行审批。

第7条 预算执行

1.设备更新预算执行应依据设备更新预算计划进行。

2.设备更新预算实施后，应及时监督设备更新预算实施情况。

3.设备更新预算监督应该包括设备更新预算执行结果、预算费用使用等方面的监督。

第3章 设备更新决策

第8条 设备更新分析

工厂应对设备更新项目进行分析，包括设备更新的必要性、更新的方式、更新的时机、更新的成本、更新的风险等方面。通过分析，制定相应的设备更新计划，保证更新工作的有效性和可靠性。

第9条 设备更新项目评估

在设备更新前，应对设备现状和未来发展趋势进行评估，包括设备的安全状况、维护保养情况、技术性能和商品性能等方面。评估结果将有助于确定设备更新的方向、目标和要求。

第10条 设备更新审批决策职责

1.工厂第一责任人决定设备更新的优先级、资金投入额度和时间节点。

2.设备管理部负责审批和决定设备更新方案，执行设备更新过程中的质量和安全要求。

3.财务部负责审批设备更新预算。

4.其他相关部门负责设备更新的实施和验收。

第11条 设备更新审批权限

1.对于预算内的设备更新，设备管理部有审批决策权限。

2.对于预算外的设备更新，须经过会议评审和工厂领导审批决策，由设备管理部督促执行。

3.设备管理部应对设备更新进程和质量加强监督和协调，建立完善的责任追究机制。

第4章 设备更新实施

第12条 设备更新计划

在更新实施前，应制订细致的更新实施计划，明确更新的设备名称、型号、规格、数量，以及更新的理由、时间、地点等细节，避免出现不必要的问题。

1.按照设备使用需求、生产发展战略及资金预算等因素制订设备更新计划。

2.确认更新设备的类型、数量、规格、型号、预算金额、使用期限等。

第13条 设备更新实施过程

1.检查评估设备状况。在更新前，需要对设备进行全面检查和评估，确认设备的运行状况和设备的维护保养情况，确定设备是否符合更新的要求和条件。

2.安排专业人员进行更新。工厂应该安排专业人员进行设备更新，要求人员具有丰富的设备维修和更新经验和技能，能够及时解决设备更新中出现的突发问题。

3.按标准和规范进行更新。更新过程要严格按照国家和行业的标准和规范操作，遵守安全和环保要求，确保设备更新的质量和安全。

4.加强现场管理和监督。在设备更新过程中工厂应严格控制现场管理，加强监督和验收工作，确保更新工作的进度和质量，以及安全措施的落实。

5.进行验收。在设备更新完成后，应进行全面的验收工作，评估设备的性能和更新效果。验证设备更新是否符合工作要求和质量标准,并在验收通过后更新设备记录。

第14条　设备更新的后续工作

1.设备维保。按照制定的保养方案,对设备进行定期维护和保养。

2.设备管理。做好设备使用情况记录,实施设备管理,及时处理设备故障。

第5章　附则

第15条　编制单位

本办法由设备管理部负责编制、解释与修订。

第16条　生效日期

本办法自××××年××月××日起生效。

8.2.2　设备更新决策流程

本流程对设备管理具有以下重要作用:一是明确设备管理部、生产部等多个部门需要配合和协调的事项;二是确保设备更新决策的严谨性和公正性,提高工厂设备更新效率和质量。

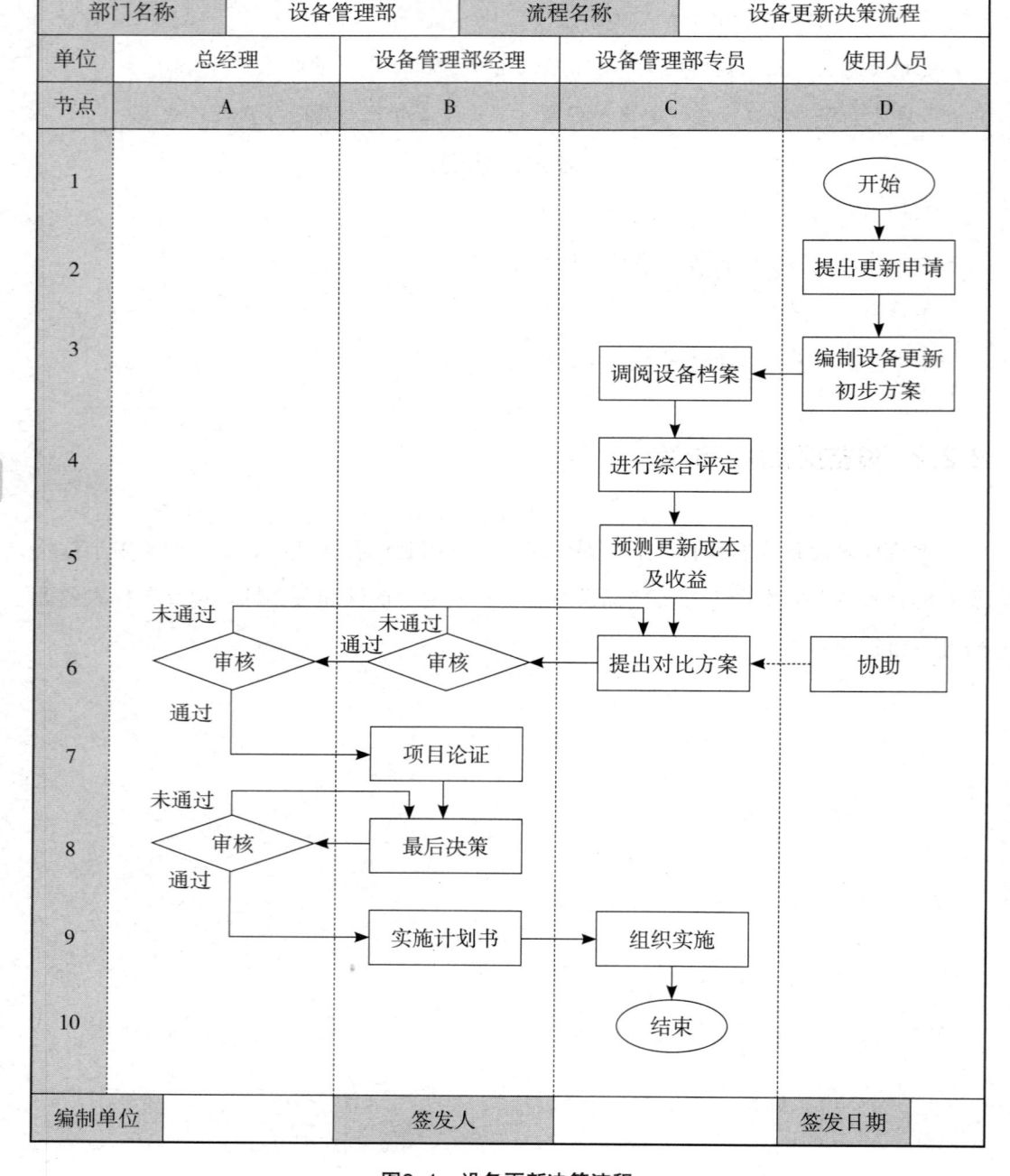

1.设备更新决策流程

设备更新决策流程如图8-1所示。

部门名称		设备管理部		流程名称		设备更新决策流程
单位节点		总经理 A	设备管理部经理 B		设备管理部专员 C	使用人员 D
1						开始
2						提出更新申请
3					调阅设备档案	编制设备更新初步方案
4					进行综合评定	
5					预测更新成本及收益	
6		审核（未通过/通过）	审核（未通过/通过）		提出对比方案	协助
7			项目论证			
8		审核（未通过/通过）	最后决策			
9			实施计划书		组织实施	
10					结束	
编制单位			签发人			签发日期

图8-1　设备更新决策流程

2.执行关键节点

设备更新决策流程执行关键节点如表8-1所示。

表8-1 设备更新决策流程执行关键节点

关键节点	细化执行
D2	设备的更新申请一般由使用人员提出。贵重的、关键的设备更新可由设备管理部或总经办提出。更新申请包括以下内容： ◆ 设备需要更新的原因，如设备老化、功能过时、需加入新功能等 ◆ 设备更新后的预期效果和好处，包括节省成本、提升工作效率、提高安全性等 ◆ 设备更新的计划和时间 ◆ 设备更新的费用和预算 ◆ 支持材料，如旧设备的照片、技术参数等
C3	根据更新申请，调阅需要更新设备的档案，查看设备的原始资料及历年来汇集的各种报表、记录资料，了解大修次数、使用役龄、精度劣化程序、以往的故障、对满足工艺要求方面存在的问题，以及安全、节能、效率、结构缺陷等问题情况
C6	在通过调查的基础上进行综合评定，提出对比方案，报设备管理部经理及生产总监审核
B7	项目论证从技术可行性和经济可行性两方面进行，不同情况下的论证人员安排如下： ◆ 一般情况下零星的、投入不大的更新项目，由设备管理部组织生产部、财务部共同论证 ◆ 投资规模大的关键更新项目，由工厂总经办组织相关专家与设备管理部、财务部共同进行论证
B8	设备更新的项目申请通过综合评定和分析论证后，设备管理部经理应召集论证人员做出最后的决策，若无异议，在总经理批准后，即可列入更新计划
B9	明确更新项目后，由设备管理部编制具体的实施计划书，设备管理部经理组织设备管理人员及其他有关部门实施

8.3 设备生命周期管理

8.3.1 设备全生命周期管理制度

本制度对设备管理具有以下重要意义：一是综合管理设备的生命周期，促进设备使用过程的高效运行；二是提高设备的运行效率与使用寿命，不断提高科技价值和经济效益，为工厂的可持续发展提供坚实的基础。

设备全生命周期管理制度

第1章 总则

第1条 目的

为了规范设备的使用、维护和更新管理,提高设备的使用效率和使用寿命,保障设备安全、高效、可靠地运行,特制订本制度。

第2条 适用范围

本制度适用于工厂内所有设备的全生命周期管理。

第3条 全生命周期阶段

1. 前期管理阶段,包括设备规划、设备选型与采购、设备储存、设备安装。
2. 运行维修管理阶段,包括设备运行、设备维护、设备维修。
3. 改造及报废管理阶段,包括设备改造、设备更新、设备报废。

第2章 前期管理阶段

第4条 设备规划

设备管理人员应根据工厂的业务需求,规划设备的性能、规格、品牌等参数,明确设备的关键功能和要求。

第5条 设备选型与采购

1. 设备管理人员选型时要对国内和国际市场的设备进行细致全面的评估和比较。除了资金成本,也需要考虑设备运行效率、能耗及环保指标等方面。

2. 采购人员应根据实际需求和技术要求制订选型和采购计划,并对供应商进行审核和认证,严格按照采购程序和管理要求进行操作。

(1) 设备采购需要满足生产需求,符合技术、质量、环保和安全要求,并优化采购成本。

(2) 选取优质品牌及供应商,选用众多客户信赖的品牌以保证设备的质量和后续维护服务的质量,确保设备有一个理想的生命周期。

第6条 设备储存

1. 在设备到达仓库之前,库存管理人员需要做好仓库的准备工作,包括仓库物资的清点、仓库环境的整理和设备摆放位置的确认等。

2. 在设备到达仓库之后,库存管理人员需要对设备进行分类和编号,分类和编号的依据可以是设备的规格、品牌或者生产厂家等。

第8章　设备改造、升级、更新、生命周期管理精进化

第7条　设备安装

1.设备安装需要进行专业的技术操作，因此操作人员应先做好安全防护工作。在进行设备组装和调试的过程中，应做好现场管理，确保工作人员的安全。

2.在设备安装过程中，操作人员需要做好设备组装和调试工作。针对具体设备的不同要求，制定相应的安装方案，并根据设备的安装、调试、运行和实际使用情况及时进行调整。

第3章　运行维修管理阶段

第8条　设备运行

1.设备使用人员在运行过程中应进行全面、细致地管控，包括设备开停机的计量计数、生产过程和生产参数的监控和调整、检测记录和事故分析等。

2.通过计算机技术、先进的控制系统和数据分析等手段，对设备的运行状况进行实时监控和管理，及时发现问题并加以解决，从而保证设备的高效运转。

第9条　设备维护

设备管理人员应制定完善的设备维护方案，保证设备的稳定性和可靠性，延长设备的使用寿命，并且要持续完善和优化设备的保养维修计划，以保障设备的高效、稳定、安全运行。

第10条　设备维修

1.设备维修人员应通过对设备的使用情况、工作负荷、性能特点等参数的分析，制订科学合理的设备维修计划，计划中需包括维修时间、人员、工具材料等内容。

2.在设备出现故障后，设备维修人员应进行快速、准确的排查，找到故障根源，并及时采取措施排除故障，避免设备运行中出现二次故障，保障生产的正常进行。

第4章　改造及报废管理阶段

第11条　设备改造

设备管理人员应定期对设备进行评估和检查，对需要改造升级的设备进行方案制定，将升级和改造的工作与生产工作相协调，使设备在尽量不影响生产的情况下始终处于最佳运行状况。

第12条　设备更新

1.根据设备的生产状态和改进需求，设备管理人员应定期对设备的运行状况进行评估和检查，分析各项技术性能指标，确定设备更新需求，并制订相关计划。

2.根据设备更新计划，设备管理人员应及时更新设备并进行调试，确保更新后的设备能够高效、稳定地运行。

第13条　设备报废

1.根据国家标准和工厂的规定，设备管理人员应定期对设备进行检查和评估，当设备达到一定的年限，无法再报修和更新改造时，应编制设备报废计划，按照具体程序进行报废处理。

2.组织专业的团队进行设备拆解、移除和牵引，并按照环保要求进行处置和处理，使设备达到最大的利用价值，并且达到环境标准，避免污染环境。

3.完成报废设备的处置和处理后，财务人员应对设备进行估价，并进行资产核销程序审核，确保设备报废程序的规范性和合法性。

第5章　附则

第14条　编制单位

本制度由设备管理部负责编制、解释与修订。

第15条　生效日期

本制度自××××年××月××日起生效。

8.3.2　设备全生命周期管理流程

设备全生命周期管理流程是对设备从规划到报废的全过程进行系统、科学的规范化管理的流程，是工厂对设备的使用、保养、更新、处置等进行管理的重要手段。

1.设备全生命周期管理流程

设备全生命周期管理流程如图8-2所示。

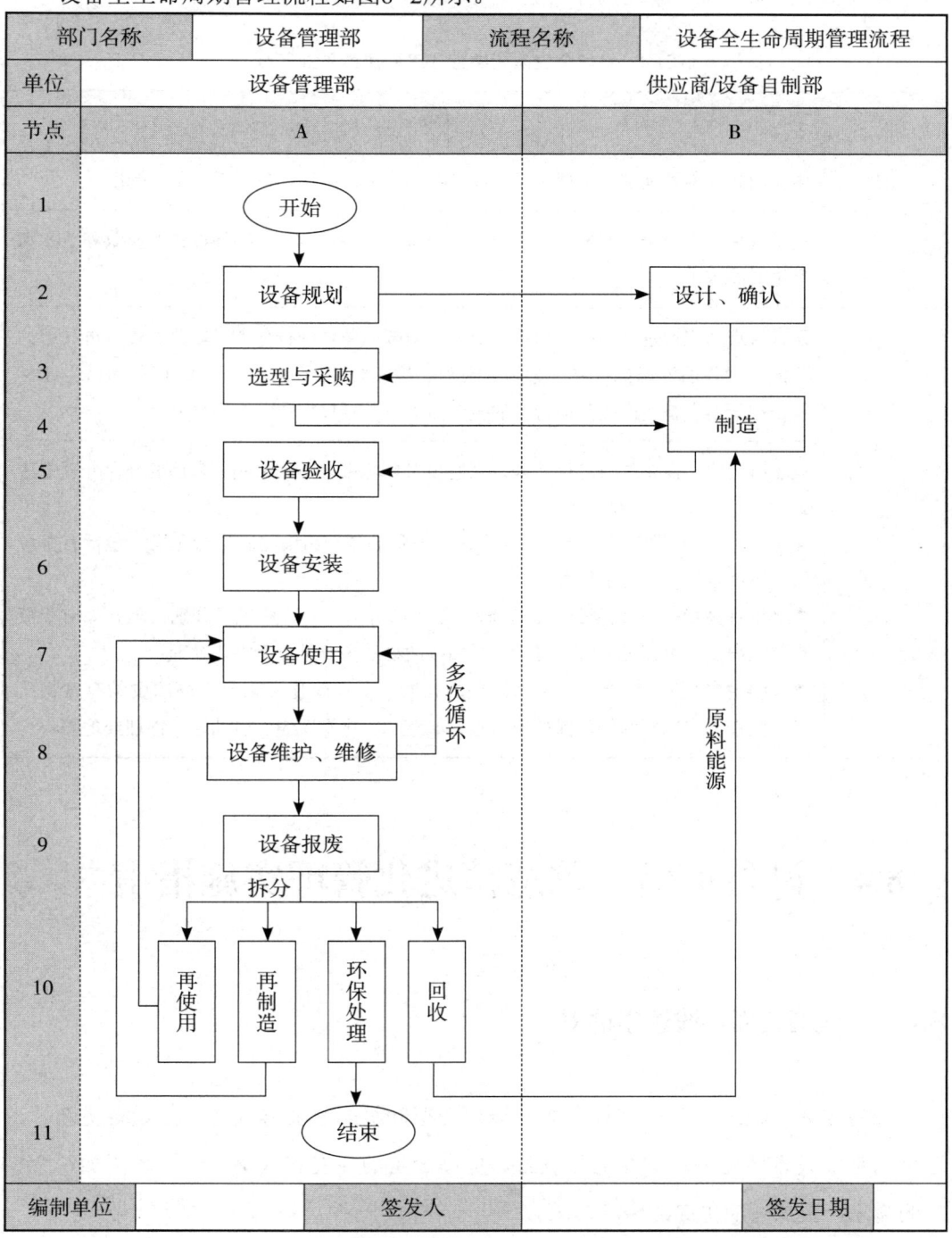

部门名称	设备管理部	流程名称	设备全生命周期管理流程
单位	设备管理部		供应商/设备自制部
节点	A		B
1	开始		
2	设备规划	→	设计、确认
3	选型与采购 ←		
4		←	制造
5	设备验收		
6	设备安装		
7	设备使用 ⟲ 多次循环		
8	设备维护、维修		原料能源
9	设备报废 拆分		
10	再使用 / 再制造 / 环保处理 / 回收		
11	结束		
编制单位		签发人	签发日期

图8-2 设备全生命周期管理流程

2.执行关键节点

设备全生命周期管理流程执行关键节点如表8-2所示。

表8-2 设备全生命周期管理流程执行关键节点

关键节点	细化执行
B2	供应商或设备管理部应根据工厂的设备技术需求,设计设备图纸及工艺标准
B4	设备管理部应对设备制造的厂家或者设备自制部进行监督,确保设备的质量和性能满足生产需求
A10	设备管理部应通过适当的技术手段对设备内部的原料进行分离,以达到资源再利用的目的。回收的资源如金属、塑料、玻璃、橡胶等,经过加工后,可以作为再生原材料,用于新设备生产或其他行业的生产活动中,延长物资的使用寿命
	设备报废时,需要进行环保处理,以避免对环境带来不利影响。常用的环保处理方法如下: ◆ 废弃物分类。按照国家有关规定,对设备的各种污染物质进行分类,包括有害垃圾、可回收物、危险废物等 ◆ 废弃物拆解。对设备进行拆解时,需要针对不同的物质进行分别处理,如对于液态物质需要尽可能地回收,对于不可回收的物质需要进行无害化处理 ◆ 废弃物处理。对于一些难以处理的物质,如危险化学物质、高浓度的有害物质等,则需要采取特殊的环保处理措施,如焚烧、化学反应、热处理、物理处理等

8.4 设备更新、改造精进化管理实施指南

8.4.1 设备更新、改造申请书

设备更新、改造是工厂进行全面升级和转型升级的重要方式之一,设备更新、改造可以将旧设备转化为新的智能化设备,提高设备的性能和效率,让设备更加符合用户的需求,更加适应更高的生产要求。

设备更新、改造申请书

一、项目背景与必要性

随着科技的不断进步与产业结构的调整升级，我工厂生产所使用的设备已经逐渐显露出其技术落后、效率低下、能耗较高等问题。这不仅影响了产品的质量和生产效率，也增加了工厂的运营成本，降低了市场竞争力。因此，对现有设备进行更新、改造，引入先进的生产设备和技术，已成为工厂当前迫切需要解决的问题，本次设备更新、改造旨在提升生产自动化水平，优化生产流程，降低生产能耗，提高产品质量和生产效率，以适应市场需求，提高工厂的核心竞争力。

二、现有设备状况分析

目前，工厂所使用的设备主要存在以下问题：

1. 设备老化严重，部分关键部件磨损过大影响正常运行。
2. 技术水平落后，生产效率低下，无法满足当前的生产需求。
3. 能耗较高，不符合国家节能减排的政策要求。

三、设备更新、改造项目概述

本工厂旧设备更新、改造项目可以实现节能环保、提高品质、提高技术先进度、安全稳定等目标，具体操作如下：

1. 根据生产需要，购买新的加工设备，以替换老化和落后的加工设备。
2. 升级生产自动控制系统，改进设备运行效率，提高产品合格率和生产能力。
3. 根据新设备工艺特点，调整或改进厂房布局，使生产流程合理化，最大化提高生产效率。
4. 全面更新现有的检测设备，提高检测设备的性能、精度和安全性。
5. 改善现有设备的使用条件，提高人机操作的安全性和可靠性，降低对操作人员的技术要求和对工作环境的要求，降低投资成本。

四、设备更新和改造经费预算

本次设备更新、改造项目预算为人民币××万元。

五、技术可行性论证

本次更新、改造所采用的技术和设备已经在市场上得到广泛应用，技术成熟可靠。同时，工厂拥有一支技术实力雄厚的团队，具备实施该项目的技术能力和经验。因此，从技术角度来看，本次更新、改造是完全可行的。

六、经济效益预测分析

经过初步估算，本次设备更新、改造完成后，预计可实现以下经济效益：

1. 提高生产效率，降低生产成本，增加工厂利润。
2. 提升产品质量，增强市场竞争力，扩大市场份额。
3. 减少能源消耗，降低碳排放，符合国家环保政策要求。

七、实施计划时间表

为确保项目的顺利实施，我们制定了以下详细的实施计划时间表：

1. 项目准备阶段（××月至××月）：进行市场调研，确定更新改造方案，编制项目预算和实施方案。
2. 设备采购与安装阶段（××月至××月）：完成设备采购、运输、安装和调试工作。
3. 技术培训与调试阶段（××月至××月）：对操作人员进行技术培训，确保设备的正常运行。
4. 试运行与验收阶段（××月至××月）：进行设备的试运行和验收工作，确保设备性能达到设计要求。

八、风险评估与应对措施

在项目实施过程中，可能存在的风险包括设备采购风险、安装调试风险、技术培训风险等，为此，我们将采取以下应对措施：

1. 选择有信誉的供应商进行合作，确保设备的质量和性能。
2. 聘请专业的安装调试团队进行设备的安装和调试工作。
3. 加强技术培训和操作指导，确保操作人员能够熟练掌握设备的操作技能。

九、结论

本次工厂设备更新、改造申请，是工厂向自主研发、技术创新和高效生产的迈进，其将进一步提升工厂经济效益和发挥工厂竞争优势。请求工厂领导批准推进本次工厂设备更新、改造项目实施。

8.4.2 设备更新、改造工作推进方案

本方案对于设备更新、改造工作具有以下重要作用：一是合理安排工作的时间和进度，确保项目按时完成；二是根据制定的工作标准和验收标准，达到预期目标和效果；

三是合理安排资源和工作流程，降低项目的成本和风险。

设备更新、改造工作推进方案

一、设备更新、改造目标

1.提高设备的性能，使产能利用率达到95%以上。

2.提高设备的运行效率和生产效率，降低生产成本，提高生产效益。

3.提高设备的可靠性和稳定性，减少设备故障率和维修次数，提高设备的生产稳定性。

4.满足生产、工艺和环保要求。通过设备更新、改造，满足生产、工艺和环保等方面的要求，如提高产品质量、降低能耗、减少污染排放等，符合国家和行业的相关标准和要求。

二、方案设计

（一）设备更新、改造立项

1.立项申请。

（1）设备更新、改造立项申请一般由技改小组成员提出，内容包括以下方面：

①设备名称、设备型号、更新理由、改造原因、改造后设备性能与精度对产品工艺的满足情况等。

②设备更新、改造经济分析、资金预算及主要来源、技术部门意见等内容。

（2）项目经理将以上内容汇总并编写"设备改造更新立项申请书"，上报生产总监审核，审核通过后上交总经理申请立项。

2.立项审批。

总经理负责设备更新、改造立项申请的审批工作，审批通过后方可执行。

（二）绘制技术图纸

1.技改小组应根据设备更新、改造目标及时绘制技术图纸，并在图纸中明确改造节点，标注所需材料、材料要求等具体事项。

2.技改小组组织相关人员对图纸进行审批，同时对图纸中的标注事项进行审核。

（三）制订实施计划

技改小组根据技术图纸内容编制更新、改造项目的实施计划，详细说明具体实施步骤，包括项目名称、实施时间、负责人、具体要求等，具体内容如下所示：

1. 投资总额、投资明细。

2. 需采购的设备和原材料、采购方式。

3. 人员的配置和培训安排。

4. 更新、改造实施步骤。

5. 更新、改造进度要求。

6. 其他工作安排。

（四）下达任务

技改小组将技术图纸及实施计划，下达负责设备更新、改造的维修车间或外协部门进行执行。

三、执行分工

1. 项目经理。负责整个项目的组织、协调和管理，指导和监督项目执行过程，确保项目顺利完成。

2. 设备选型专家。根据生产需求和设备技术标准，负责设备选型方案的制定和调研工作，选取适合的设备型号。

3. 设计人员。根据设备改进方案，进行设备结构设计、控制系统改进等方面的工作，制定设备改进方案的详细内容。

4. 技术工程师。负责设备改进方案的技术实施工作，包括设备现场安装、调试、试运行等环节。

5. 验收专家。负责设备改进方案的验收工作，评估设备改进方案的实际效果是否达到预期目标，提出改进建议。

6. 维护保养人员。根据设备维修保养计划，在设备正常运行期间对设备进行维护保养，提高设备的使用寿命和稳定性。

7. 运行监测人员。负责设备运行情况的监测和分析工作，及时发现和解决设备故障，确保设备的稳定运行。

四、阶段推进

（一）准备阶段（1个月）

1. 制定设备更新、改造方案，包括更新及改造的内容、工作流程、工作标准、工作量计划等。

2. 审批设备更新、改造方案，包括方案的技术可行性、经济效益、安全性等方面的审批。

3.确定设备更新、改造的时间节点和完成要求,制订设备更新、改造工作计划。

(二)设备更新、改造阶段(2个月)

1.实施设备更新、改造工作,包括设备拆卸、清洗、检修、更换、安装等。

2.进行设备更新、改造的试运行和调试,确保设备更新、改造后的性能符合要求。

3.实施设备更新、改造过程中的安全保障措施和环境保护措施,确保设备更新、改造过程安全、环保。

(三)验收阶段(1个月)

1.制定设备更新、改造的验收标准和程序,确保更新、改造后的设备符合相关标准和要求。

2.进行设备更新、改造后的设备验收,包括设备性能、安全性、环保性等方面的验收。

3.完成设备更新、改造工作的验收报告,报告中应包括验收结果、验收标准、验收程序等。

五、试运行

技改小组检验设备试运行情况,包括设备的稳定性及传动系统是否正常、电气控制系统是否正常等,以确保设备更新、改造后可以达到预期效果。

六、设备更新、改造工作验收

1.方案验收。验收人员应核实设备更新、改造方案是否符合相关规定和标准,并检查方案的可行性和安全性。

2.材料验收。验收人员应检查所使用的材料是否符合规格要求,且检测合格。

3.施工质量验收。验收人员检查设备更新、改造过程中的细节是否到位,操作是否规范,并检查施工现场的环境卫生情况。

4.设备更新、改造报告。验收人员对更新、改造报告进行审核,确认其中所列项目均已完成,并检查是否有留存的隐患未处理。

5.安全性验收。验收人员评估设备更新、改造工作对设备安全使用的影响,如可能引起安全问题,应提供解决方案和安全措施。

6.使用效果验收。验收人员可根据工厂操作人员反馈或生产数据等,评价设备更新、改造工作的使用效果和经济效益,并提出改进意见。

第 9 章

设备折旧、处置、报废、固定资产管理精益化

9.1 设备折旧、处置管理

9.1.1 设备折旧管理办法

工厂通过制定设备折旧管理办法，可以达到以下目的：一是可以规范设备管理，明确设备的折旧计算方法和折旧年限，避免因设备管理不当而导致的经济损失；二是可以提高资产管理效率，减少因设备折旧造成的财产损失，提高工厂的盈利能力。

设备折旧管理办法

第1章 总则

第1条 目的

为了进一步规范工厂设备的折旧管理，合理配置与有效使用设备，维护工厂资产的安全与完整，结合工厂工作实际，特制定本办法。

第2条 适用范围

本办法适用于工厂所有设备的折旧管理工作。

第2章 设备折旧核算

第3条 确定折旧方法

1.根据设备的实际情况和税务要求选择合适的折旧方法，如直线法、加速折旧法、双倍余额递减法等，并在台账中做出记录。

2.根据工厂及设备需求，定期对折旧方法进行评估，如有需要，及时更改折旧方法。

第4条 确认折旧年限

1.设备的折旧年限应根据设备的使用寿命和修理保养情况进行评估，并在资产台账上记录评估结果。

2.根据评估结果，确认设备的折旧年限，并在资产台账上做出记录。

第5条 建立设备资产台账

1.建立设备资产台账，并记录设备的名称、型号、购入日期、价格、残值等信息。

2.每年对设备的折旧额和累计折旧额进行记录，并进行定期清查核对。

第6条　计算折旧费用

1.按照所选折旧方法和折旧年限计算折旧费用，并在台账中记录折旧费用的计算过程。

2.定期对折旧费用进行核对，确保计算准确无误。

第7条　审核折旧费用

1.审核折旧费用时，应仔细核对计算过程，确保计算准确无误。

2.确保折旧费用符合税务要求，并及时调整台账，若存在差异应及时查明差异原因。

第3章　设备折旧过程监督

第8条　建立折旧审计制度

1.定期开展折旧审计工作，检查是否按照规定程序进行折旧核算。

2.对可能存在的折旧不当行为进行排查，及时纠正。

3.财务人员根据掌握的折旧核算方法，确保折旧计算准确无误。

第9条　建立设备折旧档案

1.将设备折旧的基础信息、使用记录、维修记录等资料汇总制成档案，以方便查阅和核对。

2.定期对设备折旧档案进行核查，了解设备使用状况。

3.对发现的异常情况进行记录，及时采取措施加以解决。

第10条　定期开展设备评估

1.每年定期组织专业人员对重要设备进行评估，了解设备的使用寿命、折旧情况和维修需求。

2.根据评估结果，及时调整设备折旧费用，并制订相应的保养和更新计划。

3.对于存在较高折旧率的设备要加强监督，及时调整更新或报废。

第11条　加强风险控制

1.建立设备折旧过程风险控制机制，对设备折旧过程中的风险进行控制。

2.制定设备折旧过程风险应对方案，并交由总经办审核。

第4章　设备折旧报表编制

第12条　规范设备折旧报表编制流程

1.制定设备折旧报表编制标准和程序，明确责任人及相关操作流程。

2.加强对设备折旧报表编制人员的培训和管理，确保其掌握正确的设备折旧报表编制方法。

3.适时对设备折旧报表审核、审批、签字等环节进行监管，防止出现错误和延误。

第13条 建立设备折旧报表监督机制

1.设立专门的设备折旧报表监督岗位，负责监督和检查报表编制过程和结果。

2.对设备折旧报表编制数据进行分析和比对，发现异常情况时及时调查、纠正、追究责任。

3.建立风险预警机制，对易产生异常的环节进行重点监督和调查。

第14条 加强内部控制建设

1.建立健全内部控制制度，规范设备折旧报表编制过程。

2.采用财务软件系统和技术手段，提高设备折旧报表编制自动化程度。

3.加强数据保密工作，落实数据权限管理，防止数据泄露和滥用。

第15条 定期开展设备折旧报表评估

1.对设备折旧报表编制工作进行评估，及时发现问题和优化空间。

2.建立反馈机制，充分听取实际需求，并根据实际情况对设备折旧报表进行调整和改进。

3.推行设备折旧报表编制的标杆管理，吸取其他工厂的经验和做法，不断提高设备折旧报表编制质量和效率。

第5章 附则

第16条 编制单位

本办法由设备管理部负责编制、解释与修订。

第17条 生效日期

本办法自××××年××月××日起生效。

9.1.2 闲置设备处置方案

工厂制定闲置设备处置方案主要具有以下作用：一是可以及时发现与处理闲置设备，优化设备利用率，提高资源利用效率；二是可以规范设备管理流程与标准，提高设备管理水平，降低设备管理风险，保障设备安全。

闲置设备处置方案

一、目标

清理与合理安排工厂内部闲置设备，提高资源利用率，节约空间与成本。

二、闲置设备范围

本方案所指闲置设备包括以下内容：

1.设备更新、改造、淘汰不用，但仍具有使用价值的设备。

2.连续停用__月以上的设备。

3.购入__年以上，因各种原因未能投产使用的设备。

4.因生产业务原因，确定在将来__月内不再使用的设备。

三、具体设计

（一）时间安排

××××年××月××日至××××年××月××日。

（二）人员安排

工厂成立闲置设备处置小组，其构成如下：

组长：程××。

副组长：李××。

组员：赵××、钱××、孙××、周××。

（三）处置方式确认

闲置设备处置小组组织相关人员对闲置设备进行综合评估，并将其按照未来使用价值及使用概率分为三类进行处置。

1.A类设备，仍具有使用价值，且未来使用概率达__%以上，此类设备进行封存处置。

2.B类设备，仍具有使用价值，未来使用概率在__%至__%，此类设备进行对外租赁处置。

3.C类设备，仍具有使用价值，但未来使用概率在__%以下，此类设备进行对外出售处置。

四、具体执行

（一）A类设备封存

1.封存步骤。

（1）闲置设备处置小组与设备管理部协同，对A类设备使用情况展开调查，收集整理相关信息。

（2）闲置设备处置小组填写设备封存申请，交由总经办审批。

（3）经总经办批准后，闲置设备处置小组与设备管理部、仓储部协同办理A类设备封存手续。

（4）设备管理部组织相关人员到现场进行设备封存工作后，填写设备封存台账。

2.A类设备封存保管要点。

（1）申请封存的设备，必须做到技术状态良好，附件齐全，并有封存标志，在封存前必须进行设备保养工作，保证设备性能完好。

（2）封存设备应按照仓储规定，做好防潮、防水、防尘等保管措施。

（3）设备管理部定期检查封存设备，保证在设备启封时即可使用。

（4）设备管理部应派遣专人进行定期检查、清洁和防腐等有关维护工作，并在维修工作结束后，做好封存设备维护记录。

（5）封存设备必须挂牌存放，标牌应注明批准日期、封存日期、保管责任人及检查保养记录等。

（二）B类设备对外租赁

1.对外租赁流程。

（1）闲置设备处置小组收集整理B类设备信息，对外发布租赁信息。

（2）设备租用方根据自身需求向闲置设备处置小组提出设备租赁需求，并制订设备需求计划。

（3）闲置设备处置小组与设备租用方进行洽谈，确定合适的租赁方式与租赁费用，并签订设备租赁合同，租赁合同中应包括租赁设备的型号、维修情况、相关责任人、双方的权利与义务等。

（4）设备管理部在租出设备之前，应对设备进行全面的维护与保养，并进行试运行工作，确保设备性能良好。

（5）闲置设备处置小组通知设备管理部，要求设备管理部根据设备租赁合同调配设备，并做相应的调配记录。

（6）设备租赁方与设备管理部一起，对租赁设备进行检查验收，验收合格后办理设备交接手续。

2.对外租赁费用管理。

（1）租赁费用的计算按照设备租赁合同规定的价格，以日为单位计算。

（2）设备在租赁期间，其租金应包括设备使用期间的租赁费、设备交接发生的拆卸费、设备交接的运输费及设备安装费等。

（3）租赁设备产生的租金收益，由工厂财务部统一保管，用于设备的更新改造。

（三）C类设备对外出售

C类设备对外出售采用招标方式进行，招标过程按照下述程序进行。

1.进行设备评估。

（1）闲置设备处置小组对于需要招标的设备，应邀请专业的评估机构进行评估，以确保评估结果的客观性和准确性。

（2）在评估过程中，应对设备的使用年限、维修情况、市场需求等因素进行综合考虑，确定设备的招标价值和起拍价。

2.发布招标公告。

（1）闲置设备处置小组对外发布招标公告。在招标公告中，应明确招标的设备名称、数量、规格及招标范围、招标方式、招标时间、招标地点、招标条件、投标人资格要求、保证金缴纳要求等内容。

（2）在招标公告中，应注明招标人的联系方式，以方便投标人进行咨询。

3.接受投标文件。

（1）闲置设备处置小组在规定的截止时间之内，接受投标人的投标文件。

（2）在接受投标文件后，对其进行登记与编号，确保投标文件的完整性与准确性。

4.组织开标评标。

（1）闲置设备处置小组邀请财务部、设备管理部、总经办共同对投标文件进行审核，确保评标过程的公正性与客观性。

（2）在评标过程中，应根据招标文件的要求，对投标人的资质、技术方案、报价等进行评分。

（3）闲置设备处置小组根据评分情况，确定最终中标人，与其签订设备出售合同，并明确设备的交付时间、交付地点、交付方式、付款方式等。

5.确认设备交付。

（1）设备交付前，闲置设备处置小组应组织有关人员对设备进行清点和验收，确保设备的数量、质量和规格符合合同的要求。

（2）闲置设备处置小组与设备管理部共同向中标人交付设备。

（3）在设备交付后，闲置设备处置小组及时对现有设备进行整理，确保设备的合理管理和利用。

五、注意事项

1.确保处置过程合规。

在选择闲置设备的处置方式时，需要遵守相关法律法规，选择合适的处置方式，避免违反相关规定。

2.对处置过程进行记录。

在处置闲置设备的过程中，需要对处置过程进行记录和备案，确保处置过程的合法性和透明性。记录和备案的内容包括设备的名称、型号、数量、处置方式、处置时间、处置费用等。

六、效果预期

此次对闲置设备的处置，预期可以达到以下效果。

1.设备闲置率达到__%以下。

2.闲置设备对外租赁与出售获得收益达到__元。

9.2 设备报废管理

9.2.1 设备报废管理规定

工厂制定设备报废管理规定可以达到以下目的：一是可以规范设备的报废标准与程序，从而提高设备使用效率；二是可以避免因设备维修成本过高而选择继续使用的情况，从而降低维修费用。

设备报废管理规定

第1章 总则

第1条 目的

为了规范设备报废流程，保障设备的正常使用与安全生产，明确固定资产报废相关要求，特制定本规定。

第2条 适用范围

本规定适用于所有工厂设备报废的管理工作。

第3条 报废标准

根据国家有关规定及工厂相关要求，设备达到以下情况之一，应报废。

1.已经达到最高使用年限。

2.技术性能无法满足生产需求，无法修复或者修复成本过高。

3.存在安全隐患，无法消除或消除费用过高。

4.其他无法继续使用的原因。

第2章 设备报废程序管理

第4条 设备报废申请

1.生产部应根据设备报废标准，对需要报废的设备进行申请。

2.设备管理部应提供设备名称、型号、规格、使用寿命、技术状况、安全性能等信息，并附上相应的资料。

第5条 设备报废审核

1.设备管理部主管应对设备报废申请进行审核，确认设备是否符合报废标准。

2.设备管理部主管应对设备的使用寿命、技术状况、安全性能等方面进行评估，并在规定时间内做出审核意见。

第6条 设备报废标准

1.设备管理部经理应根据设备报废审核意见，对设备报废申请做出批准或驳回的决定。

2.批准决定应包括设备报废的时间、方式、责任人等信息，并在规定时间内通知生产部。

第7条 设备报废处理

1.设备报废处理应根据设备报废标准进行，包括设备的拆解、回收、销毁等。

2.设备报废处理应由设备管理部指定专人负责，并在规定时间内完成。

第8条 设备报废记录

1.设备报废申请、审核、批准、处理等环节应做好相关记录，并保存至少三年。

2.记录应包括设备的基本信息、报废标准、报废程序、处理方式等内容。

第3章 设备报废处理方式

第9条 设备回收

1.设备回收是指将报废设备进行回收，将可重复利用的部件和材料进行分类、清洗、检测、维修、保养等处理，以便再次利用。

2.设备回收应由专业回收公司进行，避免因回收不当而导致的环境污染和安全事故发生。

第10条 设备拍卖

1.设备拍卖是指将报废设备进行拍卖，以获取一定的经济利益。

2.报废设备拍卖可以采用线上或线下拍卖的方式进行。线上拍卖可以通过互联网平台进行，线下拍卖可以在拍卖场地进行。

第11条 设备销毁

1.设备销毁是指将报废设备进行销毁，将不可重复利用的部件和材料通过破坏、燃烧、化学处理等方式进行处理，以便达到彻底销毁的目的。

2.设备销毁工作应由专业人员进行，避免因销毁不当而导致的环境污染与安全事故发生。

第4章 设备报废过程监督

第12条 监督机制与责任分工

1.设备管理部应建立健全设备报废处理监督机制，确保能够对设备报废处理过程进行全面监督。

2.对于涉及设备报废处理的人员，应明确责任分工，确保每步都有专人负责，并严格落实相关要求。

第13条 监督内容与要求

1.相关人员应对报废标准的制定、报废程序的执行、报废处理方式等进行监督，确保其合理、科学、可行。

2.相关人员在进行监督时，应坚持公开、公正、透明、规范的原则，保证报废的设备得到正确、科学的处理。

第14条　财务监督与风险评估

1.对于设备报废处理涉及的财务事项，应进行全面监督，确保处理过程中不产生任何不必要的费用。

2.加强对设备报废处理过程的风险评估，分析可能存在的风险和隐患，制定相应的风险控制措施，确保设备报废处理过程的安全性和可靠性。

第15条　推进信息化监督

推行设备报废处理信息化管理，建立设备报废处理信息系统，实现设备报废处理过程的全程监控和信息化管理，提高设备报废处理的效率和准确性。

第5章　附则

第16条　编制单位

本规定由设备管理部负责编制、解释与修订。

第17条　生效日期

本规定自××××年××月××日起生效。

9.2.2　设备报废审批流程

工厂明确设备报废审批流程可以达到以下目的：一是可以规范设备报废流程，明确审批流程和审批人员工作职责，提高工作效率；二是可以保证设备报废审批的公正性与透明度，提高设备报废审批的科学性与规范性。

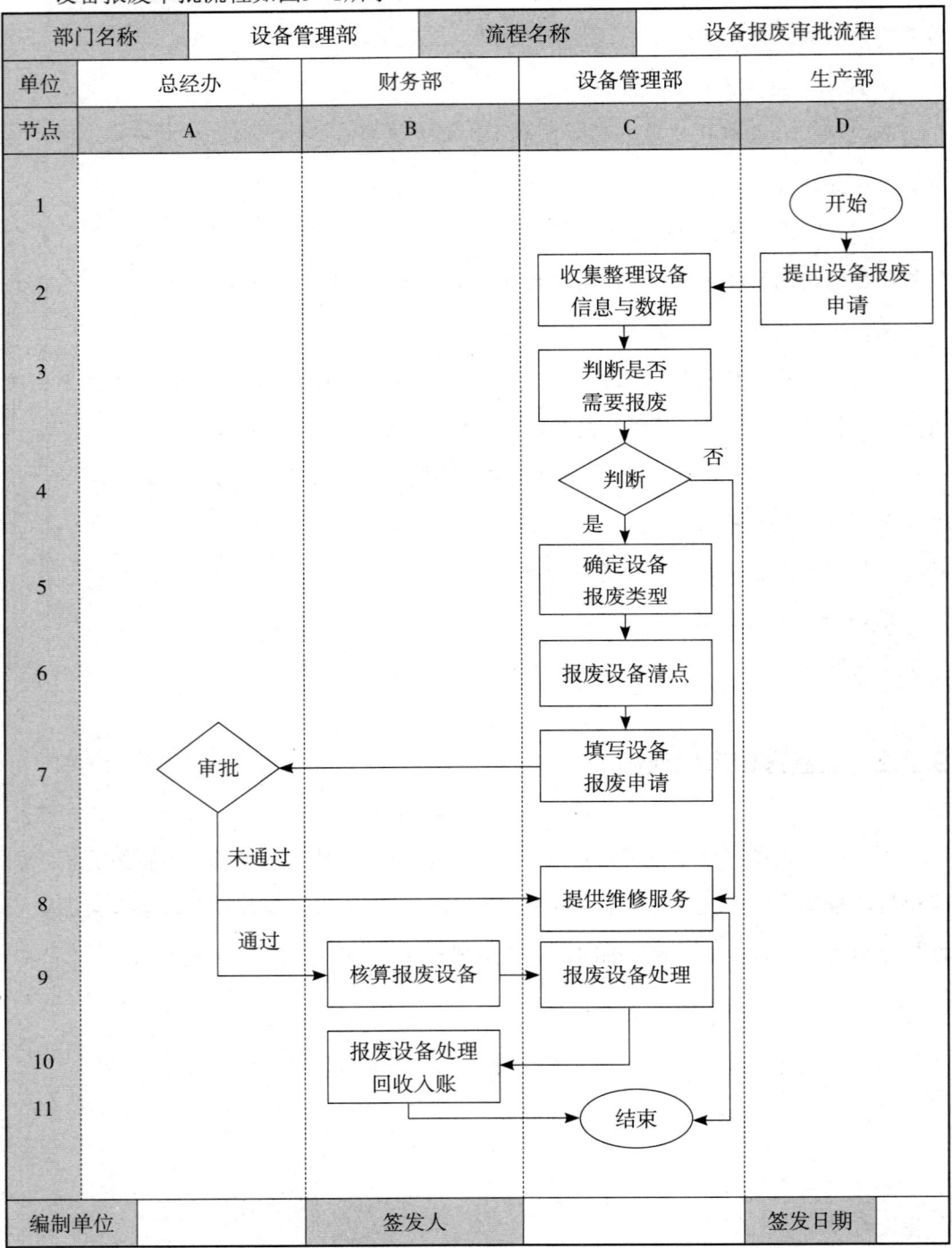

1.设备报废审批流程

设备报废审批流程如图9-1所示。

部门名称	设备管理部		流程名称		设备报废审批流程
单位	总经办	财务部		设备管理部	生产部
节点	A	B		C	D

节点	流程
1	开始
2	收集整理设备信息与数据 ← 提出设备报废申请
3	判断是否需要报废
4	判断（是/否）
5	确定设备报废类型
6	报废设备清点
7	审批 ← 填写设备报废申请
8	未通过 → 提供维修服务
9	通过 → 核算报废设备 → 报废设备处理
10	报废设备处理回收入账
11	结束

| 编制单位 | | 签发人 | | 签发日期 | |

图9-1　设备报废审批流程

2.执行关键节点

设备报废审批流程执行关键节点如表9-1所示。

表9-1 设备报废审批流程执行关键节点

关键节点	细化执行
C3	◆ 设备管理部根据收集到的设备数据与信息，对生产部提交的设备报废申请中的设备进行判断，确定是否需要进行报废处理 ◆ 报废标准应严格遵循"设备报废管理规定"中的报废标准
C5	设备管理部对需要进行报废的设备，判断其报废类型，明确其是否属于正常报废
B9	财务部在总经办审批通过后，对需要报废的设备进行账面核算，核算内容应包括报废设备价值、成本回收率等
C9	设备管理部在取得总经办审批后，进行设备报废处理，处理方式可按照"设备报废管理规定"中的处理方式进行

9.3 设备固定资产管理

9.3.1 设备固定资产管理制度

本制度可以解决以下问题：一是设备固定资产管理标准不明确，难以做到有效的设备维护和优化；二是设备数量和成本管理不规范，导致难以掌握设备的使用情况和维护成本；三是设备报废处理方式不统一，容易出现浪费和损失，难以做到统一的资产账目管理。

设备固定资产管理制度

第1章 总则

第1条 为了规范工厂设备固定资产管理工作，做到统筹谋划、全过程控制，确保固定资产的完整性、安全性和使用效益，提高固定资产管理水平，根据《固定资产管理办法》等相关法律法规及工厂相关制度，特制定本制度。

第2条 本制度适用于工厂设备固定资产的管理与维护。

第3条　设备固定资产指工厂购置并长期使用的生产资料，在设备使用寿命范围内，具有一定的固定价值和使用功能的设备。

第2章　设备的登记与管理

第4条　工厂设备管理部应对全部设备进行登记，并对设备进行分类、编号、资料建档，建立设备档案资料库。

第5条　设备档案应包括设备名称、规格型号、数量、采购价格、启用日期、负责人、存放地点、使用寿命、养护记录、维修记录等信息。

第6条　建立固定资产设备电子台账。

1.每台固定资产设备均应采用唯一的资产编码，并按照一定规则进行编码。

2.应及时记录设备的购入时间、价格、位置、耗损情况等信息。并定期对该台账进行维护和更新。

3.对于新设备，应在购买后及时向设备管理部报备，由设备管理部进行设备登记。

4.在设备更换、调整、报废或者维修时，必须及时更新设备档案，并向设备管理部报告。

第7条　对于设备的使用情况、保养情况、维修记录等信息的核查和更新，应由设备负责人及时完成，并向设备管理部报告。

第3章　设备的盘点

第8条　设备管理部应定期对工厂所有设备进行盘点，以核实设备资产基础数据准确性，确保所有设备的数量、状态、位置与设备档案一致。

第9条　盘点时应对设备进行逐个核实，核实重点包括设备名称、规格型号、位置、数量、使用寿命、维修记录等方面。

第10条　盘点结果应记录在盘点表中，并及时汇总、分析和处理不符现象，确认各设备档案的准确性。

第4章　设备的增置、送修、外借管理

第11条　设备的增置管理要求。

1.在新项目投产、增加生产线或工艺流程等情况下，需要新增设备，该设备必须在审批通过后方可采购。

2.新增设备的采购、验收、调试、安装、试运行、竣工验收等环节，必须严格按

照工厂有关规定执行，做好相应的记录并编制验收报告。

3.购置新增设备后，必须及时更新设备档案，上传验收报告和相应的证明文件。

第12条 设备的送修管理要求。

1.对于需要维修的设备，必须由设备负责人向设备管理部提出申请，并在设备管理部的安排下将设备送往指定的维修单位。

2.设备维修后必须经过严格的验收，维修单位应对维修情况进行记录和报告，并向设备管理部交付维修报告。

3.在设备送修期间，设备负责人应及时关注设备维修情况，跟进维修进度，并及时更新设备档案，上传维修报告和相应的证明文件。

第13条 设备的外借管理要求。

1.对于需要外借的设备，设备负责人必须向设备管理部提出申请，并填写《设备外借申请表》，审批通过后方可外借。

2.设备外借期限不得超过1个月，如需延长应重新向设备管理部提出申请，审批通过后方可延长外借时间。

3.在设备外借期间，设备负责人应定期与借用方进行联系，了解设备使用情况，并确保设备的安全性和完好性。

4.外借设备归还后，设备负责人应进行验收，并及时更新设备档案，上传验收报告和相应的证明文件。

第5章 设备的维修与保养

第14条 设备出现故障时，设备负责人应及时上报，设备管理部应根据故障情况及时进行维修或更换零部件。

第15条 对于使用时间较长且需要对设备进行大修的情况，应由设备管理部制定大修方案，并进行审批。大修前需进行充分的准备工作，以确保大修工作顺利进行。

第16条 设备维护和保养记录应详实完整，包括维护和保养时间、维护内容、维护人员、维护费用等信息，并将记录及时上传至设备档案。

第6章 设备的报废与处置

第17条 确定每台设备的使用周期，严格按照规定使用年限来计算折旧、报废。

第18条 制定清晰的报废与处置管理制度，明确流程、责任和操作规范，确保报废与处置工作的有效推进。

第19条　制定清晰的报废与处置标准，根据固定资产设备的实际情况来判断设备是否需要报废，以及采取什么方式进行处置。

第20条　定期进行固定资产设备盘点，筛选出老旧、有缺陷或者无法维修的设备，及时安排处理。

第21条　根据设备的实际情况和报废标准，选择合适的处置方式。比如，可以拍卖、出售、捐赠、报废等。同时，需要注意保密、环保等问题。

第7章　闲置设备管理

第22条　对于闲置的设备，设备负责人应及时向设备管理部报告，由设备管理部根据实际情况做好闲置设备的管理。

第23条　闲置设备必须进行定期检查和保养，确保设备的完好性和安全性，并及时更新设备档案。

第24条　对于长期闲置或者无法继续使用的设备，应及时进行清理、处置或者报废，由设备管理部进行相应的处理和记录。

第8章　附则

第25条　本制度由设备管理部负责编制、解释与修订。

第26条　本制度自××××年××月××日起生效。

9.3.2　设备固定资产台账管理制度

本制度可以解决以下问题：一是设备管理可视性不足；二是设备维护记录不全面；三是设备使用成本无法掌控；四是设备管理效率低下。

设备固定资产台账管理制度

第1章　总则

第1条　为了规范工厂设备固定资产的台账管理，保证设备台账信息的真实性和有效性，特制定本制度。

第2条　本制度适用于工厂所有设备固定资产的台账管理。

第3条　设备固定资产台账管理原则如下。

1.统一管理。设备固定资产台账应由专人负责，实行统一管理。

第9章 设备折旧、处置、报废、固定资产管理精益化

2.精细化管理。对设备固定资产进行全程跟踪管理,确保台账信息的准确性和完整性。

3.定时更新。每年对设备固定资产进行盘点,并及时更新台账信息。

第2章 台账的管理要求

第4条 设备台账的记录内容。

1.设备名称、型号、编号、参数、生产厂家、数量等信息。

2.设备的购置时间、使用年限、使用期限等信息。

3.设备的来源、价格、发票号码等信息。

4.设备的资产类别、归属单位等信息。

5.设备的折旧年限、残值率、折旧方法等信息。

6.设备的维修保养记录、检验报告等信息。

第5条 设备台账的建立要求。

1.固定资产设备台账应设立专人负责建立和管理,实行责任到人。

2.台账资料必须真实、完整、准确、及时,做好原始凭证和各项报表的完备性核对和稽核工作。

3.台账采用电子化管理,工厂需要建立完善的专用软件系统,人工填写时要求保证规范,并保证数据的完整性和准确性。

4.资产盘点工作可以按季度进行,以便及时发现和核实资产变动状况,确保台账内容的正确性。

5.对于已经报废的固定资产设备,应及时记录并注销,确保账面和实物资产相符。

第6条 设备处置时的台账管理要求。

1.设备报废时,应按照相关规定进行处置。

2.设备变更或转移时,应及时更新台账信息。

3.设备出租、借用、赠予等情况均需在台账中做出准确记录。

第7条 台账备查文件包括如下内容。

1.固定资产设备台账包括入库记录、领用记录、维修记录等。

2.购置发票和凭证。

3.其他支出凭证、批文、报告、建设项目文件等。

4.审核、验收、维修记录单等。

第3章　台账管理流程

第8条　设备购置阶段的台账管理要求。

1.设备由采购部与财务部联合进行购置管理，由采购部填写设备购置单，附上设备参数说明书、设备发票等资料，并按规定送至财务部审核。

2.财务部审核无误后，给予批准，并记入台账。

第9条　设备领用环节的台账管理要求。

1.设备领用前需填写领用单，领用人需签署领用责任书，并需要部门领导审批同意。

2.设备领用后，台账管理人员要及时更新台账，记录领用部门、领用人员、使用信息等情况。

第10条　设备使用阶段的台账管理要求。

1.设备使用后，设备管理人员应对设备进行定期检查和维护，并做好相应的记录。

2.设备出现故障或需要更换配件时，设备管理人员应及时记录，并报告维修人员进行处理。

第11条　设备维修环节的台账管理要求。

1.设备修理前要有正式维修单，明确修理目标。

2.设备修理后，维修人员要填写维修记录单，并交由台账管理人员记录。

3.台账管理人员要定期对设备的维修情况进行检查和更新记录。

第12条　设备报废阶段的台账管理要求。

1.设备达到报废年限或不能修复时，设备管理人员应将设备报废，并记录在台账中；

2.设备报废前须经过检验，并将设备资产做出撤销处理。

第4章　台账保密管理

第13条　财务部和稽核部是固定资产设备台账的内部核查部门，需要严格遵守核查要求。

第14条　台账管理人员必须严格遵守保密制度，使用采购单据和支付凭证时，必须先核对购买项和价格。

第15条　台账中所含资料不得向外泄露，台账上签字、填写的人员应承担相应的责任。

第16条　台账信息要实现数据加密，储存在安全的网络环境中，最小化网络传输风险。

第17条　台账查阅权限管理。

1.固定资产设备的台账信息只能由授权人员查阅。

2.对台账管理人员的台账操作进行记录，仅保留操作记录，并建立相关追踪档案。

3.在保证保密的前提下，台账管理人员应确保台账内记录内容的准确性。

第5章　附则

第18条　本制度由设备管理部负责编制、解释与修订。

第19条　本制度自××××年××月××日起生效。

9.4　设备处置、报废精益化管理实施指南

9.4.1　设备处置费用管理办法

本办法具有以下作用：一是可以避免因费用不合理或难以确定出现浪费或经济损失的情况；二是可以保证设备处置手续的合法性和规范性，避免出现涉及法律问题的风险；三是避免在设备处置时因处理方式不当造成经济损失。

设备处置费用管理办法
第1章　总则

第1条　为了规范工厂设备处置过程中各项费用的管理和控制，保证设备处置费用的合理性和经济性，减轻工厂负担，推动可持续发展，特制定本办法。

第2条　本办法适用于工厂在处置设备时涉及的回收、拆除、清理、加工、运输等费用管理。

第3条　设备处置过程中涉及的费用标准应遵循相关法律法规和市场价格原则，保证合理、透明、公正。

第2章　设备回收费用

第4条　对于被处置的机器、设备、仪表等物品，属于可重复利用的，应优先考虑回收，回收费用应根据设备的具体情况进行合理的定价，同时要考虑回收成本和市场行情等因素，确保回收价格公正合理。

第5条　在设备回收前，须对设备进行详细评估，明确设备类型、规格、数量、状态、储存位置等信息，形成设备回收清单。

第6条　设备回收费用应考虑设备的类型、原始成本、采购运输费用、拆装费用、仓储费用等因素，按照评估结果确定合理价格。

第7条　对于需要回收的设备，工厂应进行充分的沟通和协商，明确回收方案、时间、费用等，保证回收工作可行性和费用合理化。

第8条　在设备回收前，须相关部门对设备进行检测评估，确定设备是否存在生产安全隐患或环境污染风险，并制定相应的应急预案。

第9条　设备回收应与环保、资源回收等方面协同进行，对于可能对环境造成污染或浪费资源的设备，不得进行回收处理。

第10条　设备回收后，须及时确认回收清单，进行入库登记并建立台账，以便后续管理。

第3章　设备拆除费用

第11条　进行设备拆除前，须对设备进行详细评估，明确设备类型、规格、数量、状态、储存位置等信息，形成拆除方案。

第12条　设备拆除费用的计算应考虑设备的类型、数量、质量、现状、工作场所环境、设备安全系数、拆除工艺等因素，对其进行综合评估，结合评估结果，按照市场行情进行计算与支付。

第13条　在设备拆除时，工厂应配备专业技术人员进行操作，遵循相关法律法规要求，避免发生伤害事故或破坏环境的情况。

第14条　设备拆除后，须进行清理工作，分类处理拆卸材料并入库登记，以便后续管理和资产利用。

第4章　设备清理费用

第15条　在设备清理前，须对设备进行详细评估，明确设备类型、规格、数量、状态、储存位置等信息，形成清理方案。

第16条　设备清理费用应考虑设备表面污染程度、污染物的类型、清洗方式及清理难度等因素，按照评估结果合理确定。

第17条　设备处置过程中可能产生垃圾、污染物等，应及时清理，清理费用按照市场行情进行计算和支付。

第18条　设备清理过程中，应按照材料的分类、颜色、品种等进行统一处理，保证回收材料的质量。

第19条　清理完成后，须进行质检，并进行入库登记管理，以便后续使用。

第5章　设备加工费用

第20条　在设备加工前，须对回收材料进行分类、量化、质量检验等工艺处理，并形成加工方案。

第21条　设备加工费用应考虑回收材料的类型、规格、加工难度等因素，按照评估结果合理确定。

第22条　工厂在进行设备加工时，须注意安全环保，严禁使用有害化学品和致污材料。

第23条　设备加工完成后，应进行分类储存和标识，并及时建立台账和记录材料质量信息，以便后续使用。

第24条　加工过程应注意安全防范和保护设备性能，并确保加工后的产品符合相关标准和规定。

第6章　设备运输费用

第25条　对于回收设备和材料，应配备专车运输，运输过程要做好防护措施，确保物资安全。

运输费用的计算应考虑设备的类型、数量、状态及运输距离、运输方式等因素，对其进行综合评估，并按市场行情进行计算和支付。

第26条　运输过程中应注意设备的安全，避免损坏或丢失，并注意交通安全规范和路面交通秩序。

第7章 附则

第27条 本办法由设备管理部负责编制、解释与修订。

第28条 本办法自××××年××月××日起生效。

9.4.2 报废设备再利用管理办法

本办法具有以下作用：一是最大限度地利用报废设备的价值，减少资源浪费；二是降低工厂采购设备的成本，通过废弃设备改造、修理、升级等方式，有效提高设备的使用寿命；三是可以降低工厂对环境的污染，将废弃设备进行再利用，有效减少废旧物的产生，降低工厂的环保成本。

报废设备再利用管理办法

第1章 总则

第1条 为了规范工厂报废设备再利用的管理，提高工厂资产利用效率，有效保护环境，特制定本办法。

第2条 本办法适用于工厂内所有报废设备的鉴定、再利用和处置工作的管理。

第3条 报废设备再利用应坚持"先内部再外部"的原则，鼓励工厂内部实现设备资源共享，避免资源浪费及不必要的资金投入。

第2章 报废设备鉴定和登记

第4条 工厂应对报废设备进行鉴定，确认报废设备的使用范围、使用年限及技术状态等信息，并在设备上配置鉴定标识。

第5条 对于鉴定为有再利用价值的报废设备，应进行详细的登记，登记设备基本信息、鉴定结果、再利用方式、使用单位等相关信息。

第6条 对于鉴定为无再利用价值的报废设备，应按照有关法律法规要求进行处理，禁止在未经安全检测和质量评估的情况下进行设备再利用。

第7条 工厂应定期对报废设备进行审核，确认鉴定结果并及时更新鉴定标识。

第3章 内外部处理

第8条 对于未达到报废标准或能够修复的设备，应优先考虑在工厂内部不同生产线或不同车间之间对设备资源进行共享和再利用，以提高工厂的资产利用效率。

第9章　设备折旧、处置、报废、固定资产管理精益化

第9条　内部资源共享应明确资源共享主体和接受主体，并建立详细的资源共享清单和使用规范。

第10条　内部资源共享应考虑设备的适用性和使用年限等因素，严格按照设备的保养维修要求进行操作并合理控制设备使用寿命。

第11条　工厂应根据报废设备的不同情况，因地制宜地制定再利用方案，以最大限度地发挥设备的使用价值。

第12条　对于部分应报废、但主要部件仍可继续使用的设备，应对设备进行拆卸、更换、修缮等，实现资源缩减和再利用。

第13条　工厂应对已修复的设备进行再鉴定，并及时更新鉴定标识。

第14条　工厂报废的设备可以通过外部再利用的方式，减少资源浪费，在资源的回收和再利用上做到绿色环保，具体方式包括技术改造、租赁和出售，但应遵循相应的管理要求。

1.技术改造。工厂应充分发挥专业技术人员的优势，对报废设备进行技术改造，提高其适用范围和性能要求，促进设备资源更高效的利用。

2.租赁。在工厂报废设备对外租赁前，需要充分确认设备的状况，并对设备进行评估和鉴定，确定租赁价值，并制定详细的租赁方案，确定租赁价格、租期、租赁对象等内容，并与租赁方签订合同，约定相关的责任和义务。

3.售卖。在将报废设备向其他单位或个人出售时，应遵守有关法律法规，对设备的安全性和质量进行检测和评估，并建立详细的销售合同，保证设备再利用达到环保要求和安全标准。

第4章　环境保护管理

第15条　设备再利用过程应遵循环保原则，最大化减少污染排放和能源浪费。

第16条　在进行报废设备再利用时，应建立详细的环保管理制度，包括运输、使用及处理方案，确保设备再利用过程的环境安全。

第17条　设备管理部在报废设备的再利用过程中，应对被污染的土壤、水源采取有效的补救措施，对其进行清理、修复，消除污染隐患。

第18条　设备管理部对可再利用的报废设备应按照环保要求对其进行分类存放，并妥善保管设备及其配件的环保资料。

第5章 附则

第20条 本办法由设备管理部负责编制、解释与修订。

第21条 本办法自××××年××月××日起生效。

第10章

设备投资、租赁、保险、成本费用管理精益化

10.1 设备投资管理

10.1.1 设备投资计划

本计划主要具有以下作用：一是能够帮助工厂提高生产效率、降低生产成本、增强市场竞争力和提高产品质量；二是能够评估设备投资风险，保证生产安全；三是能够计算生产投入产出，帮助工厂实现长期稳健的发展。

设备投资计划

一、背景

随着工厂业务的发展和市场竞争的加剧，为了提高生产效率、降低生产成本、提高产品质量及满足市场需求的多样化，工厂决定对生产设备进行更新换代。本投资计划旨在明确设备投资的目标、原则、具体内容和实施步骤，确保投资活动的顺利进行和预期目标的达成。

二、投资目标

1.提高生产效率：通过引进先进的生产设备，提高自动化和智能化水平，减少人工操作，缩短生产周期。

2.降低成本：采用更高效、更节能的设备，降低能源消耗和原材料浪费，降低维护成本。

3.提高产品质量：通过精确控制生产过程，减少人为因素对产品质量的影响，提高产品合格率。

4.满足市场需求：根据市场需求的变化，调整生产线配置，提高产品多样性和灵活性。

三、投资原则

1.先进性：选择行业内技术领先、性能优越的设备。

2.经济性：在满足生产需求的前提下，注重设备的性价比，避免过度投资。

3.适用性：确保所选设备符合工厂的生产工艺、流程和质量要求。

4.可靠性：设备应具有良好的稳定性和耐用性，故障率较低。

5.可维护性：设备易于维护，备件供应方便。

四、投资内容

1.设备选型：根据生产需求和市场调研，确定所需设备的型号、规格和数量。

2.设备采购：与供应商进行谈判，签订采购合同，确保设备按时交付。

3.设备安装与调试：组织专业人员进行设备安装和调试，确保设备正常运行。

4.人员培训：对新设备操作和维护人员进行培训，提高操作水平，增强安全意识。

5.配套设施建设：根据设备需求，建设相应的配套设施，如电力、水源、排水等。

五、投资预算

本次设备投资预算总额为×××万元，具体分配如下：

1.设备购置费用：××万元。

2.安装调试费用：××万元。

3.人员培训费用：××万元。

4.配套设施建设费用：××万元。

5.其他费用（如运费、保险等）：××万元。

六、实施步骤

1.前期准备：进行市场调研，明确设备需求；制订投资计划，确定投资目标和原则；编制投资预算。

2.设备选型与采购：与供应商沟通，确定设备型号、规格和数量；签订采购合同，确保设备按时交付。

3.设备安装与调试：组织专业人员进行设备安装和调试，安装完成后对操作人员和维护人员进行培训。

4.试运行与验收：对新设备进行试运行，确保其符合生产需求；进行验收工作，确保设备质量合格。

5.后期维护与管理：建立设备维护和管理制度，定期对设备进行检查和维护；建立设备档案，记录设备使用情况和维护记录。

七、风险评估与应对措施

1.技术风险：由于设备技术更新换代迅速，可能存在所选设备技术落后或不符合未来发展趋势的风险。

应对措施：加强市场调研和技术评估，确保所选设备具有先进的技术水平。

2.市场风险：市场需求的变化可能导致设备投资回报率的降低。

应对措施：密切关注市场动态，及时调整生产线配置和产品策略。

3.财务风险：设备投资需要大量的资金投入，可能增加工厂的财务风险。

应对措施：合理安排资金筹措和使用计划，确保资金安全。

4.操作风险：新设备的操作和维护需要一定的专业技能和经验，可能存在操作不当或维护不当的风险。

应对措施：加强人员培训和安全意识教育，确保操作人员具备足够的技能和经验。

八、培训和支持

1.操作人员的培训计划：制订完善的培训计划，包括理论培训和实践操作培训，确保操作人员能够熟练掌握设备操作技能。

2.技术支持和维护服务：与供应商建立长期合作关系，确保在设备运行过程中能够获得及时的技术支持和维护服务。同时，建立设备故障应急响应机制，确保设备故障能够迅速得到解决。

九、监控和评估

1.设备性能监控：建立设备性能监控体系，定期收集和分析设备运行数据，确保设备稳定运行并不断优化性能。

2.收益跟踪：定期跟踪设备带来的收益情况，包括销售额增长、成本节约等方面，评估投资效果并调整计划。

3.定期审查和调整计划：根据项目实际情况和市场变化情况，定期审查和调整设备投资计划，确保计划与工厂战略保持一致并不断优化。

十、持续改进

根据设备运行过程中收集到的反馈信息和数据，制定改进措施以优化设备性能和生产效率。同时，建立员工反馈机制，鼓励员工提出改进意见和建议。

10.1.2 设备投资预算编制管理办法

本办法主要具有以下作用：一是可以明确投资预算编制思路，使编制过程科学合理；二是能够准确完整地预算数额；三是能够规范投资计划，避免因人为因素或数据失误导致的预算偏差或错误。

设备投资预算编制管理办法

第1章 总则

第1条 为了规范工厂生产设备投资预算编制管理，加强设备投资预算的编制和执行管理，提高设备投资预算的使用效益，特制定本办法。

第2条 本办法适用于工厂生产设备投资预算编制、执行等工作的管理。

第3条 本办法的编制以工厂规章制度和法律法规为基础，并遵循科学、合理、规范的原则。

第2章 编制思路

第4条 设备投资预算编制应根据工厂的生产计划和发展战略，结合现有设备情况，通过调研、分析等手段，确定需投资的生产设备的种类、数量、规格和性能等参数，在此基础上编制设备投资预算。

第5条 设备投资预算应包括设备采购、运输、安装、调试、培训、试产、保险、备件等费用，同时应考虑设备使用寿命、维修保养和更新换代等因素，合理安排资金预算和使用时间。

第6条 在设备投资预算编制过程中，应建立信息反馈机制，及时收集和分析设备投资预算执行情况，对预算实施过程中出现的问题及时调整。

第7条 设备投资预算编制应注重经济效益和社会效益的统一，以实现经济效益最大化为出发点，充分考虑社会效益和环境保护要求，做到投资合理、效益优化。

第3章 编制方案

第8条 设备投资预算编制方案应包括以下内容。

1.设备采购项目的名称、数量、规格、性能、单价等详细信息。

2.设备采购过程中需要支付的费用，如运输、安装、调试、培训、试产、保险、备件等费用。

3.设备投资预算资金来源、资金安排和使用计划。

4.设备采购项目的实施进度和时间节点。

5.设备采购项目的经济效益和社会效益分析，以及对环境保护的考虑。

第9条　设备投资预算编制方案的制定应做到精简、实用、可操作，编制人员应结合实际情况，严格控制预算金额，并在预算编制过程中充分考虑设备更新换代的需要，保证投资效益最大化。

第4章　费用计算

第10条　设备基础费用计算。

1.设备采购费用计算公式

（1）设备采购费用=设备单价×数量+运费+关税+保险费用。

（2）设备单价、数量、运费、关税、保险费用等应结合采购合同进行计算。

2.设备安装费用计算公式

（1）设备安装费用=设备安装费用+设备调试费用+培训费用。

（2）设备安装费用、设备调试费用、设备培训费用等应结合安装合同进行计算。

3.设备试产费用计算公式

（1）设备试产费用=设备调试费用+生产试验费用+人员培训费用。

（2）设备调试费用、生产试验费用、人员培训费用等应结合试产合同进行计算。

第11条　设备投资预算保险费用计算应根据设备采购价格、保险范围和保险期限等因素进行计算，并购买适当的保险种类。

（1）保险费用=设备采购价格×保险费率×保险期限。

（2）保险费率应根据设备种类、使用环境、保险范围等因素确定。

第12条　设备备件费用计算应根据设备种类、规格、数量、使用寿命等因素进行计算，并应根据备件的重要性确定备件的数量。

1.根据设备使用寿命和备件更换周期，确定备件的使用年限。

2.根据备件的重要性，确定备件库存量。

3.根据备件的使用频率和维修周期，确定备件的购买数量。

第5章　投资计划管理

第13条　设备投资预算编制完成后，应建立投资计划管理制度，统筹协调、监督管理设备投资预算的实施过程，确保设备投资预算的顺利实施。

第14条　设备投资计划管理应做好以下工作。

1.及时做好资金的筹措和支付工作，确保投资资金的有效使用。

2.严格按照设备采购进度和时间节点执行计划，及时解决实施过程中的问题，确保进度和质量要求的达成。

3.定期对设备投资预算执行情况进行监督、检查和评估，及时调整计划。

4.及时进行投资效益分析和评估，为工厂决策提供参考。

第15条　设备投资计划管理应建立健全内部管理机制，规范工作流程，明确责任分工，做好记录和档案管理工作，确保投资计划管理的有效性和可持续性。

第6章　附则

第16条　本办法由设备管理部负责编制、解释与修订。

第17条　本办法自××××年××月××日起生效。

10.2　设备租赁管理

10.2.1　设备租赁管理办法

本办法主要具有以下作用：一是能够明确工厂设备租赁范围，规范和管理工厂设备的租赁活动；二是能够规范租赁合同的签订与执行，确保设备租赁的合法性和规范性；三是能够帮助工厂明晰相关法律责任，保障工厂的生产运营和经济效益。

设备租赁管理办法

第1章　总则

第1条　为了规范工厂生产设备租赁行为，保障工厂和出租方的合法权益，特制定本办法。

第2条　本办法适用于工厂生产设备租赁的管理活动。

第3条　本办法的编制遵循以下原则。

1.设备租赁管理应依法合规，遵守国家有关法律法规和规章制度。

2.设备租赁应符合国家安全、环保、节能等要求，并严格按照国家标准进行检测和验收。

3.租赁双方应在平等、自愿、公平的基础上，签订租赁合同并严格按照合同履行义务。

第2章 租赁范围

第4条 工厂可向出租方租赁符合国家标准的生产设备。

1.机械设备租赁

（1）生产线设备租赁

①根据生产需求，工厂可以租赁各种定制化的生产线设备，以满足批量生产的需求。

②工厂在租赁设备时需提供设备使用环境及电气设备的要求，出租方根据这些要求为工厂设计、生产、安装和调试设备。

（2）机器人设备租赁

①工厂可以根据生产需求租赁各种机器人设备，如焊接机器人、搬运机器人、喷涂机器人等。

②出租方在租赁设备时需提供托盘分配器、堆垛机、穿梭车及自动导引车等以配合各类机器人设备的使用。

（3）起重机、压力机、冲床、切割机、钻床等设备租赁

①工厂可以租赁各种起重机、压力机、冲床、切割机、钻床等设备，以满足生产加工需求。

②出租方在租赁设备时需提供平衡器、电动绞盘、永磁起重器、电子吊秤钢板吊钳等辅助设备。

2.电气设备租赁

（1）发电机设备租赁

①工厂可以租赁各种类型的发电机设备，包括柴油发电机、汽油发电机、天然气发电机等。

②出租方在租赁设备时需提供相配套的预加热器与静音箱等，并根据相关要求为工厂提供适当的辅助发电设备。

（2）变压器设备租赁

①工厂可以租赁各种类型的变压器设备，如干式变压器、油浸变压器等。

②出租方在租赁设备时需提供变压器具体规格书，包括绝缘等级、各次级试验电压、电流、热断路器限值、结构图等。

（3）UPS设备租赁

①工厂可以租赁各种类型的UPS设备，如离线式UPS、在线式UPS等。

②工厂在租赁设备时需提供用电负荷及电气设备的要求，出租方根据这些要求为工厂提供适当的UPS设备。

第5条　工厂应选择符合生产需要和安全要求的设备进行租赁，并按照合同约定的租赁要求进行使用，不得将租赁设备转租、转让、抵押、担保或者用于其他非法用途。

第3章　出租方要求

第6条　出租方必须具备独立法人资格或具有有效的营业执照。租赁对象应提供其有效的法人资格证明文件或营业执照等相关证明材料，以证明其经营合法。

第7条　出租方必须提供真实、准确、完整的信息，并承担因提供虚假信息而引起的一切后果。

第8条　出租方在设备被租赁前，应对被租赁的设备进行正常使用和保管，不得将其用于非法用途或危及公共安全的活动。

第4章　合同签订与执行

第9条　合同签订相关要求如下所示。

1.租赁设备的名称、数量、规格、型号、使用场合、使用期限等必须在合同中明确约定。

2.合同中应约定租金、付款方式、付款期限、逾期利息等具体内容。

3.合同中应明确租赁设备的责任范围和保险责任。

4.合同中应约定租赁设备的使用方式、地点、用途等。

第10条　合同执行相关要求如下所示。

1.租赁双方应按照合同约定履行自己的义务，保证租赁设备的安全、完好和正常使用。

2.任何一方未经另一方同意，不得擅自变更租赁设备的使用方式、地点、用途等。

3.如有必要，出租方有权对被租赁设备进行检查和维修，工厂应积极配合。

4.如工厂未能按照合同约定履行义务，出租方有权采取相应措施，包括但不限于要求工厂停止使用租赁设备、收回租赁设备、要求工厂承担违约责任等。

第11条　合同变更相关要求如下所示。

1.合同变更必须经过双方协商一致，并签订书面变更协议。

2.变更协议应明确变更内容、变更原因、变更时间、变更范围、变更责任等相关事项。

第5章　费用管理

第12条　租赁设备的租金和相关费用应在租赁合同中明确约定。租金的支付方式可以是一次性支付或者分期支付，合同中应明确逾期未支付的违约金和滞纳金。

第13条　工厂应按照合同约定的时间和方式支付租金和相关费用。逾期未支付的，应按照约定支付违约金和滞纳金。

第14条　出租方应开具合法有效的发票，并在租赁合同约定的时间内向工厂提供发票。如有必要，工厂应及时向出租方提供相应的证明文件，以保证发票开具的顺利进行。

第6章　法律责任

第15条　如因出租方原因导致租赁设备无法正常使用的，出租方应承担相应的责任，并进行相应的赔偿。

第16条　如因工厂原因导致租赁设备损坏或者丢失的，工厂应承担相应的赔偿责任。

第17条　如出现纠纷，租赁双方应协商解决，如无法协商解决的，可以向相关仲裁机构或者人民法院提起诉讼。

第7章　附则

第18条　本办法由设备管理部负责编制、解释与修订。

第19条　本办法自××××年××月××日起生效。

10.2.2　设备融资租赁申报办法

本办法主要具有以下作用：一是能够明确设备融资租赁的申请条件和申请流程，方便工厂申请融资租赁；二是能够规范设备融资租赁各项业务操作，保障设备融资租赁的安全性和合法性；三是能够保障设备融资租赁过程中各方的权益，降低融资租赁风险。

设备融资租赁申报办法

第1章 总则

第1条 为了规范工厂设备融资租赁申报工作，提高申报质量和效率，特制定本办法。

第2条 本办法适用于工厂设备融资租赁申报工作。

第3条 设备融资租赁应按照国家有关法律法规和政策，遵循市场化原则，合理选择融资租赁方，严格履行融资租赁合同，确保资金使用安全和设备正常运行。

第2章 申报要求及条件

第4条 明确申请相关融资租赁资金应具备的条件。

1.工厂在当地合法注册并具备独立法人资格。

2.工厂符合政府规定的融资租赁业务补助、担保费补助、首次融资贴息、高成长企业贷款贴息的相关资格要求。

3.申请资金用途符合政府规定。

第5条 融资租赁业务补助申请资格要求。

1.在申请规定期间进行设备升级换代的中小微企业。

2.对直租项目，须提供设备购买发票，交付确认凭证等文件；对于售后回租项目，须提供融资租赁企业对承租方付款到账的银行等证明材料。

3.具备营业执照、外资批准证书、金融许可证等。

第6条 担保费补助申请资格要求。

1.合作担保机构需获得当地政府金融管理部门颁发的经营许可证。

2.保险机构必须是政府批准开展财产保险业务的保险公司。

3.提供合作担保机构（保险机构）的担保合同（保证保险合同）、与银行签订的贷款合同及贷款到账记账凭证、原始凭证等有效凭证。

第7条 首次融资贴息申请资格要求。

1.申报单位在期间内首次获得银行贷款，且该笔贷款此前未享受市级贴息。

2.在一定期间企业获得成立以来首次融资的有效证明。

3.提供与银行签订的贷款合同、贷款到账记账凭证、原始凭证等有效凭证。

第8条 高成长企业贷款贴息申请资格要求。

1.在一定期间存在银行贷款的企业。

2.必须已被认定为省高成长企业。

3.必须是已在股权交易中心"高成长板"成功挂牌的企业。

第3章 申报对接

第9条 为了响应政府提供的融资租赁资金政策，设立专门的融资租赁申报部门，负责申请、申报、审批等工作。

第10条 融资租赁申报部门的职责包括但不限于申请资金、编制申报书、递交申报材料、协助政府审核、跟进资金拨付等。

第11条 融资租赁申报部门的主要人员包括但不限于部门主管、申报负责人、申报专员等，他们应具备相关的专业知识和工作经验，能够有效地完成申报工作。

第12条 对政府在融资租赁申报过程中提出的问题和要求应及时解释说明，并提供相关的资料和证明，以便政府进行审核和决策。

第13条 按照融资租赁方要求，提交完整准确的融资申请材料，确保融资租赁申请能够得到及时审批。

1.融资申请材料包括工厂营业执照、税务登记证、财务报表、申报书、资产清单等，需要真实准确，并按照融资租赁方要求提交。

2.按照要求提供相关证明材料，如担保函、担保物评估报告等。

第4章 申报书编写与递交

第14条 为了保证申报书的质量和规范性，需要根据融资租赁申报书的编写规范进行编写，明确各项内容的填写要求和标准，确保申报书的完整、准确、规范。

第15条 申报书的递交应遵守相关规定，包括但不限于递交时间、递交方式、递交地点等。在规定的时间内递交完整申报材料，避免影响融资租赁资金的审核和拨付。

第16条 申报书应包括以下内容。

1.项目基本情况，包括项目名称、项目内容、投资总额等。

2.资金需求及用途，包括融资租赁金额、资金用途、融资租赁期限等。

3.还款来源和能力，包括还款来源、还款保障措施等。

4.风险评估和控制，包括风险评估、风险控制措施等。

第5章 附则

第17条 本办法由财务部负责编制、解释与修订。

第18条 本办法自××××年××月××日起生效。

10.3 设备保险管理

10.3.1 特种设备保险管理制度

本制度主要具有以下作用：一是能够明确保险公司与险种的选择方法，帮助工厂选择适合的保险；二是能够规范合同管理工作，确保特种设备的投保和理赔工作顺利进行；三是能够对一些相关注意事项做出提醒，降低特种设备在使用过程中出现的损失和风险，保障特种设备及相关利益人的合法权益。

特种设备保险管理制度

第1章　总则

第1条　为了规范特种设备保险管理，保障特种设备的安全运行，保护特种设备运行单位和其他相关方的合法权益，特制定本制度。

第2条　本制度适用于特种设备的保险管理。

第3条　本制度的内容与相关的法律法规和保险合同约定相一致。

第2章　设备范围

第4条　特种设备保险范围包括但不限于以下设备。

1.承压类设备。

主要包括锅炉、压力容器和压力管道。

2.机电类设备。

主要包括电梯、起重机械和厂内机动车辆。

第5条　特种设备保险管理应按照特种设备的类型和级别进行分类管理，确保不同类型和级别的设备享有相应的保险保障。

第3章　保险公司与险种选择

第6条　工厂在选择保险公司时，应考虑以下因素。

1.保险公司的信誉度和声誉，了解其是否有良好的市场口碑和客户反馈。

2.保险公司的经验和专业水平，确保保险公司能够提供有效的保险服务和专业的理赔处理。

3. 保险公司的服务水平和理赔效率，确保在发生事故时保险公司能够及时提供有效的保障和赔偿。

4. 保险公司的保险费率和条款是否合理，确保所选择的保险公司能够提供合理的保险费率和优质的保险条款。

第7条 在对保险公司进行评估，并确定主要的保险公司后，工厂应根据其特种设备的情况和保险需求，选择适合的险种。工厂应对自身特种设备的风险进行评估，并选择合适的险种以提供全面的保障。

1. 锅炉、压力容器。

（1）锅炉压力容器综合保险。对于锅炉及压力容器损失、雇主责任、第三者责任，保险公司分别承担保险责任。

（2）特种设备检验检测责任保险。对于操作人员的过失行为，自然灾害和意外事故致特种设备故障和爆炸、坠落或运行过程中的突然故障保险公司承担保险责任。

（3）特种设备责任保险，对于在使用过程中发生意外事故，造成第三者的人身伤亡和财产损失的保险公司承担保险责任。

2. 压力管道。

（1）特种设备检验检测责任保险。对于操作人员的过失行为，自然灾害和意外事故致特种设备故障和爆炸、坠落或运行过程中的突然故障保险公司承担保险责任。

（2）特种设备责任保险，对于在使用过程中发生意外事故，造成第三者的人身伤亡和财产损失的保险公司承担保险责任。

（3）特种设备第三者责任保险，对于在保险单载明的区域范围内，造成第三者人身伤亡或财产损失的保险公司承担保险责任。

3. 电梯。

（1）电梯责任保险，对于电梯在正常运行过程中发生事故，导致第三者遭受财产损失或人身伤亡的保险公司承担保险责任。

（2）特种设备检验检测责任保险。对于操作人员的过失行为，自然灾害和意外事故致特种设备故障和爆炸、坠落或运行过程中的突然故障保险公司承担保险责任。

4. 起重机械。

（1）起重机械综合保险附加起重货物责任保险，对于在保险期间内，保险合同中列明的起重机械在保险合同载明的作业区域范围内发生意外事故造成起重货物损失的保险公司承担保险责任。

（2）特种设备责任保险，对于在使用过程中发生意外事故，造成第三者的人身伤亡和财产损失的保险公司承担保险责任。

5.厂内机动车辆。

（1）机动车交通事故责任强制保险，保险公司对被保险机动车发生道路交通事故造成本车人员、被保险人以外的受害人的人身伤亡、财产损失，在责任限额内予以赔偿的强制性责任保险。

（2）机动车辆损失责任险，使用保险车辆时发生保险事故而造成保险车辆受损，保险公司在合理范围内予以赔偿的一种汽车商业保险。

第4章 合同管理

第8条 特种设备保险合同应明确特种设备的保险范围、保险期限、保险费率、保险金额、免赔额、保险责任等事项。

第9条 特种设备保险费率的计算应按照以下方法进行。

1.根据特种设备的使用年限和风险情况进行分类计费。

2.根据特种设备保险责任的免赔额、保险金额和保险期限进行具体费率计算。

（1）免赔额可以是保险赔款的一部分，由被保险人自行承担。

（2）具体金额根据特种设备实际风险情况和保险公司要求进行定制。

第10条 特种设备保险费率应根据风险等级和保险金额确定。

1.风险等级的影响因素。

（1）特种设备的结构和材料。

（2）特种设备的使用环境和工作条件。

（3）特种设备的维护和管理水平。

2.保险金额的确定应考虑特种设备的价值和保险责任的范围。

第11条 特种设备负责人应按照保险合同的约定购买保险，并确保保险金额与特种设备实际价值相符。特种设备负责人应保证保险合同的有效性，避免发生未投保、保险期限已过等情况。

第5章 理赔

第12条 确定理赔申报的时间、地点、材料和程序等要求，确保理赔申报的及时性和准确性。理赔申报应在事故发生后24小时内完成，理赔材料应包括事故报告、损失清单、维修记录等。

第13条　严格按照保险合同和险种条款的规定，对理赔事故进行认真核实和评估，确保理赔的公正性和合理性。特种设备负责人应对事故原因、损失情况、保险责任、免赔额等方面进行综合评估，对理赔金额进行精准计算。

第14条　对理赔事故进行深入分析，总结经验教训，不断完善和优化特种设备管理和风险防控措施，以预防和减少类似事故的发生。

第6章　注意事项

第15条　特种设备负责人和保险公司应定期检查保险合同，并及时进行合同变更、解除或终止。特种设备负责人应在设备的重大改造、迁移、报废等情况发生时及时告知保险公司，并协商解决相关保险问题。

第16条　特种设备负责人应定期进行特种设备安全检查和维护保养，确保设备的安全运行。安全检查应包括对设备本身、设备周边环境和设备使用人员的安全情况的全面检查。

第17条　特种设备负责人应定期向保险公司提供设备运行情况记录和维保记录，确保保险公司掌握设备的最新情况。

第18条　工厂应加强对特种设备的安全管理，确保设备的安全运行。还应完善安全管理制度和操作规程，并按照规定实施和检查。同时，还应加强对设备使用人员的安全培训和教育，增强其安全意识。

第7章　附则

第19条　本制度由设备管理部负责编制、解释与修订。

第20条　本制度自××××年××月××日起生效。

10.3.2　机械设备保险管理制度

本制度主要具有以下作用：一是可以帮助工厂选择更合适的保险险种和保险金额；二是能够帮助工厂避免不必要的损失和经济风险；三是有助于规范工厂在保险管理方面的行为，提高工厂保险管理效率和管理水平。

机械设备保险管理制度

第1章 总则

第1条 为了规范工厂机械设备保险管理，降低工厂损失和风险，特制定本制度。

第2条 本制度适用于工厂所有机械设备的保险管理。

第3条 本制度的内容与相关的法律法规和保险合同约定相一致。

第2章 保险公司与险种选择

第4条 必须选择有资质的保险公司作为保险合作伙伴，保险公司应是经过官方批准的保险公司，并在经营过程中遵守相关法律法规和行业规范。

第5条 根据机械设备的实际情况选择保险公司，可以从以下几个方面考虑。

1.保险公司信誉。了解保险公司的资信情况和声誉，选择有良好信誉的保险公司。

2.保险公司资质。了解保险公司的资质等级和保险业务经验，选择具有专业保险资质和丰富经验的保险公司。

3.保险公司保费。选择保险费用适中、保障范围广、服务质量好的保险公司。

第6条 在选择保险公司时，应从多个保险公司中选择，并对其进行评估和比较。考虑其在保险行业的口碑、资质认证、保险产品种类、服务质量等方面的表现。

第7条 根据机械设备实际情况，选择适当的保险险种，以降低机械设备损失风险。具体选择应根据机械设备的特点、风险等级、价值、保险需求等因素进行综合考虑，并结合实际情况进行相应的险种组合。

第8条 不同类型机械设备的险种选择。

1.小型机械设备。

机械损失险。保障机械设备在正常使用过程中发生的意外损失。

2.中型机械设备。

（1）机械损失险。保障机械设备在正常使用过程中发生的意外损失。

（2）全保险（综合险）。除机械损失险外，还保障机械设备在运输、安装、试车等过程中发生的损失，以及其他附加保障。

3.大型机械设备。

（1）机械损失险。保障机械设备在正常使用过程中发生的意外损失。

（2）全保险（综合险）。除机械损失险外，还保障机械设备在运输、安装、试车等过程中发生的损失，以及其他附加保障。

（3）业务中断险。保障机械设备在发生损坏时因无法正常运转而导致工厂业务中断所产生的损失。

（4）涉外保险。对于国际贸易和涉外合作的工厂，需要购买涉外保险，以保障机械设备在境内外安全运输、贸易、使用等过程中的保险责任。

第9条　在选择保险险种时，应了解险种的保险期限、费用、理赔程序等内容，以明确保险合同的条款和保障范围。

第3章　合同管理

第10条　选择保险公司后，工厂应与保险公司签订保险合同，明确双方的权利与义务。

1.确定保险合同的签署时间和有效期。

2.明确保险公司的赔偿责任和赔偿金额。

3.确定保险费用的支付方式、期限和金额。

第11条　在签订保险合同时，应认真审核合同条款，了解保险责任和免责条款。

第12条　在签订保险合同时，如实提供机械设备的相关信息，包括但不限于设备型号、规格、使用情况等。避免因故意隐瞒或虚报机械设备信息而影响理赔的有效性。

第13条　定期对保险合同进行审查，及时更新机械设备信息，并与保险公司进行沟通，确保合同的有效性。

第4章　理赔

第14条　合理利用保险，最大限度地减少损失，并及时向保险公司申请理赔。

第15条　如发生机械设备损失事件，应及时向保险公司报案，并提供相关证据和资料，以便保险公司能够及时开展理赔工作。

第16条　理赔须按照保险合同规定进行，工厂应积极配合保险公司开展理赔工作。如保险公司需要工厂提供相关证据和资料，工厂应及时提供，并确保证据和资料真实有效。

第5章　附则

第17条　本制度由设备管理部负责编制、解释与修订。

第18条　本制度自××××年××月××日起生效。

10.4　设备成本费用精益化实施指南

10.4.1　设备成本年度预算管理办法

本办法主要具有以下作用：一是明确了成本控制目标，可以帮助工厂优化设备成本结构；二是提供了成本预算分析方法，能够提高工厂资源利用效率；三是规范了设备成本预算执行，能够确保工厂设备成本制定的科学性、合理性和有效性。

设备成本年度预算管理办法

第1章　总则

第1条　为了规范设备成本预算管理，制定科学合理的设备成本预算，保证设备成本目标的实现，特制定本办法。

第2条　本办法适用于工厂各部门的设备年度成本预算管理。

第3条　严格按照设备成本年度预算管理办法，建立完善的成本预算制度和执行机制，加强成本预算的分析、监控、评估和调整，确保设备成本控制目标的实现。

第2章　成本目标控制

第4条　设备成本目标控制的内容包括以下两个方面。

1.设备成本总量目标控制。

（1）确定工厂设备成本总量目标。

（2）制定具体措施，保证设备成本总量目标的实现。

2.设备成本结构目标控制。

（1）根据工厂的经营目标，制定各项设备成本的结构目标。

（2）采取有效措施，控制各项设备成本的结构，保证实现设备成本结构目标。

第5条　针对不同类型设备和不同部门，在设备成本控制方面设定最高限额。

1.内部定额的制定应严格遵循成本管理政策和财务会计制度的要求，确保内部定额的科学、合理、准确和可靠。

2.内部定额应充分考虑产品的生产工艺、生产能力、质量要求等因素，同时还应考虑到经济、技术、法律、环境等因素的影响。

3.内部定额应与工厂的成本核算体系相适应,确保内部定额的科学性和实用性。

4.内部定额应定期进行检查和修订,确保内部定额的及时性和有效性。

第6条　设备年度成本预算内部定额具体应用范围包括产品成本核算、成本控制、利润分析、经济效益评价、定价等方面。

1.内部定额使用应科学、合理、准确、可靠,严格按照内部定额进行成本核算,避免盲目随意地调整内部定额。

2.内部定额使用应与工厂经济实际相适应,并及时进行调整,以确保成本核算的准确性和可靠性。

第7条　各部门应在设备成本目标控制指标的基础上,合理制定本部门设备成本目标,并将设备成本控制目标纳入年度工作计划。

第3章　成本预算分析

第8条　设备年度成本预算分析的内容包括以下两个方面。

1.对设备年度成本预算的总量进行分析,确定是否与工厂经营目标相符。

2.对设备年度成本预算的结构进行分析,确定各项成本预算是否合理。

第9条　对设备成本进行分类分析,确定各类成本的目标,包括设备采购成本、维修保养成本、能源消耗成本、人员培训成本等方面的成本。

第10条　采用专业的成本分析方法,分析设备成本的构成和变化趋势,制定成本分析报告,为设备年度成本预算的编制提供参考。

1.对比预算和实际成本,分析偏差的原因,并采取措施进行纠正。

2.对成本预算的执行情况进行定期分析和评估,发现问题及时加以解决。

3.对成本预算的分析结果进行汇总和归纳,形成成本管理和决策的参考依据。

第4章　成本预算编制与审批

第11条　设备年度成本预算的编制和审批应科学合理、公正公平。

1.确定成本预算编制的时间和任务分工。

2.收集和分析与成本预算相关的信息和数据。

3.根据工厂经营目标和战略规划,制定成本预算的总体目标和指标。

4.制定各部门的成本预算,明确各项支出和收入的来源和用途。

5.整合各部门的成本预算,编制全年度的成本预算。

6.对成本预算进行评审和修改，最终确定成本预算。

第12条　设备年度成本预算审批应按照工厂内部规定的程序进行，严格遵循审批制度，确保审批过程的公开透明。

第13条　审批部门应对设备年度成本预算进行全面审核，检查预算数据的真实性和合理性，发现问题及时提出调整意见。

第5章　成本预算执行与超预算处理

第14条　成本预算的执行和分析要求。

1.成本预算的执行应严格按照预算计划进行，确保成本的控制和管理。

2.成本预算的分析应对比实际成本和预算成本，分析偏差的原因，并采取措施进行纠正。

3.成本预算的执行和分析应及时、准确、完整地反映各项成本的情况，为工厂管理决策提供科学依据。

第15条　超预算处理方法。

1.召开相关负责人会议，对设备成本超预算问题进行深入分析和研究，明确各个部门和人员的责任和任务，制订具体的工作计划和时间表。

2.对已超预算的设备项目进行全面的评估和审查，确定超预算的具体原因和影响，并制定相应的解决方案。

3.针对超预算的具体原因，采取应对措施，包括但不限于调整设备采购方式、减少设备数量、选择更经济实用的设备型号、重新谈判价格等。

4.加强与设备供应商的沟通和合作，充分发挥采购招标的优势，对设备的价格、性能和质量进行充分的比较和评估，确保设备的采购与使用具有经济性和可行性。

第16条　成本预算执行评价应定期进行，评价要注重量化指标和质化指标的综合考虑，避免单纯追求成本降低而影响工厂经营发展。

第6章　附则

第17条　本办法由财务部负责编制、解释与修订。

第18条　本办法自××××年××月××日起生效。

10.4.2 设备成本费用控制管理办法

本办法主要具有以下作用：一是可以规范设备成本费用的控制管理；二是可以确保设备安装、保养、维修等方面的费用得到有效控制和管理；三是可以帮助工厂节约成本、提高效率、优化设备使用效果。

设备成本费用控制管理办法

第1章 总则

第1条 为了规范工厂设备使用行为，控制设备成本费用，提高设备利用率，保证设备安全运行，提高工厂经济效益，制定本办法。

第2条 本办法适用于工厂所有设备成本费用控制的管理。

第3条 设备成本费用管理应以工厂的经济效益为核心，以节约成本为目标，不断提高设备的运行效率和降低设备的运营成本。

第2章 设备安装成本控制

第4条 在设备安装前，须编制设备安装计划，明确安装过程中所需的费用。设备安装计划应包括以下内容：

1.设备安装方案。

2.安装所需的各项费用预算。

3.安装过程中需要注意的事项。

第5条 设备安装费用预算应按照以下标准制定。

1.设备本身的费用，应按照设备采购价计算。

2.设备的调试费用，应按照设备调试工程量计算。

3.人工费用，应按照实际工作量计算。

4.运输费用，应按照实际运输距离和运输方式计算。

第6条 设备安装成本的控制措施

1.评估并比较不同的设备供应商的报价，选择性价比最优的设备供应商。

2.严格执行设备采购流程，避免在采购过程中出现滥用职权、贪污腐败等现象。

3.通过合理规划设备的位置和使用空间，减少不必要的设备安装和调试费用。

第3章 设备保养成本控制

第7条 设备保养费用应控制在预算范围内,如需超出预算,应制定合理的变更方案并经相关部门审批。在设备保养过程中,应按照保养计划进行操作,如发现问题,应及时进行整改。

第8条 设备保养费用预算应按照以下标准进行制定。

1.工具和材料费用,应按照实际需要的工具和材料的数量和单价计算。

2.人工费用,应按照实际工作量计算。

3.其他费用,如出现特殊情况,需额外支出费用,应经相关部门审批后予以支付。

第9条 设备保养成本的控制措施。

1.制订设备保养计划,并定期检查和评估计划的执行情况。

2.选择合适的保养方法和保养人员,提高保养效率和质量。

3.对于设备保养和维护中的重点部位,采取专业化维护方法,延长设备寿命。

第4章 设备能耗成本控制

第10条 设备电能消耗控制措施。

1.对于需要连续工作的设备,应设定自动关机时间,每日设定的工作时间不得超过10小时,休息时间不得少于2小时。

2.对于间歇性使用的设备,应在使用完毕后及时关闭设备,确保不会浪费能源。同时,定期检查设备的节能性能,及时更换高效节能器材。

3.针对主要消耗电能的设备,应定期进行能耗分析,了解设备的能耗状况,并根据分析结果制定相应的能耗控制方案。例如,使用低耗能设备替换高耗能设备、优化设备运行模式、改善设备使用环境等。

第11条 设备水电消耗控制措施。

1.对于需要连续工作的设备,应设定自动关机时间。水电能耗每日不得超过100度,每月不得超过3000度。

2.使用能源计量系统,定期检查能源使用情况,控制水电能耗不超出设定的范围。

3.对于水电能源的浪费现象,设备管理员应及时向相关人员发出警告,并采取相应的纠正措施。

第12条　设备管理员应建立设备能耗计划和预算，控制设备的能耗成本在设备总成本的10%以内。

1.设备能耗计划应根据设备的使用情况、设备类型和设备制造商要求等因素制订，明确设备的能耗目标和节能措施。

2.设备能耗预算应每年进行调整，以适应工厂的实际需要和能源价格变化。

第5章　设备检修、维修、大修成本控制

第13条　在设备出现故障或老化时，需制订检修、维修、大修计划。计划应包括以下内容：

1.检修、维修、大修方案。

2.检修、维修、大修所需的各项费用预算。

3.检修、维修、大修过程中需要注意的事项。

4.检修、维修、大修周期和频率。

第14条　检修、维修、大修费用预算应按照以下标准进行制定。

1.工具和材料费用，应按照实际需要的工具和材料的数量和单价计算。

2.人工费用，应按照实际工作量计算。

3.其他费用，如出现特殊情况，需额外支出费用，应经相关部门审批后予以支付。

第15条　设备检修、维修、大修成本的控制措施。

1.制定完善的设备检修、维修、大修计划，定期检查和评估计划的执行情况。

2.采取先进的检修、维修、大修技术，提高检修和维修效率和质量。

3.在设备检修、维修、大修过程中，注重人员的安全，保护设备的完整性。

第6章　设备租用成本控制

第16条　建立设备租用审批制度，设备管理员应严格执行设备租用审批制度，确保设备租用符合工厂的实际需要和经济利益。

1.设备租用费用应在设备总价值的5%以内。

2.对设备租用期限应根据实际需要和设备使用寿命等因素综合考虑，合理控制设备租用期限。

第17条　设备管理员应建立设备租用档案，包括设备租用合同、租金支付凭证、设备租用费用清单、设备租用记录等信息。

1.设备租用记录应每月更新，并记录在设备租用档案中。

2.设备租用费用清单应明确列出每月的租金及其他相关费用，确保租金支付的准确性和及时性。

第18条　优先考虑购买设备，无法购买时采用租用设备，以降低设备租用成本和稳定设备的使用。

1.对于长期使用的设备，应优先考虑购买，避免长期租用导致的高额租金成本。

2.对于短期使用的设备，可以考虑租用，但应进行租金比较和谈判，以降低租用成本。

第7章　附则

第19条　本办法由设备管理部负责编制、解释与修订。

第20条　本办法自××××年××月××日起生效。

第 11 章

设备安全、环保、故障、事故管理精进化

11.1 设备安全管理

11.1.1 设备安全监控管理制度

本制度主要具有以下作用：一是可以规范设备安全监控管理行为，确保设备管理人员具备正确的管理意识和行为规范；二是可以保障设备安全，确保设备在正常运行过程中处于安全状态，避免安全事故的发生；三是可以保证设备的正常运行，延长设备的使用寿命，提高设备利用效率。

设备安全监控管理制度

第1章　总则

第1条　为了保障设备的安全运行，提高设备的使用效率和可靠性，特制定本制度。

第2条　本制度适用于工厂所有设备的安全管理工作。

第3条　设备管理人员应认真执行本制度，加强设备管理，提高设备的使用效率。

第2章　运行巡检

第4条　工厂应定期进行设备巡检，巡检周期应根据设备类型、使用环境等实际情况确定，具体要求如下。

1.巡检周期。根据设备类型和使用环境确定，一般不少于1个月，不超过6个月，具体周期应由设备管理部或设备使用单位确定。

2.巡检时间。应在设备停止运行后进行，避免巡检过程影响设备的正常运行。

3.巡检频率。应根据设备的重要程度和安全性要求进行调整，对于关键设备应增加巡检频率。

第5条　巡检内容应根据具体设备类型和使用环境确定，包括以下四个方面。

1.设备的物理状况，包括设备的外观、结构、零部件的完整性和损坏情况等。

2.设备运行状态，包括设备的启停情况、工作参数、工作负荷、温度、振动等参数。

3.设备安全性能,包括电气安全、机械安全、防护措施等,确保设备符合国家相关标准和安全要求。

4.环境条件,包括设备的使用环境、温度、湿度等参数。

第6条 巡检结果应记录在设备档案中,记录以下内容。

1.巡检时间,记录设备的巡检时间。

2.巡检结果,包括设备的物理状况、运行状态和安全性能的测试结果等。

3.处理措施,对发现的问题进行记录和处理,并记录问题的解决情况。

设备档案应随设备一起保存,并应按照国家和行业相关标准进行分类、整理和管理。

第3章 技术监控

第7条 设备监控系统。

1.安装和维护设备监控系统,包括高清摄像头、入侵监测系统、温度传感器等先进设备,以实现对关键区域和设备的全面监控。

2.定期进行系统巡检和设备状态检查,保证监控系统的稳定运行,使监控覆盖率达到95%以上。

第8条 设备事件日志监控。

1.启用设备事件日志记录功能,实时记录设备的运行状态和异常情况,并确保日志记录精度达到秒级。

2.制定日志监控规则,通过日志分析工具对异常事件进行实时监测,设置合理的阈值和规则,以确保对重要事件的及时发现和处理。

3.定期对设备事件日志进行审查和分析,使用数据挖掘技术提取关键信息,识别设备故障、攻击行为等异常事件,提高事件溯源和问题排查的准确性和效率。

第9条 网络流量监控。

1.部署先进的网络流量监控设备和工具,对设备的网络通信进行全面监测。

2.建立基于行为分析和机器学习的网络监控规则,实时检测异常流量、DDoS攻击、恶意代码传播等网络攻击行为,确保对攻击的快速响应和阻断。

3.定期进行网络流量数据分析,利用大数据技术识别网络威胁,通过实时可视化报告和安全事件仪表盘全面了解网络安全状态。

第4章　大数据监控

第10条　监控数据收集和储存。

1.建立高效的数据采集系统，采集设备监控数据、事件日志和网络流量数据，并确保数据的完整性和准确性。

2.采用分布式储存和备份技术，确保数据安全储存和高可用性，并制定数据保密政策，加密关键数据以防止数据泄露。

第11条　监控数据分析与挖掘。

1.建立强大的大数据分析平台，利用高性能计算、机器学习和人工智能等先进技术，对设备监控数据进行深度分析和挖掘。

2.工厂应使用适合的数据分析算法和模型，如聚类分析、异常检测和预测模型，以识别设备异常行为、安全漏洞和威胁等问题。

3.通过数据可视化和报表展示，提供直观的监控结果和安全风险评估，为决策者提供及时的安全信息和建议。

第5章　网络安全

第12条　设备应采取合理的网络安全措施，具体包括以下四个方面。

1.访问控制。根据用户的不同需求和权限，对设备进行访问控制，防止未授权用户对设备进行访问。

2.防病毒和防恶意软件。对设备进行定期的防病毒和防恶意软件扫描，确保设备不受病毒和恶意软件的侵害。

3.网络隔离。对设备进行网络隔离，防止设备受到来自外部网络的攻击。

4.日志管理。对设备进行日志管理，记录设备的访问记录和操作记录，以便进行设备使用追踪。

第13条　设备应定期进行网络安全评估和测试，评估和测试应包括以下三个方面。

1.网络漏洞评估。评估设备网络安全存在的漏洞和风险，提出相应的解决措施。

2.渗透测试。对设备进行渗透测试，测试设备是否存在安全漏洞和风险，提出相应的解决措施。

3.安全加固。根据评估和测试结果，对设备进行安全加固，提升设备的安全性能。

第14条　应根据国家和行业相关标准对设备进行网络安全保护，并建立完善的网络安全管理制度和应急预案，确保设备的网络安全和应急响应能力。

第15条　设备管理人员应定期进行网络安全培训和技术交流，增强网络安全意识，提高技能水平，并及时掌握和应对网络安全事件。

第6章　预警和应急响应

第16条　建立健全设备安全事件预警机制，结合技术监控和大数据分析，设定合理的预警规则和触发条件。

第17条　配置自动化预警系统，及时发出警报并通知相关责任人，以快速响应和处理安全事故。

第18条　制定应急响应方案，明确安全事故的处理流程和责任分工，确保安全问题能够快速、准确地得到解决。

第7章　附则

第19条　本制度由设备管理部负责编制、解释与修订。

第20条　本制度自××××年××月××日起生效。

11.1.2　大型设备、特种设备安全管理制度

本制度主要具有以下作用：一是可以确保各个环节的设备管理安全可靠，防范事故和故障发生；二是可以确保设备操作人员的合法授权和技能水平，提高设备操作的安全性和效率；三是可以确保设备管理制度的有效执行，及时发现和解决存在的问题。

大型设备、特种设备安全管理制度

第1章　总则

第1条　为了保障大型设备、特种设备的安全使用，规范设备管理行为，特制定本制度。

第2条　本制度适用于工厂所有大型设备、特种设备的安全管理工作。

第3条　大型设备、特种设备的管理坚持安全第一、预防为主、综合治理的原则。

第2章 设备范围

第4条 大型设备范围。

1.发电机组。包括火力发电机组、水力发电机组、核电发电机组等各类发电机组。

2.高空作业设备。包括塔吊、起重机、升降机等用于在高空进行作业的设备。

3.石油化工设备。包括反应器、分离器、储罐、换热器等用于石油化工生产过程的设备。

4.大型机械设备。包括挖掘机、装载机、推土机、铲车等用于工程建设和土地开发的设备。

5.电力设备。包括变压器、开关设备、发电设备、输电线路等用于电力生产和传输的设备。

6.冶金设备。包括高炉、烧结机、炼钢设备、轧钢机等用于冶金行业的设备。

7.高压设备。包括变电站设备、输电线路、电缆等用于高压电力传输和分配的设备。

第5条 特种设备范围。

1.承压类设备。主要包括锅炉、压力容器、压力管道等。

2.机电类设备。主要包括电梯、起重机械、厂内机动车辆。

第3章 购置与安装安全

第6条 大型设备、特种设备购置应按照安全技术规范和国家标准进行,采购前应对设备进行严格的评估和鉴定,严格审查供应商的资质和信誉。

第7条 大型设备、特种设备安装应按照设备安装说明书和相关标准进行,必要时应聘请专业技术人员进行安装。

1.安装方案。要求供应商提供安装方案,工厂按照方案进行安装。

2.安全检查。安装完成后进行安全检查,确保设备安装符合要求。

3.安装验收。按照验收标准进行验收,确保设备符合要求。

第8条 大型设备、特种设备安装完成后应进行设备交接和技术培训,确保设备使用人员掌握设备的操作和维护知识。

第9条 大型设备、特种设备安装完成后,应进行验收,并做好设备的备案、登记等相关手续。

第4章　日常使用安全

第10条　大型设备、特种设备使用前应进行必要的检查，包括设备的外观检查、电气检查、机械传动部分检查等。具体包括以下要求：

1.外观检查，检查设备表面是否有破损、变形、裂纹、锈蚀等情况，并进行记录。

2.电气检查，检查设备的电缆、插头、接线端子、电源、保险丝等电气设备是否正常，并进行记录。

3.机械传动部分检查，检查设备的轴承、传动带、齿轮、减速机、传动链等机械部件是否正常，并进行记录。

第11条　大型设备、特种设备日常使用应遵守以下要求：

1.禁止超载使用。严格按照设备规定的使用范围和使用条件进行使用，禁止超载使用设备。

2.禁止私自改动。禁止未经批准私自改动设备，特别是禁止改动安全装置。

3.禁止使用失效设备。发现设备出现故障或失效应立即停止使用，并进行维修或更换。

4.禁止无人值守。设备使用期间应有专人看管，禁止无人值守。

第12条　大型设备、特种设备使用中应遵守操作规程，包括设备的正常操作流程、操作时的安全注意事项等。如发现异常情况应及时停机检查，确认问题并进行处理。

第5章　检查维护安全

第13条　大型设备、特种设备检查维护应按照制订的计划进行，定期进行设备巡检、保养、维护和维修，确保设备的正常运行和使用寿命。

1.设备巡检。按照设备巡检计划，定期对设备进行巡检，发现问题及时处理。

2.设备保养。按照设备保养计划，对设备进行清洁、润滑、调整等工作，确保设备处于良好状态。

3.设备维护。按照设备维护计划，对设备进行更换易损件、校准等工作，确保设备的正常运行。

4.设备维修。对于发现的设备故障，应及时报修并由专业人员进行维修。

第14条　大型设备、特种设备检查维护记录应详细、真实、完整，并应保存备查。

1.检查维护记录。对设备巡检、保养、维护、维修等情况应进行详细的记录。

2.记录的内容。记录内容应包括时间、人员、工作内容、发现问题、处理情况等信息。

3.保存备查。记录应保存备查，要确保记录的真实性和完整性。

第6章　报停安全

第15条　如发现大型设备、特种设备存在安全隐患或需要进行大修等情况时，应及时申请报停。

1.设备报停应在规定时间内提出申请，并由设备管理人员审核后报批。

2.设备报停申请表格应详细填写设备名称、型号、报停原因、报停时间和预计恢复使用时间等信息。

3.如有需要，应在设备报停前采取必要的安全措施，避免可能的安全事故和损失。

第16条　设备报停措施。

1.设备报停后应按照报停申请表上的报停时间进行停机操作。

2.设备报停期间，应在设备周围设置明显的安全警示标志，严禁他人进入设备周围区域。

3.设备报停后，设备管理人员应在规定时间内进行检查维护，以确保设备的正常运行。

第17条　设备报停恢复。

1.设备报停恢复前，应对设备进行必要的检查和试运行，确保设备安全可靠。

2.设备报停恢复时，设备管理人员应及时通知相关人员，确保设备正常使用。

3.设备报停恢复后，设备管理人员应记录恢复时间和过程，并在设备管理档案中进行备案和存档。

第7章　附则

第18条　本制度由设备管理部负责编制、解释与修订。

第19条　本制度自××××年××月××日起生效。

11.2 设备环保管理

11.2.1 设备运行与维修环境保护管理办法

本办法主要具有以下作用：一是可以规范设备运行和维修过程，避免对环境造成污染和损害；二是可以加强对环境因素的安全管理和监督，预防和控制环境污染事故的发生；三是可以优化工厂形象，提高工厂市场竞争力。

设备运行与维修环境保护管理办法

第1章 总则

第1条 为了保护环境、预防污染、避免安全事故的发生，规范设备运行和维修过程，特制定本办法。

第2条 本办法适用于工厂所有设备的运行和维修工作。

第3条 在设备运行与维修过程中，必须严格控制污染物排放，减少环境污染，避免违反相关国家环境保护规定。

第2章 化学品及油品控制

第4条 在设备运行和维修过程中，严格控制化学品和油品使用量，其使用规格必须符合国家和行业标准。

1.化学品使用量不得超过安全使用浓度的1/3（如使用浓度为15%的化学品，实际使用量不得超过5%）。

2.油品使用量应控制在生产工艺标准的范围内。

第5条 使用化学品和油品时，应按照国家有关标准和规定执行，并采取相应的防护措施，防止事故的发生。

1.对于使用液态化学品的设备，应该采用封闭式输送系统，避免泄漏和挥发。

2.对于使用油品的设备，应该使用高品质、低挥发的油品，并定期更换和回收。

3.对于储存化学品和油品的场所，应该严格遵守安全管理规定，并定期进行检查和维护。

第6条　使用过的化学品和油品应妥善存放和处置，不得乱倒乱扔，防止对环境和人体造成污染和危害。化学品和油品废弃物应妥善处理，处理方式应符合国家有关规定和标准。

第7条　使用化学品和油品的人员，应接受相应的安全培训，熟悉化学品和油品的性质和安全使用方法。使用人员应接受至少1次安全培训，并在培训后进行考核。

第3章　噪声控制

第8条　在设备运行和维修过程中，应控制噪声排放，保证噪声水平在国家标准范围内。噪声限值按照国家规定执行，同时结合工厂实际情况进行具体限制。

第9条　对于产生噪声的设备，必须采取措施降低噪声水平。

1.通过使用隔音材料、增加消音器、设置隔声屏等进行隔音。

2.采用声屏障、地下室、封闭式建筑等方式进行隔音。

3.设备应定期检查和维护，避免设备在运行过程中因故障而产生过多噪声。

第10条　严格控制噪声污染的时间和范围。

1.对于位于居民区附近的设备，应该在夜间和节假日减少或停止运行。

2.设备运行时，应该确保噪声水平符合国家和地方标准，并定期进行噪声监测和评估。

第4章　大气污染控制

第11条　在设备运行和维修过程中，应采取措施控制大气污染物的排放。

1.使用低排放和高效过滤的设备。

2.定期清洗和更换过滤器和除尘器。

3.对于烟囱和废气口，应该安装合适的排放管道，避免对周围环境造成污染。

第12条　对于产生大气污染的废气，应采用适当的治理设施进行处理，使其达到国家排放标准。可以采用物理、化学、生物等多种方法进行治理，如烟气脱硫、脱硝、除尘等技术。

第13条　在设备运行和维修过程中，应编制废气排放报告，记录废气排放量和排放浓度等信息，并按照国家有关规定和要求向相关部门报送。同时，应按照国家有关规定和要求定期公开废气排放信息。

第5章　废水控制

第14条　在设备运行和维修过程中，应控制废水排放，保证废水排放水平在国家标准范围内。同时结合本工厂实际情况制定废水排放控制方案，定期进行监测和检测，确保排放符合国家标准。

第15条 在设备运行和维修过程中，应采取措施控制废水的排放。

1.将废水集中处理，采用生物处理、膜过滤等方式进行处理。

2.定期清洗和维护污水处理设备。

3.对于废水的排放口，应该安装合适的管道和阀门，避免废水外泄对周围环境造成污染。

第16条 对于产生的废水，必须采用适当的处理设施进行处理，以达到国家排放标准。可以采用物理、化学、生物等多种方法进行治理，如使用沉淀、生化处理、膜分离等技术。

第6章 废料控制

第17条 在设备运行和维修过程中，应采取措施控制废料的产生和处理。

1.减少不必要的包装材料和耗材使用。

2.对于产生的废料，应该分类储存和处理，进行可再利用、可回收、可处置的处理。

3.定期清理和维护废料储存和处理的场所，避免废料对周围环境造成污染。

第18条 废料处理应该符合国家和地方标准，并定期进行监测和评估，确保处理的方式和效果符合相关要求。

第7章 附则

第19条 本办法由设备管理部负责编制、解释与修订。

第20条 本办法自××××年××月××日起生效。

11.2.2 精密设备工作环境管理办法

本办法主要具有以下作用：一是可以规范精密设备工作环境的环保管理，增强环境保护意识；二是可以加强环境监测、控制和管理，预防精密设备工作环境污染和事故发生；三是可以保证精密设备正常运行，提高生产效率和产品质量，促进工厂的可持续发展。

精密设备工作环境管理办法

第1章 总则

第1条 为了规范精密设备工作环境的环保管理，增强工厂内部操作人员的环境保护意识，特制定本办法。

第2条 本办法适用于工厂所有精密设备工作环境的管理。

第3条 精密设备工作环境的环保管理坚持预防为主原则，同时加强环境监测、控制和管理。

第2章 控温环保

第4条 精密设备工作场所室温应在18℃~26℃，温度参数要定期进行监测，及时处理异常情况。

第5条 对于需要控制温度的精密设备，应该配备相应的温度调节设备，保证设备在稳定的工作温度下运行。并配备温度记录仪，按规定进行记录和存档。

第6条 控温环保优化措施。

1.采用风冷式机房空调系统，减少冷却水的使用，达到节约水资源的目的。

2.对机房内的照明系统进行改造，采用LED灯具、传感器等，减少电能消耗，达到节能环保的效果。

3.建立冷机房，并采用热回收技术，将冷却产生的废热回收利用，减少能源浪费和对环境的污染。

第3章 控湿环保

第7条 精密设备工作场所的湿度应控制在40%~60%，湿度过高或过低都会影响设备的稳定性和寿命。室内湿度等环境参数应定期进行监测，并及时处理异常情况，保证室内湿度的稳定。

第8条 对于易受潮的设备或材料，应采取相应的防潮措施，如使用除湿器等。另外对于易受潮的设备和材料，应采取防霉、防腐等措施，如使用防霉剂、定期清洁等。

第9条 控湿环保优化措施。

1.采用节水技术，如废水回收、雨水收集等，减少水资源的使用和浪费。

2.对机房内的地面和墙壁进行防潮处理，防止水汽从地面或墙壁渗透到机房内，保证机房内环境的干燥。

3.定期检查机房内的水管、水泵等设备，确保其正常运行，保证其无漏水现象。

第4章　控压环保

第10条　设备机房内的气压应控制在正常范围内，避免气压过高或过低对设备运行造成影响。设备机房内的气体应定期检测，保证气体质量符合国家标准。

第11条　对于可能产生有害气体的设备或材料，应进行气体检测，并采取相应的措施。另外对于需要排放废气的设备，应该配备废气处理设备，将需要排放的废气处理合格后再排放。

第12条　控压环保优化措施。

1.采用节气技术，如蒸汽回收、废气处理等，减少气体的排放和浪费。

2.对机房内的气体管道进行防腐处理，避免因气体管道腐蚀而引起的气体泄漏和污染。

3.在气体处理过程中，采用多级过滤技术，对气体进行净化处理，确保其纯度和质量。

第5章　能耗环保

第13条　设备机房内应加强对能源使用情况的监测和分析，制定合理的能源管理方案。按照规定的使用方式和时间进行操作，避免设备长时间运行或空转造成能源浪费。

第14条　设备机房内应对设备进行定期维护和检修，清洁设备表面和内部，保持设备的良好运行状态，避免能源浪费。

第15条　能耗环保优化措施。

1.采用太阳能发电技术，利用自然资源进行电能的生产，减少对传统能源的依赖和消耗。

2.对于能耗较高的设备，应采取相应措施进行控制，如优化设备结构、采用节能材料、控制使用时间等。

3.对于需要用水的设备，应采取节约用水措施，如安装回收设备等。

第6章　重金属控制

第16条　设备机房内应禁止使用含有铅、汞、镉、六价铬等有害重金属材料。加强重金属进出机房监测管理，定期进行环境监测，避免产生环境污染。

第17条　对设备中可能含有重金属元素的部件和材料进行认真排查，确定其排放源和排放量。对设备中可能存在的重金属元素进行分析测试,确定污染物种类和浓度。根据重金属排放源和污染物种类,制定相应的重金属控制措施。

第7章 附则

第18条 本办法由设备管理部负责编制、解释与修订。

第19条 本办法自××××年××月××日起生效。

11.3 设备故障、事故精进化管理

11.3.1 设备故障管理办法

本办法主要具有以下作用:一是可以加强对设备管理和维护,提高设备利用率和寿命;二是可以提高设备的稳定性和可靠性,降低设备故障率;三是可以确保设备故障得到及时诊断、处理和解决,减少故障对工厂运营的影响。

设备故障管理办法

第1章 总则

第1条 为了确保设备故障得到及时诊断、处理和解决,减少故障对工厂运营的影响,特制定本办法。

第2条 本办法适用于工厂内所有设备的故障管理。

第2章 常规故障管理

第3条 电气故障。

1.高级电气故障。

(1)电缆短路。电缆内部绝缘破损,导致电路短路,可能造成电气火灾和设备故障。

(2)电源故障。电源输出电压或电流异常,可能是电源本身故障或供电电网问题导致。

(3)电器元件故障。电器元件损坏,如断路器、继电器、电机、变压器等损坏。

2.中级电气故障。

（1）接线故障。接线松动、接触不良或接线错误，可能导致电路不稳定或无法正常工作。

（2）地线故障。设备接地不良或接地线损坏，可能导致电气安全问题或设备故障。

（3）电容故障。电容损坏或容值偏差过大，导致设备故障。

3.低级电气故障。

（1）熔丝故障。熔丝熔断或损坏，可能保护电路，也可能导致设备无法正常工作。

（2）开关故障。开关损坏或接触不良，可能导致设备无法正常开关。

第4条　机械故障。

1.高级机械故障。

（1）传动系统故障。传动系统中的机械元件损坏或误差过大，如皮带、链条、齿轮传动等损坏。

（2）轴承磨损。轴承损坏或磨损过度，可能导致设备不稳定、噪声增加等问题。

（3）齿轮损坏。齿轮齿面损坏、磨损过度或断裂，可能导致传动不稳定、噪声增加等问题。

2.中级机械故障。

（1）振动故障。设备振动过大，可能是机械结构不平衡、轴承损坏、齿轮损坏等原因引起。

（2）摩擦故障。设备中零部件因摩擦而损坏或磨损过度，可能导致设备不稳定、噪声增加等问题。

（3）拉伸故障。设备中拉伸部件损坏或误差过大，如弹簧、钢丝绳等损坏，可能影响设备传动和运转。

3.低级机械故障。

（1）螺纹故障。设备中的螺纹损坏或接触不良，可能影响设备的拆卸和组装。

（2）导轨故障。设备中的导轨损坏或误差过大，可能导致设备运转不稳定、噪声增加等问题。

第5条　控制系统故障。

1.高级控制系统故障。

（1）传感器故障。传感器损坏或误差过大，可能导致控制系统无法正常工作。

（2）程序错误。控制程序中存在逻辑错误或语法错误，可能导致控制系统无法正常工作。

2.中级控制系统故障。

（1）通信故障。控制系统中的通信出现故障，如仪表与PLC通信故障、PLC与HMI通信故障等。

（2）执行器故障。控制系统中的执行器出现故障，如电机故障、气缸故障等。

3.低级控制系统故障。

继电器故障。控制系统中的继电器出现故障，可能导致设备不能正常工作、停机等问题。

第6条 液压和气动故障。

1.高级液压和气动故障。

（1）液压关键元件损坏。液压系统中的关键元件（如泵、缸等）严重损坏，需要更换。

（2）漏压问题。液压系统出现泄漏或压力异常，需要紧急停机处理。

（3）气压关键元件损坏。气动系统中的关键元件（如气缸、气阀等）损坏，需要更换或修理。

2.中级液压和气动故障。

（1）元件松动。液压或气动系统管路或元件松动，可能导致泄漏，降低系统压力或流量。

（2）阀门问题。液压或气动系统中的阀门损坏或卡住，可能导致系统无法控制或无法正常工作。

（3）气缸问题。液压或气动系统中的汽缸损坏或卡住，可能导致设备无法正常工作或工作不稳定。

3.低级液压和气动故障。

（1）油温问题。油温过高或过低，导致液压系统工作不正常。

（2）漏油。液压管路连接处出现漏油，对系统影响较小。

（3）气压不稳。气压不稳定，导致执行器工作不正常。

第7条 物料故障。

1.高级物料故障。

（1）质量过差。物料质量严重不合格，导致设备严重故障或损坏。

（2）压力形变。物料在设备中受到过度压力，导致物料变形或断裂，引起设备故障或损坏。

2.中级物料故障。

（1）摩擦磨损。物料在设备中受到长时间摩擦或磨损，可能导致设备部件损坏或松动。

（2）堵塞设备。物料在设备中堵塞或阻塞，可能导致设备无法正常工作。

3.低级物料故障。

物料质量问题。物料质量不佳，需要更换或调整。

第3章　非常规故障管理

第8条　环境故障。

1.高级环境故障。

（1）环境因素。生产现场环境因素严重影响设备的正常运行。

（2）安全因素。生产现场的安全因素（如火灾、爆炸等）对设备产生了严重影响。

2.中级环境故障。

（1）污染问题。环境中存在过多的灰尘、颗粒物或化学物质，可能导致设备部件损坏或污染。

（2）湿度问题。环境湿度过高或过低，可能影响设备的电气性能或引起腐蚀、氧化等问题。

3.低级环境故障。

温度影响。生产现场温度过高或过低，影响设备的正常运行。

第9条　操作和维护故障。

1.高级操作和维护故障。

（1）严重失误。操作人员严重失误导致设备严重故障或损坏。

（2）保养错误。维护人员对设备进行错误的维护保养，导致设备停机或更严重的故障。

2.中级操作和维护故障。

（1）负荷操作。操作人员误操作导致设备产生较大的负荷，导致设备故障。

（2）维修不当。维护人员的维修方法不正确，导致设备产生严重的故障。

3.低级操作和维护故障。

（1）失误操作。操作人员失误操作导致设备停机。

（2）保养不及时。维护人员未及时对设备进行保养维护，导致设备故障。

第4章　故障处理方法

第10条　电气故障处理。

1.采取紧急措施，立即切断电源，确保环境安全。

3.对电气系统进行全面检查和维护，找出故障根源。

3.更换损坏的电器元件或系统。

第11条　机械故障处理。

1.对设备进行全面检查，找出故障根源。

2.检查设备的传动系统、轴承和轴承座是否需要更换或维修。

3.更换受损部件或系统，必要时进行大修或更换设备。

第12条　控制系统故障处理。

1.调整控制参数，以确保自动控制系统正常运转。

2.对自动控制系统进行全面检查和维护，找出故障根源。

3.更换受损的元件或系统，进行系统调试和测试，确保自动控制系统正常运转。

第13条　液压和气动故障处理。

1.更换或维修受损的元件或管路。

2.根据测试和测量结果调整液压或气动系统。

第14条　物料故障处理。

1.检查物料的流动性和颗粒大小是否符合要求，调整物料的供给速度和数量。

2.对设备进行全面清洗和维护，找出物料堵塞的根源。

第15条　环境故障处理。

1.检查环境因素，如温度、湿度、噪声等；检查设备的密封性和隔音性能。

2.对环境进行全面的调整。

第16条　操作和维护故障处理。

1.进行全面的测试和分析，确定故障原因，对设备的使用和维护记录进行全面的审核和分析。

2.对操作人员进行全面的培训和指导。

第5章　故障预防

第17条　按照设备使用说明书和标准操作规程对设备进行清洁、润滑、检查、调整、紧固等日常维护工作。

1.设备清洁。对设备进行定期清洁，以防止设备受到灰尘、杂物等的污染，影响设备运行。

2.设备润滑。对设备的润滑系统进行定期维护，以确保设备在工作过程中的润滑系统正常运转。

3.设备检查。对设备的关键部位进行定期检查，以及时发现设备存在的问题。

4.设备调整。对设备的关键参数进行定期调整，以确保设备的正常运行。

5.设备紧固。对设备的螺丝、螺母、轴承等部件进行定期紧固，以避免松动导致设备故障。

第18条　对设备进行全面检查、维护、更换磨损件等工作。

1.按照设备使用说明书和标准操作规程进行检修，确保设备的性能和可靠性。

2.对设备进行全面检查，发现潜在问题并及时处理。

3.对设备磨损部件进行更换，延长设备的使用寿命。

第6章　附则

第19条　本办法由设备管理部负责编制、解释与修订。

第20条　本办法自××××年××月××日起生效。

11.3.2　设备事故应急预案

本预案主要具有以下作用：一是可以在事故发生之前识别和评估潜在危险，从而避免设备事故发生；二是可以帮助工厂快速、有序地应对事故，并采取适当应急措施来控制和减少事故损失；三是可以提高应急响应效率，帮助工厂尽快控制事故并恢复生产。

设备事故应急预案

一、事故突发风险

本工厂设备突发事故可能包括但不限于以下情形。

（一）设备故障导致温度过高、电流过载或机械故障等，对设备及生产线造成重大影响。

1.温度过高导致设备热失控、零部件熔化等，进而影响生产效率甚至引发火灾。

2.电流过载导致设备损坏、电气线路短路，甚至引发火灾和人员伤亡。

（二）电气设备发生短路、漏电等安全隐患，导致设备损坏、火灾事故等严重后果。

1.短路引发设备损坏、电气火灾等，危及人员安全，影响设备运行稳定性。

2.漏电导致触电事故，对人员和设备造成危害。

（三）液体或气体管道泄漏导致火灾或爆炸，引发燃烧或爆炸事故，造成重大人员伤亡和财产损失。

1.泄漏的液体或气体与火源接触，引发火灾或爆炸，造成设备破损、人员伤亡和环境污染。

2.泄漏的液体或气体与空气形成可燃气体混合物，遇到火源引发爆炸，对人员和设备构成严重威胁。

（四）高空作业设备倾覆或坠落导致人员伤亡，可能对人员安全产生极大威胁。

1.高空作业设备倾覆。由于操作失误、设备故障或不稳定的支撑导致设备倾覆，造成人员伤亡和设备损坏。

2.高空作业设备坠落。由于安全保护措施不当、设备故障或操作失误导致设备坠落，对人员造成重大伤害或致命伤亡。

二、预案目标

（一）最大限度地保障人员生命财产安全。

（二）最大限度地减少环境污染。

（三）尽快恢复设备的正常运行、保证生产进度。

三、应急预案

（一）应对机械故障或电气故障导致设备停工和生产中断事故。

1.立即通知设备维修团队，停止相关设备的运行，确保人员的安全。

2.检查并确认故障的具体原因，采取必要的维修措施。如果是机械故障，可以调用维修人员进行检修和更换损坏的零部件。如果是电气故障，可以调用电气工程师进行故障排查和修复。

3.根据故障的紧急程度和可行性，调整生产计划，确保生产中断最小化。可以安排其他设备进行替代生产，或者调整生产流程和时间表，以确保订单的及时交付。

（二）应对设备过载或失效导致的火灾事故。

1.立即启动火灾报警系统，通过广播或其他方式通知所有员工撤离，并呼叫消防队。

2.使用适当的灭火器材扑灭小规模火灾，如灭火器、消防栓等。

3.封闭相关设备的电源，并切断所有可燃气体和液体的供应。

4.在火灾得到控制之前，不要尝试重新启动设备，并等待消防人员的指示和确认。

（三）应对泄漏或溢出的化学物质引发的爆炸或中毒事故。

1.立即启动泄漏报警系统，并紧急撤离出受到影响的区域，确保人员的安全。

2.使用适当的个人防护装备（如防毒面具、防护服）进入事故区域，尽快堵住泄漏源。

3.戴上防火防爆的个人防护装备，并使用遮蔽器、喷雾器等控制泄漏点火源。

4.用沙土、泥浆等吸附泄漏物，并将吸附物装入密闭容器。

5.用水冲洗泄漏区域，以稀释和中和泄漏物质。

6.在没有适当的培训和装备的情况下，禁止直接处理有毒物质，等待专业人员支援。

（四）应对高空作业设备倾覆或坠落事故。

1.立即启动紧急报警系统，并通知现场所有人员撤离到安全区域。

2.与现场人员保持通信，确保他们的安全，并确保相关的救援机构已被呼叫。

3.如果有人员被困在高处，不要尝试救援，以免造成二次事故。等待专业救援人员的到达。

4.在事故现场设置警戒线和安全标志，防止其他人员接近事故区域，以免进一步发生事故。

5.向救援机构提供详细的事故信息，包括事故发生地点、伤亡情况等，以便他们能够迅速做出应对和救援。

四、结果预测

（一）人员安全得到保障，避免因设备故障而引发的生命财产损害。

（二）避免了泄漏对人员和环境造成的危害，保障了人员和环境的安全。

（三）减少了对生产的影响，保证了生产效益。

五、保障措施

（一）建立专业的应急救援队伍，包括专业救援人员和应急装备，确保人员和设备能够及时到达现场，进行应急处置。

（二）建立完善的应急预案和应急演练机制，定期组织演练，检验应急预案的有效性，并及时修改和完善预案。

（三）配备必要的应急救援装备和器材，包括呼吸器、防护服、泵车、水源等，以确保救援人员能够在危险环境下及时进行救援和处置。

（四）建立应急通信系统，包括紧急广播系统、电话、无线电等，以保证应急通信畅通。

（五）建立应急物资库，包括医疗救援物资、应急救援装备、应急物资等，以备不时之需。

第 12 章

物联网设备、检测设备、特种设备、自制设备管理精细化

12.1 物联网设备管理

12.1.1 物联网设备远程监控管理办法

本办法主要具有以下作用：一是可以实时监控设备状况，及时发现问题，避免因设备故障导致生产线停滞的情况，保障生产效率；二是通过对物联网技术的安全访问管理，确保设备的安全运行；三是通过物联网技术的实时监控管理，提高工厂的生产效率，减少能源损耗。

物联网设备远程监控管理办法

第1章 总则

第1条 为了规范工厂物联网设备远程监控的管理与使用，维护数据安全，提高工厂运行效率与质量，特制定本办法。

第2条 本办法适用于工厂物联网设备的远程监控管理。

第2章 物联网设备接入管理

第3条 工厂物联网设备接入前，必须与合作方签署合同，并明确设备使用的目的、期限、接入方式等信息。

第4条 设备接入必须由专业人员进行网络配置，确保设备能够正常连接至云平台。

第5条 设备接入后，须对设备进行命名和分类，并在云平台或系统中进行登记备案。

第6条 设备接入后，须对设备进行质量检验，确保设备符合相关标准。

第7条 设备的接入应遵循相关规定，接入设备的网络须设置正确的网络结构和硬件设备。

第8条 设备管理员应将设备的基础信息，如设备名称、设备类型、功能描述等录入管理信息系统，并进行合理的分类与命名。

第3章 数据采集和传输

第9条 设备采集和传输数据须满足相关法律法规和标准的要求。

第10条 设备采集和传输数据须进行实时监控,确保数据的准确性和完整性。

第11条 设备管理员应定期采集和传输设备数据,以保证数据的完整性及时性,设备管理员可以根据工厂流程和工作安排设置主动和被动采集模式。

第12条 数据传输应具备相应网络安全保障措施,传输的数据需要采用数据加密传输及设备身份认证,以保障数据传输在网络环境中的安全无泄露。

第13条 在设备数据传输过程中,应避免出现数据丢失、数据损坏等现象,如有发现则需要有关人员及时进行修复和处理。

第14条 设备数据采集的间隔时间需要遵循工厂的生产节奏确定,并根据数据量的大小、传输速度的快慢等因素进行合理的处理。

第15条 设备管理员应根据不同的设备类型、用途等制定对应的数据采集和传输方案,确保数据质量。

第16条 设备管理员应定期对数据传输路线进行优化,以确保数据传输的稳定性和流畅性。

第4章 设备安全管理

第17条 设备安全管理应逐级设置权限,确定操作范围,制定操作规程,检查并记录操作日志,确保设备的安全性。

第18条 设备安全须采取多层次的保护措施,包括密码保护、数据加密、网络隔离等,定期接受安全审查和漏洞扫描,及时发现和解决漏洞。

第19条 设备管理员应定期检查设备的硬件和软件,对设备的信息安全进行评估、审核、检查、检验等工作,确保设备的信息安全。

第5章 用户权限管理

第20条 设备管理员可根据业务流程的需要,对用户分别设定相应的操作权限,对于不必要和高风险的访问权限进行备案和限制。

第21条 用户操作应有相应的附加信息,方便追溯与每个用户的操作行为有关的数据,还需要保留充分的数据记录,记录访问时间、操作者、操作内容等信息。

第22条 内部用户应定期进行身份验证,加强信息安全管理,加强安全教育以保护设备和数据资源。

第23条　设备管理员应定期进行安全审查，及时更新用户操作权限和应用系统的相应数据权限，确保数据采集与数据使用中的安全性。

第24条　设备使用情况需及时记录并报告相关负责人，以实现设备远程监控和管理。

第6章　违规行为和处理

第25条　如发现任何违法和违规行为，应及时采取措施进行制止和处理，并立即上报相关负责人和监督部门。

1. 对于未经授权使用工厂物联网设备者，应追究其责任，并进行相应的赔偿。

2. 设备远程监控系统应将相应的记录和报警信息保存在云平台，以便日后的管理和追溯。

3. 如发生擅自更改设备和数据，篡改、毁坏和伪造数据等违法行为，应立即采取必要的制止措施。

第26条　对于故意破坏设备和数据安全的行为，工厂应按照相关法律法规和标准要求进行惩处，并承担对于工厂和合作方带来的全部经济损失和法律责任。

第27条　对于恶意攻击或病毒侵入等有意或无意的破坏性行为，应及时通知相关部门和合作方，及时处理并寻求司法救助，以保护工厂物联网设备的安全。

第7章　附则

第28条　本办法由设备管理部负责编制、解释与修订。

第29条　本办法自××××年××月××日起生效。

第30条　本办法未涉及的事项应按照相关法律法规和标准进行处理。

12.1.2　物联网设备数据安全管理办法

本办法主要具有以下作用：一是确保物联网设备数据的保密性、完整性和可用性；二是加强对数据安全的保障，降低工厂数据泄露的风险；三是实时监控设备的运行状态，提高设备使用的可靠性。

物联网设备数据安全管理办法

第1章 总则

第1条 为了规范工厂物联网设备的数据管理与使用，维护数据安全，提高工厂运行的效率与质量，特制定本办法。

第2条 本办法适用于工厂物联网设备的数据安全管理。

第2章 数据保密性和完整性保障措施

第3条 设立数据保密管理流程，确保数据的机密性，限制数据的访问权限，合理划分各种数据等级，并由上级领导予以确定。

第4条 数据的安全性管理。

1.定期更新密码和密钥，确保密钥的安全性，并严格控制密钥的使用。

2.对于离线的数据备份，应采取加密措施。

3.使用数据校验和校验码等技术，确保数据完整性，防止数据在传输过程中被篡改。

第5条 定期进行数据完整性验证，确保数据未被修改或篡改，并建立数据安全审查机制。

第6条 如发现数据出现错误、漏洞或异常，应及时采取应对措施，包括停止数据源、更改密码和升级补丁等方式。

第7条 定期对硬件设备进行检测和维护，确保硬件安全性和系统的正常运行，并进行自动化备份操作，防止数据丢失。

第3章 数据传输的安全性保障

第8条 对于敏感数据，应进行加密传输，使用加密算法及加密储存技术确保数据安全，防止数据被非法获取或篡改。

第9条 在进行数据传输之前需要进行一定的认证和授权，确保只有被授权的设备才能进行数据传输。

第10条 根据用户角色和身份进行权限限制，限制设备的访问和操作，统一管理设备的访问和控制。

第11条 建立安全监管机制，对设备进行实时监测和分析，及时发现可疑事件和漏洞等问题，并进行处理。

第12条 制定相应的安全策略并备案，根据不同的场景、应用需求、数据等级制定相应的安全策略，提高数据传输过程的安全保障能力。

第13条　对设备的操作人员进行安全培训，增强其安全意识，提高其防范能力，减少人为因素的安全漏洞。

第4章　数据共享与权限管理

第14条　确定数据共享原则，设置数据共享方式和控制权限，确保数据保密安全，对数据进行保密风险评估。

第15条　对数据管理人员、设备管理人员、数据使用人员等实行分级管理，规范数据访问权限，并通过相关技术进行控制。

第16条　建立数据审查机制，对管理员的数据访问、数据修改等行为进行日志记录和分析，检测其行为是否合法。

第17条　对超期未使用的数据进行清除或删除，防止数据残余导致数据泄漏的情况出现。

第5章　数据备份与恢复

第18条　制订数据备份与恢复计划，包括备份策略、备份周期、数据恢复步骤等。

第19条　对于重要数据设置自动化备份，确保数据备份的正确性和及时性。

第20条　建立数据备份和恢复日志，对备份和恢复的过程进行记录，以便日后的跟踪或分析。

第21条　对备份数据进行加密储存，防止备份数据被盗用或泄漏，并定期进行数据备份验证，以保障备份数据的准确性和可用性。

第6章　附则

第22条　本办法由设备管理部负责编制、解释与修订。

第23条　本办法自××××年××月××日起生效。

12.2 检测设备管理

12.2.1 工厂检测设备管理制度

本制度主要具有以下作用：一是提高检测设备的管理效率；二是规范检测设备使用规程，提高检测设备使用寿命，最大限度降低设备故障、维修等带来的生产线停顿；三是可以正确、科学地管理检测设备，合理使用设备资源，实现设备的精细化管理，降低管理成本，提高运营效率。

工厂检测设备管理制度

第1章 总则

第1条 为了规范工厂检测设备管理，保证检测设备的正常使用，确保检测数据准确可靠，提高工作效率和产品质量，降低生产成本，特制定本制度。

第2条 本制度适用于工厂中的所有检测设备的管理。

第2章 检测设备的分类管理

第3条 检测设备的分类标准如下。

1.根据检测设备所测量的参数、精度要求、检测设备在生产经营中的作用、国家计量法规的要求，以及计量产品的可靠性和使用频率程度确定。

2.根据工厂实际情况，对在用的检测设备划分为A、B、C三类，实行分类管理。

第4条 检测设备的类别划分。

1.A类检测设备。主要指工厂的最高计量器具标准装置；工艺、质量等对计量数据有准确度要求的检测设备；使用频繁、使用地点重要、量值可靠性高的检测设备。

2.B类检测设备。主要指工艺、质量等对计量数据有较高准确度要求，但要停产才能拆装的检测设备；工艺、质量等对计量数据准确度要求不太高的检测设备；使用不太频繁，但量值可靠性较好的检测设备。

3.C类检测设备。主要指工艺、质量、经营管理、能源管理对计量数据准确度要求较低，但要停产才能拆装的指示用的检测设备；计量性能稳定、质量特别好，而且计量数据准确度要求不高，使用不频繁的检测设备；使用环境恶劣、寿命短、低值易耗的检测设备；准确度很低的自制专用检测设备。

第5条　检测设备的分类管理要求。

1. 列入A类管理的各种检测设备，均应制订周检计划并报工厂主管领导批准后，由质量控制部组织实施。检定周期不得超过国家检定规程规定的时间。

2. 列入B类管理的各种检测设备，均应制订周检计划并报工厂主管领导批准后，由质量控制部组织实施。B类管理的检测设备其检定周期以保证检测设备的准确度为依据，可适当延长检定周期，但最长不得超过检定规程规定的检定周期的一倍。

3. 列入C类管理的检测设备进行首次检定，不安排周检，但要加强管理，做到随坏随修、随检，保证使用。C类检测设备不建立历史记录卡。

第3章　检测设备的使用

第6条　检测设备使用前，应进行检查和设备操作培训，掌握设备操作和维修技能，认真遵守使用规定。

第7条　在使用检测设备时应先进行准确的样品代表性比对，确认样品代表性符合要求。

第8条　检测设备的使用应在专用的检测室，以确保检测环境符合相关要求。

第9条　所有检测设备应用"三色标识"标明其受控及校准状态，标识上注明仪器设备编号、校准日期、有效期、校准单位。

第10条　所有检测设备均应有专人保管保养，定期维护并认真填写设备维护记录，确保检测设备功能正常。

第11条　在使用检测设备时，应注意环保问题，遵循相关规定。

第4章　检测设备问题处理

第12条　若检测设备出现故障或损坏，应及时上报设备管理部，由有资质的专业人员进行检修或更换。

第13条　若检测设备在使用中出现异常情况或错误结果，应及时上报设备管理部，并立即进行排查和处理，以避免不必要的损失。

第14条　在检测设备进行维护和保养时，应注意操作规程和安全事项，保证维护人员的人身安全。

第5章 检测设备的校准

第15条 工厂应对检测设备进行定期校准,确保检测数据准确可靠,避免误差导致产品质量问题。

第16条 检测设备的校准应由专业人员进行,确保校准的有效性和可靠性。

第17条 在进行校准前,应检查设备的使用情况,保证设备符合校准要求,避免浪费时间。

第18条 校准后需要开展数据分析,对检测数据的误差和影响因素进行分析并及时做出调整。

第6章 检测设备的维护保养

第19条 工厂检测设备应定期进行维护保养,此项工作应由专业人员或被授权的检测设备管理人员进行操作。

第20条 检测设备操作人员在日常使用过程中,应严格按照操作规程使用设备,避免因设备使用不当导致设备损坏。

第21条 检测设备维护保养,不应影响设备的正常使用,对于检测时间周期较长或计划连续使用较长时间的设备,应安排统一的维护保养时间,避免设备频繁维护导致生产任务受到影响。

第22条 对于需要进行大修、升级的设备,应及时与供应商进行沟通和联系,并采取有效措施确保设备的正常使用。

第7章 附则

第23条 本制度由设备管理部负责编制、解释与修订。

第24条 本制度自××××年××月××日起生效。

12.2.2 自动化检测设备管理规定

本规定主要具有以下作用:一是确保自动化检测设备的可靠性和稳定性;二是可以保证自动化检测设备的运行效率,提高生产效率和质量;三是通过规范自动化检测设备的使用和维护,预防自动化检测设备出现故障或损坏,从而降低自动化检测设备维修成本。

自动化检测设备管理规定

第1章 总则

第1条 为了确保自动化检测设备正常运行，保障人身安全和财产安全，保证生产稳定性，依据相关法规，特制定本规定。

第2条 本规定适用于工厂内所有自动化检测设备的管理。

第3条 本规定实施后，管理层需对自动化检测设备相关管理人员进行培训，确保规定的落实和执行。

第2章 自动化检测设备安装与调试

第4条 自动化检测设备安装前，需要对工作区域进行必要的清理和准备工作，确保设备安装区域干净、平整，能够满足设备的安装要求。

第5条 在自动化检测设备安装过程中，需要对各个部件进行检查和拆卸，纠正偏差，并进行精确的位置和方向调整。

第6条 施工现场需要设立负责人和安装检验员进行现场监督，确保安装不出现疏漏，并能够满足相关技术要求。

第7条 需要控制施工现场的粉尘、温度、湿度等环境因素，以充分保证设备安装的质量。

第8条 安装完成后要进行调试和试运行，以确保设备能够正常运行。并对设备的各项指标进行检测，包括精度、稳定性和可靠性等。

第9条 安装调试结束后，需要对设备进行全面的测试和检验，以保证设备正常、安全、可靠地运行。同时还需要制订设备维护计划，明确设备维护内容和维护周期。

第3章 自动化检测设备的操作规范

第10条 操作自动化检测设备前需要了解设备相关信息和检测方法，确认数据标准，了解操作须知和安全注意事项。

第11条 在平稳的环境下进行操作，防止整个操作平台摇晃或者产生振动引起的误差。同时也要确保操作区域干净整洁，无杂物干扰。

第12条 不得对设备进行随意的调整、拆卸或非法使用设备，以避免因错误操作导致设备损坏或发生生产事故。

第13条 操作人员操作设备时要按照操作流程和数据标准进行，严格按照流程记录操作信息和结果，避免疏漏、遗漏，或错误地记录。

第14条　定期点检、保养和检修设备，排除问题，预防事故发生，并将检修记录及时记录在档案中。

第15条　检测工作结束后，清理检测设备，关闭各种操作管理系统，关闭仪器设备，对设备进行必要的维护和保养，保证设备的正常运行。

第4章　自动化检测设备维护与校准

第16条　定期对自动化检测设备进行保养检修和换件清洗，确保设备正常运行。

第17条　设备定期检修计划需提前制订，经生产、技术部门审批，并上报领导批准后，按照计划开展检修。

第18条　在设备日常维护中，维护人员需遵守设备维护相关规定，进行维护记录，记录相关问题、处理结果。

第19条　设备校准需要按照规定的标准进行，校准结果需要满足规定的精度和误差范围。

第20条　设备校准需按计划进行，每次校准完成需向上级主管人员汇报结果。

第21条　对于已校准设备需要提前预警到期时间，提前三个月开展计划性校准。

第5章　自动化检测设备的数据管理

第22条　自动化检测设备的日常数据需要严格管理，数据需要分类、整理，并进行定期的统计分析。

第23条　自动化检测设备的数据分析结果需要及时反馈给设备维护团队，并处理存在的问题。

第24条　自动化检测设备的数据需要进行备份，确保数据安全。

第6章　附则

第25条　本规定由设备管理部负责编制、解释与修订。

第26条　本规定自××××年××月××日起生效。

12.3 特种设备管理

12.3.1 特种设备使用管理规定

本规定主要具有以下作用：一是确保特种设备的安全运行，防止安全事故的发生，保护人员和财产安全；二是规范特种设备的使用、维修和保养，提高设备使用效率，减少设备故障率；三是做好特种设备的记录、监管、检查和维修工作，及时发现并解决设备存在的问题。

特种设备使用管理规定

第1章　总则

第1条　为了规范特种设备的安全作业管理，根据《中华人民共和国安全生产法》《特种设备安全监察条例》《特种设备质量监督与安全监察规定》，特制订本规定。

第2条　本规定适用于所有涉及特种设备的生产、使用、维护和保养工作的管理。

第3条　本规定所称特种设备是指涉及生命安全、危险性较大的锅炉、压力容器、起重机械、厂内机动车辆、防爆电器设备等。

第2章　特种设备的使用要求

第4条　使用部门必须使用具有"生产许可证"或"安全认可证"的特种设备、零部件和安全附件。

第5条　特种设备在投入使用前或者投入使用后30日内，应及时向相应的特种设备安全监督管理部门登记，并提供该设备具有相应效力的检验报告，包括安全检验合格标志和操作维修人员的特种设备作业人员资格证及其他需要提交的材料。审核通过后的登记标志应置于或者附着于该特种设备的显著位置。

第6条　使用特种设备时，必须严格执行国家有关条例和安全生产的法律、行政法规的规定，保证特种设备的安全使用。

第7条　特种设备投入使用前，使用部门应核对安全技术规范要求的设计文件、产品质量合格证明、安装及使用维修说明、监督检验证明等文件，确保特种设备的使用符合安全技术规范要求。

第8条　使用部门要严格执行特种设备年检、月检、日检等常规检查制度。检查应做详细记录，并存档备查。检查至少应包括以下内容。

1.年检内容。

对使用中的特种设备，每年至少进行一次全面检查，对承载类特种设备，必要时要进行载荷试验，并按额定速度进行起升、运行、回转、变幅等机械的安全技术性能检查。

2.月检内容。

①各种安全装置或者部件是否有效。

②动力装置、传动和制动系统是否正常。

③润滑油量是否足够，冷却系统、备用电源是否正常。

④绳索、链条及吊装辅具等有无超过标准规定的损伤。

⑤控制电路与电器元件是否正常。

3.日检内容。

①运行、制动等操作指令是否有效。

②运行是否正常，有无异常的振动或噪声。

第9条　特种设备出现故障或者发生异常情况时，使用部门应及时向相关职能部门汇报，并对其进行全面检查，在消除事故隐患后，方可重新投入使用。

第10条　使用单位必须定期对特种设备操作人员进行安全教育和操作技能培训，以增强特种设备操作人员安全作业意识。

第11条　工厂决定停用的特种设备，预计停用时间超过一年的，或要报废特种设备，要以书面形式向工厂相应职能部门申请办理停用或注销手续。

第3章　特种设备的操作规范

第12条　特种设备的操作人员必须接受专业的培训和考核，取得行政部门颁发的《特种设备作业人员资格证》后，方可从事相应的工作。

第13条　特种设备的操作人员必须遵守工厂的安全规章制度，遵守国家法律法规和标准，保证特种设备的安全、有效使用。

第14条　特种设备的操作人员必须按照操作说明书和相关操作规范进行操作，操作前应检查特种设备的完好性，及接地保护和各标记是否清晰。

第15条　特种设备操作人员必须穿戴特种设备操作时所需的安全防护用品，并在操作过程中保证其处于完好有效的状态。

第16条　特种设备操作人员必须对特种设备的基本工作原理有着清晰地了解并掌握设备的基本技能，保证操作的准确性和安全性。

第17条　特种设备操作人员必须定期检查机器的状态，保证其完好无损，在出现异常现象或事故时应立即上报。

第18条　在操作过程中，特种设备操作人员不能将特种设备放置在不安全位置或进行不安全操作。

第19条　特种设备操作人员不能强行使用损坏、过期、失效的配件、工具和设备。

第20条　特种设备操作人员在作业过程中发现事故隐患或者其他不安全因素，应立即向现场安全管理人员和部门、车间有关负责人报告。

第4章　特种设备的维修保养

第21条　特种设备应由专门的维修人员进行保养和维修。

第22条　维修人员必须熟知维修安全知识和各种维修工具、设备和技术。

第23条　维修人员必须对特种设备进行完整、准确的检查，保证其安全、有效，并能及时发现和解决问题。

第24条　对于特种设备的检查和保养工作，维修人员必须有科学系统的计划，并按照计划执行。

第5章　附则

第25条　对于未列明的特种设备，可以参照《中华人民共和国特种设备安全法》和相关法规执行。

第26条　本规定由设备管理部负责编制、解释与修订。

第27条　本规定自××××年××月××日起生效。

12.3.2　特种设备采购、运输、安装管理制度

本制度主要具有以下作用：一是保证特种设备的品质和性能，避免因设备质量问题导致事故发生；二是规范特种设备从供应商到工厂的运输过程，防止在运输过程

中发生损坏或丢失；三是规范特种设备的安装和调试过程，确保设备可以正常投入使用。

特种设备采购、运输、安装管理制度

第一章 总则

第1条 目的

为了保障特种设备在采购、运输、安装过程中的安全和质量，特制定本制度。

第2条 适用范围

本制度适用于工厂特种设备采购、运输、安装全过程的管理。

第3条 相关要求

工厂应遵照国家特种设备相关规定采购、运输、安装特种设备，确保采购的特种设备符合国家相关标准和质量要求。

第2章 特种设备的采购管理

第4条 特种设备的采购申请

特种设备使用部门应根据实际需求，对特种设备的采购进行申请。

第5条 特种设备的选型

1.特种设备管理员应根据车间的采购申请，对需要采购的特种设备进行图纸绘画。

2.设备管理部对特种设备管理员的设计图纸进行审核，确认图纸可行后，进行特种设备的选型。

第6条 特种设备采购的审核

总经理对设备管理部提交的特种设备选型进行最终的审核，确保工厂购买的特种设备符合工厂实际生产的需求。

第7条 特种设备的采购

1.采购部根据使用部门提交的采购申请，制订采购计划，确定采购标准，明确采购科目、数量、规格、品牌、型号等信息，并严格按照采购程序采购特种设备。

2.特种设备采购需使用公开、公正的采购方式，采购方式可包括招标、询价、竞争性谈判等。

3.采购部应根据采购计划对特种设备的供应商进行筛选，选用具有生产特种设备资质供应商，与其签订合同时应注明设备的质量要求、技术要求和验收标准等，确保设备的合规性和质量的可靠性。

第8条　采购合同签订

特种设备采购需签订正式合同，合同中应包括设备的品牌、型号、规格、数量、价格、保修期等全面、准确的信息，并严格执行合同约定。

第9条　采购跟进与监督

采购部和设备管理部应跟进特种设备的制造，对特种设备的质量进行监督。

第10条　特种设备验收

特种设备制造完成后，应安排专业人员对特种设备进行验收，并在验收合格后出具验收合格证。验收内容包括是否有特种设备的产品安全性能监督检验证书、是否有特种设备的质量证明书、是否有特种设备的竣工图，以及特种设备外观是否有损伤等。

第3章　特种设备的运输管理

第11条　制定专项运输方案

特种设备运输需制定专项运输方案，方案内应包括运输车辆选择、线路安排、装卸方法等内容。

第12条　运输公司选择

工厂运输特种设备时应选择有专业运输资质的物流公司进行运输，并在运输过程中保证设备的安全和完好。

第13条　运输前的准备工作

1.特种设备运输前需进行设备检查，确保设备完好。如存在问题需及时记录并进行处理。

2.运输前应对特种设备的运输条件进行评估，确定是否需要加固、封闭等处理，工厂应按照要求进行。

第14条　运输过程监管

1.特种设备运输需加强监督管理，严格执行国家及相关行业标准和规范。

2.工厂应对运输过程进行监督，如设备发生损坏、丢失等情况，应及时报警并向物流公司追责。

第15条　运输应急预案

特种设备运输需特别注意路况，对于险路、拥堵路段需要采取相应的措施，提前做好预防和应急准备工作。

第4章 特种设备的安装管理

第16条 特种设备安装需遵循相关国家标准和规范，确保设备的安全、可靠、有效运行。

第17条 特种设备安装前应进行现场勘察，实施安全保障措施，确保人身、财产安全。

第18条 工厂在安装特种设备时要保证设备的地基具有足够的承重能力，以确保设备的稳定。

第19条 工厂在安装特种设备时，应该严格按照设备使用手册进行安装，并保证安装工人具有资质和经验，工作认真，质量控制意识强，以确保设备的正常运行。

第20条 特种设备安装过程需严格监控，如设备出现异常振动、噪声异常等情况应及时上报相关部门并进行处理。

第21条 特种设备安装完成后，须进行试运行和安全评估，确认设备能够正常运行及安全可靠。

第22条 特种设备安装完成后，须进行安全技术交底，要求使用人员须进行系统的培训和考核。

第5章 特种设备的台账管理

第23条 工厂设备管理部需建立设备采购、运输、安装、维修等全过程管理的台账，以便设备的全方面管控和反馈。

第24条 设备采购完成后应及时登记，系统化管理，以便查询、追溯设备信息，确保设备的来源、品质等信息真实、完整。

第25条 设备运输、安装过程中产生的重要信息，需要在台账中做好记录，以便随时查阅。

第26条 设备废弃、拆除、更新等一系列后期处理工作需要及时登记并进行相应的管理，处理工作需遵守国家及行业规范、标准要求。

第6章 附则

第27条 本制度由设备管理部负责编制、解释与修订。

第28条 本制度自××××年××月××日起生效。

12.4 自制设备管理

12.4.1 自制设备成本管理办法

本办法主要具有以下作用：一是能够更好地掌握自制设备的实际成本，并采取相应的管理措施，实现成本控制；二是促进自制设备的持续改进和优化，提高生产效率；三是通过对自制设备成本的分析，工厂可以更加科学地制定管理决策，提升管理水平。

自制设备成本管理办法

第一章　总则

第1条　为了实现自制设备成本的可控和优化，提高设备成本管理的水平和效率，为工厂的发展和提高市场竞争力提供支持，特制定本办法。

第2条　本办法适用于工厂自制设备成本的管理。

第2章　设备制造成本的管理

第3条　确定自制设备项目，并仔细核算每个环节的材料成本、人工成本和制造费用，包括原材料采购、生产加工、装配测试等各个环节。

第4条　加强对自制设备生产流程的管控，采用科学的工艺技术和先进的生产设备，提高生产效率和产品品质，降低制造费用。

第5条　定期监控生产效率和成本情况，及时发现问题并改进管理措施，确保自制设备制造成本在预算范围内。

第6条　对于生产周期较长或数量较大的自制设备，可采用分批次制造的方式，避免出现生产过程中的浪费和不必要的资金占用。

第7条　采用精细化生产管理模式，通过对生产线进行自动化、信息化、智能化等的升级，实现自制设备制造成本的降低。

第3章　自制设备使用成本的管理

第8条　建立自制设备使用台账，并对设备信息进行详细记录，以便完成自制设备使用成本的核算。

第9条　运用数据采集系统或其他方式，实时监控设备的运行状况、生产效率等数据信息，并将数据记录下来，为设备使用成本的核算提供数据支持。

第10条　对自制设备的电费、燃气费、人工费、维修费、保养费等各项费用进行详细核算，以便计算自制设备使用成本。

第11条　定期检查自制设备的各种指标，包括性能、精度、质量等，及时发现自制设备的故障或缺陷，以减少自制设备维修费用的支出。

第12条　采用先进的节能技术，减少能源消耗，降低用电量和用气量，从而降低自制设备使用成本。

第13条　对于生产周期较长、使用寿命较长的自制设备，需对其进行定期保养和维护，减少因未及时保养而导致的故障和损坏，以延长自制设备的使用寿命。

第14条　设立专门的设备管理人员，并建立完善的设备维护保养制度，对设备进行全面管理，确保设备的正常运行，降低设备的使用成本。

第4章　自制设备折旧与摊销

第15条　确定自制设备的预计使用寿命和残值率，并根据工厂的实际情况选择合适的折旧方法，制订设备折旧计划。

第16条　对于自制设备需要重新安装、翻修或更新部分组件等情况，需要根据实际情况调整自制设备的折旧基础。

第17条　自制设备的摊销应考虑其经济生命周期和使用效益，采用适当的摊销方法进行摊销计算，并及时记录和核算各项摊销支出。

第18条　自制设备的折旧和摊销需要遵循相关会计准则和税法规定，并定期进行审查和调整，以确保折旧和摊销计算的准确性和合理性。

第19条　在自制设备报废、退役或转让的情况下，应按照相关规定计算自制设备的残值并进行处理，同时要及时记录和核算相关支出或收入。

第5章　自制设备成本分析与控制

第20条　通过对自制设备制造和使用过程中发生的各种费用进行综合分析，找出自制设备成本的组成部分和变化趋势，为工厂的决策提供重要的参考依据。

第21条　结合自制设备制造、使用和维护的实际情况，分析自制设备成本在工厂生产和经营中的作用和影响，制定具有针对性的管理措施和政策。

第22条　通过对自制设备使用成本的分析，找出存在的问题和短板，提出改进措施，降低自制设备使用成本，从而提高经济效益。

第23条　通过对自制设备折旧、摊销和残值的分析，评估自制设备的实际价值和使用年限，并及时进行调整和修订，以确保自制设备折旧和摊销计算的准确性和合理性。

第24条　采用先进的能源管理技术和节能措施，减少能源消耗，降低用电量和用气量，从而降低自制设备使用成本。

第25条　建立科学合理的预算制度和执行机制，严格控制自制设备制造和使用的经费，以确保自制设备成本符合预算要求。

第26条　加强对自制设备管理和使用人员的培训和教育，增强其对提高自制设备使用效率和控制自制设备成本的意识，从而减少浪费和损失。

第6章　附则

第27条　本办法由设备管理部负责编制、解释与修订。

第28条　本办法自××××年××月××日起生效。

12.4.2　自制设备生产制造管理办法

本办法主要具有以下作用：一是标准化生产流程，保证产品质量的可控性和稳定性；二是可以帮助工厂在生产流程中发现和减少浪费，提高生产效率；三是通过建立标准的生产制造管理模式，对生产过程进行精细化管理，能够帮助工厂提高生产的稳定性和一致性。

自制设备生产制造管理办法

第一章　总则

第1条　为了规范工厂自制设备生产制造的管理，提高生产制造效率和质量，保障生产安全，减少环境污染，根据国家相关法律法规和工厂实际情况，特制定本办法。

第2条　本办法适用于工厂自制设备的生产制造管理。

第3条　生产自制设备的生产制造工作应严格按照相关法律法规和质量标准进行。

第4条　工厂应建立并完善自制设备生产制造档案，做好自制设备质量控制和安全管理工作。

第2章 生产制造工艺管理

第5条 生产工艺设计

1. 生产工艺设计应在选材、加工、焊接、装配、检验和测试等环节明确标准，确保生产的产品符合产品规格要求和质量标准。

2. 详细记录自制设备的生产制造过程，如设备制造、装配、调试、测试及放行等环节的具体工艺和要求。

第6条 制订生产计划，生产计划应包括材料采购、生产调度和交货期限等方面的内容，确保所有制造过程按时、按计划执行。

第7条 明确操作人员在生产过程中的标准操作流程和工作程序，确保每个操作人员都能执行正确的工艺流程并保证生产质量。

第8条 在生产制造前，应由生产经理和质量控制经理审核生产工艺，并签署相关的生产控制文件。

第9条 在生产制造过程中，应注意控制生产工艺及物料的标准，如温度、湿度和压力等，保证生产加工品质。

第10条 在生产制造过程中，所有加工品质都应符合工艺标准，必要时可对加工品质进行检验。

第3章 资源供应和管理

第11条 全面管理自制设备生产制造所需的资源供应，包括能源、物料等。

第12条 针对自制设备的生产制造过程，合理规划、安排和使用各种资源，充分利用物料库存等资源。

第13条 对生产制造过程中所涉及的材料和零件的储存、使用和记录进行管理。包括仓储、采购、运输、接收、检验和记录等方面，以确保所需的零部件和材料能够按时到达。

第4章 质量控制和安全管理

第14条 工厂应建立完善的设备质量检测系统，确保自制设备符合质量标准。

第15条 工厂应对自制设备进行质量控制，包括材料采购、生产过程检测和成品检验，在确保产品质量的前提下控制成本。

第16条 工厂应建立设备生产制造档案，包括设计、制造、调试和验收等全过程记录和相关证明文件。

第17条　自制设备应进行严格的验收和检测，以确保自制设备的性能和质量符合相关标准和规定。

第18条　工厂应根据自制设备安全特点编制安全管理规章制度，安排专人负责安全管理工作。

第19条　工厂应保证自制设备生产现场安全，如加强用电安全管理、控制火源、增加安全设施防止爆炸等。

第20条　工厂应建立应急预案，及时处理设备故障和安全事故。

第21条　工厂应制定并执行生产防火、防雷、防水等措施，保障自制设备生产质量和人员安全。

第5章　附则

第22条　本办法由设备管理部负责编制、解释与修订。

第23条　本办法自××××年××月××日起生效。

12.5　特种设备管理精细化管理实施指南

12.5.1　特种设备安全管理制度

本制度主要具有以下作用：一是保障生产的安全性，降低生产风险，防止潜在危险的发生；二是提高设备的可靠性；三是确保工厂对特种设备的管理符合相关法律的要求；四是确保特种设备的正常运行，促进管理标准化。

特种设备安全管理制度

第1章　总则

第1条　为了保障特种设备在使用过程中保障人身、财产的安全，避免安全事故的发生，特制定本制度。

第2条　本制度适用于工厂特种设备的安全管理，包括但不限于危险化学品储罐、压力容器、压力管道、锅炉、电梯等特种设备。

第2章 特种设备的安全运行管理

第3条 特种设备的运行应执行以下要求。

1.特种设备的操作人员必须具有相应的操作资格证书。

2.特种设备运行前必须进行全面检查,并由特种设备管理机构验收后方可投入使用。

3.特种设备运行中应实行定期巡检和维护。

第4条 工厂应对特种设备实施管理,制订特种设备保养计划、特种设备故障处理预案,并确保特种设备在安全状态下正常运行。

第5条 特种设备的原材料与维修材料应符合国家质量标准,并由本单位指定的具有资质的企业生产和供应。

第6条 特种设备管理部应定期组织特种设备的技术鉴定和综合评估,确保其安全运行。

第3章 特种设备的安全操作规范

第7条 特种设备的安全操作规范应包括但不限于以下内容。

1.特种设备的启动、停止操作要求。

2.特种设备的正常使用条件。

3.特种设备的日常维护和保养要求。

4.特种设备的应急状况处理程序和措施。

第8条 特种设备的使用操作应由经过考核合格的操作人员现场操作,严禁未经培训和考核的员工操作特种设备。

第9条 特种设备的操作应严格遵循操作规范,严禁越权操作和违反规定的操作。

第10条 对于特种设备的开关、控制按钮,工厂应设置必要的警告、提示标识,在必要时,设置防护门、防护栅、防护网等安全防护装置。

第11条 特种设备的操作人员应每日对特种设备进行检查,发现问题及时报告,并在操作完成后检查设备情况。

第12条 特种设备操作人员必须掌握特种设备的性质、工艺控制、安全措施、操作规程等相关知识,经过培训后由特种设备管理机构发放使用证件。

第4章　特种设备的定期检修

第13条　工厂应按照特种设备使用手册或制造商提供的相关信息，制订特种设备定期检修计划，对特种设备进行定期检查。

第14条　特种设备定期检修内容应包括但不限于以下内容。

1. 对特种设备进行外观检查和内部检查。

2. 对特种设备运行机械部件、电气及控制系统的检查和维护。

3. 对特种设备进行气密性和承压力测试。

4. 对特种设备技术状况进行综合评估，并制订改造或维修计划。

第15条　定期检修时，应做到认真细致，检查内容全面，每1000个小时做一次全面检查，安排有经验的维修人员进行检修。

第16条　特种设备的检修周期应根据特种设备的性质、工艺特点、使用班次等实际情况，制订针对性的计划，并经特种设备管理机构批准后执行。

第5章　特种设备安全技术档案管理

第17条　工厂应建立特种设备安全技术档案，记录必要的特种设备使用和维护信息，供日常管理和事故处理时使用。

第18条　特种设备的安全技术档案应当包括但不限于以下内容。

1. 特种设备的设计、制造、安装、调试、试验资料。

2. 特种设备的检验、维修、维护及更换的零部件资料。

3. 特种设备的法定证件、管理机构的检验证书等证件。

4. 特种设备的事故记录、处理情况和安全检查资料等。

第6章　特种设备的安全事故报告与应急管理

第19条　工厂应建立健全安全事故报告机制。

1. 发生任何形式的安全事故都必须立即上报，并按照相关规定进行处理。

2. 应建立健全安全事故处理程序，及时向有关部门和社会公众公开事故处理情况，接受社会监督。

3. 应及时组织专业力量进行安全事故调查和分析，找出事故原因和责任人，并采取措施防止类似事故再次发生。

第20条　工厂应建立健全应急管理机制。

1. 明确应急组织机构和人员，建立应急预案，配备必要的应急设备，并开展应急演练和培训,提高应急处理水平。

2.加强对特种设备管理人员的培训,使其掌握应急处理知识和技能,在发生特殊情况时能够及时有效地采取应对措施。

3.随时了解应急物资和设备储存情况,及时补充物资,确保在应急情况下能够及时、有效地处理问题。

第7章 附则

第21条 本制度由设备管理部负责编制、解释与修订。

第22条 本制度自××××年××月××日起生效。

12.5.2 特种设备操作规程

本规程主要具有以下作用:一是能够保障特种设备操作流程的规范性,提高设备可靠性;二是能够实现相关操作流程的标准化;三是提高工厂整体管理水平,为工厂的可持续发展奠定坚实基础。

特种设备操作规程

第1章 总则

第1条 为了规范特种设备的操作管理,提高操作人员的专业技能,减少特种设备的事故发生概率,保障人身和财产安全,特制定本规程。

第2条 本规程适用于工厂危险化学品储罐、压力容器、压力管道、锅炉、电梯等特种设备的操作管理。

第3条 职责划分如下。

1.设备管理人员负责制定特种设备的操作规程并对其进行培训。

2.设备操作人员负责对设备进行日常巡检。

3.安全管理人员负责协调设备管理人员和设备操作人员,检查和监测特种设备的运行状态。

第4条 特种设备操作人员必须熟悉特种设备的性能、工艺控制、安全措施、操作规程等相关知识,具备相应的操作资格,培训合格后由特种设备管理机构发放使用证件。

第5条 特种设备操作人员在操作过程中必须遵守本规范，并依照设备操作及安全管理制度的要求进行作业操作，确保不发生事故。

第2章 储罐类特种设备操作规程

第6条 储罐的进料、卸料操作要求。

1.在进料、卸料前要先进行仔细检查，确保储罐特种设备完好无损，并清理储罐内部积存的杂物和污物。

2.进入储罐的操作人员必须穿戴好安全防护装备。

3.操作人员必须亲自检查压力、液位、温度等各参数测量仪器。

4.开启卸料装置时，应先减小管道的截面积，以减少流速，避免因油品降速出现激烈喷涌情况，同时也要保证设备的安全操作。

第7条 储罐内部清洗操作要求。

1.储罐内部清洗人员必须穿戴防化服及呼吸器等防护装备。

2.在储罐内部清洗前，必须按照规定的程序进行排放、净化、中和等前置处理。

3.在进行清洗操作时，需要注意清洗剂的配比和使用量，以及清洗时间。

第8条 紧急处理措施。

在出现突发情况时，需要立即采取相应的应急措施，如关闭储罐进出口阀门，停止加料和排放等操作。同时，需要迅速报告相关部门，组织救援和处理工作。

第3章 锅炉类特种设备操作规程

第9条 锅炉启动操作要求。

1.启动锅炉前，必须进行仔细的检查工作，包括但不限于燃料供应、水位、压力、温度等各项参数的情况及各种阀门、管路、泄压装置等是否处于正常工作状态。

2.在锅炉启动过程中，要调整氧气定量，严格控制过剩空气系数，以达到高效燃烧和低碳排放的目标。

第10条 锅炉日常维护操作要求。

1.锅炉设备每日必须进行清洗，清洗时要注意保护锅炉管道的封口，不可因清洗而造成二次污染。

2.对锅炉的输送进气管道、蒸汽输送管道等部位进行检查和维护时，要用专业的工具进行操作，防止发生意外情况。

第11条 紧急处理措施。

在出现突发情况时,如锅炉压力超标、水位偏低等情况,需要立即采取相应的应急措施,如关闭燃料供应和给水阀门,启动泄压装置等。同时需要迅速报告相关部门,组织救援和处理工作。

第4章 电梯类特种设备操作规程

第12条 电梯操作前的工作规范。

在进行电梯操作之前,需要对电梯进行检查和维护。检查项目包括电梯轿厢和井道内的安全装置、限位开关、门锁、门轨、导轨等是否均处于正常状态。

第13条 操作过程中的注意事项。在操作过程中,需要密切关注电梯的运行情况,如速度、位置、负荷等参数的变化,确保其在安全范围内运行。同时,还需要注意电梯内部和外部的安全提示标志,如有异常情况应及时处理。

第14条 电梯日常维护操作要求。

1.日常维护工作必须按照《电梯制造与安装安全规范》进行操作。在正常使用的情况下,应按照要求5~7天清洁一次。

2.在进行电梯紧急制动系统的检测和维护时,必须对所有的电缆、钢绳、控制装置等部位进行全面检查并处置,以确保电梯运行的安全性。

第15条 紧急处理措施。

在出现突发情况时,如电梯卡在中途、失速、断电等情况,需要立即采取相应的应急措施,如启动紧急制动装置、报警等。同时需要迅速报告相关部门,组织救援和处理工作。

第5章 压力容器及管道类特种设备操作规程

第16条 压力容器和压力管道的封堵操作要求。

1.压力容器和压力管道在工作过程中发生泄漏时,应立即进行封堵,避免威胁工作区域的安全。

2.不同类型的管道和容器,其选用的封堵方式可能有所不同,在进行封堵操作时,必须根据不同情况选择合适的封堵方式。

第17条 压力容器和压力管道的排放操作要求。

1.压力容器与压力管道的排放操作必须遵守国家相关法律法规,操作人员在操作过程中也必须穿戴好防护装备,保证操作的安全性。

2.对于排放管道和排放设备，操作人员必须在操作过程中认真检查，确保相关设备的正常运行。

第6章 附则

第18条 本规程由设备管理部负责编制、解释与修订。

第19条 本规程自××××年××月××日起生效。